一张
餐巾纸，
搞定
所有难题

[美]丹·罗姆（Dan Roam）著
徐思源 颜筝 译

The Back of
the Napkin
Solving Problems and Selling Ideas
with Pictures

中信出版集团 | 北京

图书在版编目（CIP）数据

一张餐巾纸，搞定所有难题 /（美）丹·罗姆著；徐思源, 颜筝译 . -- 北京：中信出版社, 2024.1
书名原文：The Back of the Napkin: Solving Problems and Selling Ideas with Pictures
ISBN 978-7-5217-5198-7

Ⅰ.①一… Ⅱ.①丹…②徐…③颜… Ⅲ.①商业管理－通俗读物 Ⅳ.① F712-49

中国国家版本馆 CIP 数据核字 (2023) 第 035685 号

The Back of the Napkin: Solving Problems and Selling Ideas with Pictures by Dan Roam
Copyright © Digital Roam, Inc., 2008
Simplified Chinese translation copyright © 2024 by CITIC Press Corporation
All rights reserved including the right of reproduction in whole or in part in any form.
This edition published by arrangement with Portfolio, an imprint of Penguin Publishing Group, a division of Penguin Random House LLC
本书仅限中国大陆地区发行销售

一张餐巾纸，搞定所有难题
著者：　　[美]丹·罗姆
译者：　　徐思源　颜筝
出版发行：中信出版集团股份有限公司
　　　　　（北京市朝阳区东三环北路 27 号嘉铭中心　邮编　100020）
承印者：　北京通州皇家印刷厂

开本：787mm×1092mm 1/16　　印张：19.5　　字数：235 千字
版次：2024 年 1 月第 1 版　　　　　印次：2024 年 1 月第 1 次印刷
京权图字：01-2013-6374　　　　　　书号：ISBN 978-7-5217-5198-7
定价：78.00 元

版权所有·侵权必究
如有印刷、装订问题，本公司负责调换。
服务热线：400-600-8099
投稿邮箱：author@citicpub.com

目 录

前言 　　　　　　　　　　　　　　　　　VII

第一部分
▶ 导言

第一章　视觉化思考——化解商业难题的全新方式
"我不会画画"——不，你当然会！　　　　004
四堂课学会视觉化思考　　　　　　　　　004
一顿英式早餐成就的视觉化思考法　　　　006

第二章　哪些问题，哪些图，"我们"是谁？
你能从本书中获取什么？　　　　　　　　011
什么问题可以通过画图来解决？　　　　　012
什么样的图才能解决问题？　　　　　　　017
手能比鼠标画出更好的图　　　　　　　　021
黑笔类，黄色荧光笔类，红笔类：
　　我们是哪种人？　　　　　　　　　　022
如何使用本书　　　　　　　　　　　　　026

第三章　视觉化思考的四个步骤
得州扑克：运用了视觉化思考的赌筹　　　030
视觉化思考的过程　　　　　　　　　　　034
视觉化思考过程逐步解析　　　　　　　　036
视觉化思考的四个步骤并不总是线性的　　041

第二部分
▶ 发现创意

第四章　首先，随便看看

我们如何看	048
哪儿是上	049
如何看得更真切：遵从四项规则	055
要看的太多了	056
只看这些是不够的	057
"旧货甩卖"原则：	
我们怎么才能知道手里到底有些什么东西？	060
好极了，不过我们怎么去找到一个创意呢？	064
我们先看什么？	067

第五章　"观察"的六种方式

"观察"这张图的全部内容	072
我们"观察"事物和问题的六种方式	076
把刚才提到的六种方式付诸实践	087
"为巧克力奋斗"	088
对比"六要素"与所看到的巧克力公司培训	092
下面的话题非常吸引人，先睹为快吧：	
为介绍六种展示方式做准备	098

第六章　SQVID：运用想象力的实习课

闭上眼睛看世界：想象的艺术　　　　　　　100
画图分析一个苹果有很多方法　　　　　　　102
深入 SQVID：全脑运动的视觉训练　　　　　109
玩转 SQVID　　　　　　　　　　　　　　　115

第七章　"展示"你画的图

是骡子是马，拉出来遛遛　　　　　　　　　138
"展示"的三个步骤　　　　　　　　　　　　138
将"观察"变成"展示"　　　　　　　　　　140
使用哪一种"展示"框架到底取决于什么？　　145
我们该如何使用"展示"的框架？　　　　　　146
把需要"展示"的内容都画出来：
　"视觉化思考宝典"　　　　　　　　　　　148

第三部分

▶ 拓展创意

第八章 展示与"视觉化思考 MBA"
女士们、先生们，不要袖手旁观了，快点
　动笔吧！　　　　　　　　　　　　　　157
视觉化思考 MBA：把这一切都用到工作中去！　158
假想的案例研究　　　　　　　　　　　　159

第九章 谁才是我们的客户？画图解决
　　　　　"谁/什么"的问题
让我们先来认识客户！　　　　　　　　　163
画像：基本绘画方法与要求　　　　　　　165

第十章 客户会买多少？画图解决"有多少"的问题
现在让我们也考虑一下数据　　　　　　　174
图表：基本绘画方法与要求　　　　　　　176

第十一章 我们的生意到底在哪里？
　　　　　画图解决"在哪里"的问题
玩转布局图　　　　　　　　　　　　　　188
布局图：基本绘画方法与要求　　　　　　191

第十二章　我们什么时候解决问题？画图解决 "在什么时候" 的问题

做事要一步一步走　　　　　　　　　　209
时间轴：基本绘画方法与要求　　　　　211

第十三章　我们如何改善经营？画图解决 "怎么办" 的问题

我们怎么用流程图改善经营？　　　　　227
流程图：基本绘画方法与要求　　　　　228

第十四章　我们何苦如此费心？画图解决 "为什么" 的问题

为什么要花这笔钱？　　　　　　　　　234
多重变量图：基本绘画方法与要求　　　236

第四部分

▶ 推销创意

第十五章 关于商业的一切已有知识，我都是在展示与讲述中了解的

  在展示与讲述中了解商业　　　　249
  看—观察—想象—展示：
    用图来推销创意的四步　　　　253
  有时候一个比萨足够了，有时候则不然　　261

第十六章 画着说结论

  视觉化思考：便携式解难工具箱　　　　264
  3-4-5-6：视觉化思考的瑞士军刀　　　　264

致谢　　　　269
附录 A　视觉化思考的十条（半）准则　　　　273
附录 B　视觉化思考的科学　　　　281
附录 C　有关视觉化思考的其他参考　　　　290

前　言

某日，在地铁上

2006 年的一个秋日，我坐上开往纽约市中心的地铁。之前，作品经纪人泰德·温斯坦认为，我对一本商业书籍的构想不错，便安排我与出版界的几位重要人物见面，地点是全球最大的出版社企鹅出版集团。泰德认为，我已经准备好陈述自己的想法，同意和我在企鹅的办公地点会面，听我介绍图书内容。

在地铁上，我把介绍内容复习了一遍："我这本书的书名是《价值百万的图表：咨询师的视觉化思考指南》。它讲了商务咨询师如何通过画图来更有效地发现、扩展和分享创新理念。"

这个想法听起来不错，但我担心一个关键之处。

这本书围绕一系列问题展开，我认为商业人士试图以视觉化的方式表达想法时，应该问自己这些问题，包括：我应该展示想法的数字视图还是直观视图？我应该单独展示想法，还是做些类比？

总共有五组问题，我花了好几年时间来完善它们。我认为，对于视觉化头脑风暴而言，这些问题既有效又全面，但一旦会议开始，我想我会忘记其中一半的问题。我需要方法来记住它们。

地铁在轨道上摇晃前行，我拿出笔记本，写下这五个问题：

愿景（Vision）还是执行？
变化（Change）还是现状？
简单（Simple）还是精细？
定性（Qualitative）还是定量？
个别（Individual）还是比较？

然后，我把每个问题的首字母组合起来，看看能否编出某个缩略词或助记词，来帮助我记住它们：

VCSQI

讨厌。多么糟糕的拼写组合：在一堆尖锐的辅音中，只有一个不起眼的元音。我竭尽全力，还是找不到一个有意义的组合。

SCIVQ   VISCQ

现在，地铁离企鹅出版集团还有三站。我盯着那些无意义的字母。

QVISC   ISQCV   SICQV

还有两站。我能想到的最佳组合是 SQVIC。如果我把"V"想象成"U"（就像以前石匠在政府大楼的三角墙上凿刻字母一样），我至少有一个差不多能读的词：SQUIC。(读成 Skwik 还是 Skweek？)

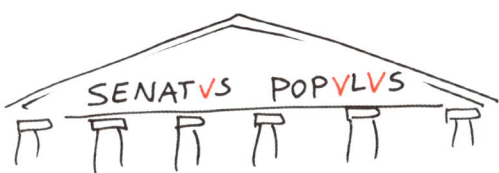

还有一站。

我恍然大悟。"改变"通常用希腊词"delta"或"D"表示。如果我把最后的"C"换成"D"，就可以得到 SQVID。

"SQUID（乌贼）！"我对自己喊道，"就是这样！我能记住它！"乌贼是一种滑溜溜的动物，有很多触腕——平心而论，它和我的那些问题惊人地相似。

就是"乌贼"了。地铁停下，我下了车。

女士们、先生们，这是乌贼

在会上，我陈述了这本书的构思，大家似乎颇感兴趣。将画图作为商业工具是一种全新方式，我向在座各位分发了很多不错的示例图。几分钟后，我注意到身后有一块大白板。我拿起记号笔说："如果你们不介意，我想展示一下我到底在说什么。"

我转向白板，开始画一幅非常简陋的图，上面是一只有五只触腕的乌贼。"假设这本书是基于一系列简单的问题，我们可以问自己这些问题，以厘清自己的视觉化思考。"我在一只触腕上画上 S。

"我们要传达一个简单的观点，还是一个复杂的观点？"

我在另一只触腕上画上 Q。"我们要做定性分析，还是定量分析？"

V."我们要突出愿景，还是要突出我们认为能够实现它的执行过程？"

I."我们要展示想法的个别特征，还是做些类比？"

D."我们要注重事物将来的变化，还是现状？"

我放下记号笔："这组问题，这个'SQVID'，是这本书的核心工具之一。这样的简单工具将使所有商业人士知道，即使不会画画，他们也可以通过画图来解决问题。"

颜色太多

走到白板前画出那只乌贼，这改变了会议的走向。在那之前，大家礼貌地听着我的介绍，在适当的时候点头，但房间里只有我的声音。现在大家开始议论纷纷。"太酷了！""我明白了！""多好的模型——也就是说，你可以用这只乌贼来解决各种问题，不是吗？"

过了一会儿，出版商开口了："丹，我们很喜欢你的想法。"

我和泰德笑了。

"可是……"出版商继续说道，"我们需要现实一点儿。"

崩溃。

"你让我们出版一本高度概念化的书，目标是咨询市场——顺便说一句，这个市场非常小——你希望让我们用大幅面彩色印刷。对于小众市场来说，这个提议成本太高。坦率地说——不是无礼，但我们得现实一点儿——没人听说过你。尽管我们很喜欢《价值百万的图表》，但它不会带来可观的经济回报。你还有别的东西吗？"

我立刻遭到否定。一年前，我辞去全职工作，以便全身心投入到这本书的创作中。我和妻子先后两次为房子贷款，以保持现金流为正，供孩子们继续上学。我终于坐在全球最成功的商业出版商的对面。"你还有别的东西吗？"这句话不会成为故事的结尾。

"有。"我看着泰德。他点了点头。

"想象一下，同一本书，但是开本更小，并且只用单色印刷。我们称之为《一张餐巾纸，搞定所有难题》。"

出版商笑了："我想我们会买那本书的。"

写一本书最好的部分

自《一张餐巾纸，搞定所有难题》问世以来，我在全国各地四处奔走，向读者介绍视觉化解决问题的概念。从谷歌到微软，从波音到菲多利，从斯坦福大学到美国参议院，这是一次文字和图画之旅。

最好的部分来自分享交流时对方的想法和反馈。每当我画图时，有人(通常是很多人)也会画些东西。每当我举例如何在餐巾纸背面视觉化创业想法时，有人(通常是很多人)也会举一个例子。

如此巨大的反响给予我两点启示。首先，运用视觉化思考解决问题的方式即将在整个商业领域爆发。我们谈论的是一种潜在、固有的看待问题和解决方案的方式，大多数商界人士要么无意中忽视它，要么公然否定它。

不管怎样，这都是一个巨大的错误：要证明我们对某个问题有所了解，没有比画一张简图更有效的方法了。要发现隐藏的解决方案，没有比用笔画出问题的症结所在更有效的方法了。

这种反响揭示的第二个启示是，《一张餐巾纸，搞定所有难题》中的观点不仅适用于咨询师，也适用于成千上万的其他职场人士。教师、项目经理、医生、工程师、监狱看守、流水线工人、飞行员、足球教练、海军陆战队教官、金融分析师、家庭主妇、律师，任何一种职业都会发现通过画图来解决问题的力量。

这不仅仅发生在美国。过去几个月里，我收到了俄文、中文、韩文、德文和日文版的《一张餐巾纸，搞定所有难题》。无论我是否会说某种语言，我都能理解每一幅图。今年，本书将有更多版本问世，包括西班牙语、葡萄牙语、印尼语、土耳其语、法语、罗马尼亚语、芬兰语、波兰语和捷克语。无论我们拿起哪个版本，我们都可以理解其中的每一幅图。

我们今天面临的问题是全球性的，为了解决这些问题，我们需要一种全球通用的语言。符合人类基本感知的简单图画将成为这种通用语言。因此，视觉化解决问题的方式将越来越流行。本书将帮助你创作这些图画。

创作者的"剪辑"

两年内，分享《一张餐巾纸，搞定所有难题》的经历让我更清楚地认识到，本书中的哪些观点对哪些人最有意义。如果你刚接触视觉化思考，本书开篇关于看、观察、想象、展示的简单过程就是你的起点。它将视觉化解决问题与日常生活联系起来，从而使我们牢牢立足于这个新世界。

如果你是自信的商业思想家和演讲者，但不确定图画将如何帮助你更清楚地阐明观点，那么粗糙但有用的SQVID(第六章)就是你的起点。还记得它在企鹅出版集团多么奏效吗？它为用创造性的新方法思考问题提供了坚实的基础。

如果你是成熟的视觉化思考者，直接跳到"六六法则"(第七章)。神经生物学和艺术在这里相遇、握手，然后开始共舞。经验告诉我，即使最优秀的艺术家也无法相信，通过画图来激活并调动大脑的各个区域是多么容易。

如果你是经验丰富的设计师或建筑师，习惯在职业中使用视觉化思考，我希望你能帮我个忙：直接跳到第八章"展示与'视觉化思考MBA'"，并从头到尾研究那个冗长的商业案例。这并不轻松，因为同你在设计学校学到的知识相比，它会迫使你更具分析性地思考图画，但它会向你展示一种全新的方式，让你在与商业人士分享想法时充分发挥自己的才能。

我还把第一版中删减的一整个部分加了回来。"视觉化思考的十条(半)准则"是我最初手稿的一部分，但在最终审查时，我们一致认为，对于第一本书而言，这些内容太多了。这次再版，我从"废纸篓"里拾回它，把它放回原来的位置，作为附录A。

最后，我要感谢企鹅旗下的Portfolio出版社的阿德里安·扎克海姆，因为是他第一次对我说"我想我们会买那本书"。更感谢他说"现在我们要再版这本书，这次会用大开本，并用全彩印刷"。

这就是《一张餐巾纸，搞定所有难题》，它以我那天在地铁上想象的方式呈现出来了，它是全彩的，包括SQVID和完整内容。

——丹·罗姆，2009年7月，旧金山

第 一 部 分

导言

无论何时，无论是谁，无论在
什么地方，都可以用画图来解决问题

第一章

视觉化思考——化解商业难题的全新方式

你能想到的最令人郁闷的商业问题是什么？是具有普遍性的，还是在某种特定情形下的具体问题？是政治方面的、技术方面的还是情感方面的？是关于资金、流程的，还是关于人的？是来自公司的日常运作，还是脱胎于那些虚无缥缈的概念？是一个老问题，还是你从未遇见的？

我敢打赌你肯定可以找出符合这些要求的问题。反正我是可以找出来的。在旧金山、莫斯科、苏黎世和纽约做生意时，我解决了各种类型的问题，还见识了不少由我的老板、同事、雇员或客户解决的问题。没错，商业的核心就是化解难题的艺术。

有没有一种方法可以让我们更迅速地发现问题，更直接地理解问题，更自信地谈论它们，更快地将我们的发现传达给别人？有没有一种方法可以迅速有效地解决问题，并且让这一过程充满乐趣？是的，确实有这样的方法。这就是视觉化思考的方法，也是本书想要告诉你的：用画图来解决问题。

我先来简单介绍一下：

视觉化思考是运用我们天生的观察能力——包括肉眼与"内心的眼睛"——来发现那些平时想不到的创意和想法，并且以一种简单易懂的方式将其表达出来。

"我不会画画"——不，你当然会！

在向你讲述这本书的内容之前，让我先从最重要的一点入手：用画图来解决问题与艺术才能没什么关系。是的，毫无关系。之所以强调这一点，是因为每次有企业邀请我用画图的办法为它们解决问题，或者和一群商务人士谈论视觉化思考时，总会有人说："等等，这不适合我，我不是个习惯于运用视觉化思考的人。"

我的回答是："行，没问题。不过我可以这样说：如果今天早上你能走进这个房间而没摔倒，我保证，你就能听懂我们讨论的内容，还能从中受益。"

事实上，那些说"我不会画画……"的人通常最后都画出了一些富有洞察力的图（我们将在阅读本书的过程中找到许多原因）。所以即便你对自己的绘画技巧不那么自信，也不要把书放下，你可以直接翻到第19页——如果你能画出这页上的盒子、箭头和火柴棍小人，这本书便是为你打造的。

四堂课学会视觉化思考

下面讲讲本书的内容。本书分为四部分——"导言""发现创意""拓展创意"和"推销创意"，你会逐渐发现，化解某些商业难题只需要我们的双眼、思维、双手和一支笔、一张纸（白板当然也可以）。

在导言里，我将告诉你们：我们需要解决的问题分哪几种类型；哪些图可以帮我们解决问题；什么样的人才能掌握这种技巧；如何去做——尽管我们天生的视觉化思考能力存在差异。之后我还会列出一个简短的清单来帮助你分析自己是哪种类型的视觉化思考者。最后，我会让你看到视觉化思考的过程有多么简单，以及我们应该如何逐步地完成。

第二部分"发现创意"将介绍视觉化思考的基础，让你学会如何才能看得更准，理解得更深，想得更远。然后我们将熟练地掌握视觉化思考的整套工具：SQVID[①]——不管我们愿不愿意，它会推动我们的大脑进行一系列视觉性的活动；"六六法则"——帮助我们将所思、所想画成要展示的图画；视觉化思考手卷——一张"参照图纸"，为我们能够想到的任何图画提供入门技巧。

在第三部分"拓展创意"中，我们将从一个典型的MBA（工商管理学硕士）课程中选取一页，在上面随手勾画几笔，通过一个商业案例来一步步地讨论。完成后，我们还将测试解决难题的六个基本框架是否有效——到这儿，一切都将豁然开朗。

我们将在最后一部分"推销创意"中整合前几章的技巧，来起草和发表一个营销简报，不用电脑、软件、投影仪，也不用彩色宣传册。只有我们、客户和一个大白板，还有重点明确的想法和创意。

[①] SQVID 是进行视觉化思考需要考虑的五个因素，这五个因素分别是"简单"(simple)、"定性"(quality)、"愿景"(vision)、"个别"(individual attributes) 和"变化"(delta)，将其首字母组合在一起，就成了 SQVID，作者将在第六章具体说明。——译者注

一顿英式早餐成就的视觉化思考法

当我在本书开头问你所能想象的最郁闷的商业难题是什么时，我想起了若干年前自己曾面临的一次挑战。这次挑战促使我开始思考，思考的成果便是你将在本书中看到的一切。

也许你曾遇到过类似的状况：同事在最后关头请求你代班，当你答应之后发现自己竟然陷入了噩梦般的糟糕处境。先说说我遇到的状况吧：我的同事必须离开办公室去医院看急诊，他恳求我帮他做第二天的演讲。我答应了，但最后发现演讲竟然要在谢菲尔德进行（我们的工作地点在纽约），听众则是由时任英国首相托尼·布莱尔委派的一群教育专家。我的同事事先并没有告诉我演讲主题（只说和互联网有关），也没有告诉我他的演讲稿（如果有）塞在哪里。

第二天早上我便坐上了由伦敦圣潘克勒斯车站驶往谢菲尔德的火车，由于跨洋出行，我感到昏昏沉沉，还被一群从未见过的英国同事包围，他们对于我能过去"拯救他们的销售报告"一再地表示感谢。拯救销售报告？我完全不知道他们在说什么。

接下来我有一个不可思议的发现，当火车穿越英国中部时，穿着白色制服的侍者给我们摆上了一桌大餐：炒蛋、去壳水煮蛋、煮土豆、油炸土豆、土豆薄煎饼、血肠、白香肠、烤肠、白汁和塔巴斯科辣酱、烤面包片、花卷、黑麦面包、米布丁以及咖啡、茶、牛奶、橙汁、杏汁和冰水。真是让我大开眼界。

当我大快朵颐后觉得体力渐渐恢复时，英国同事的组长弗雷迪让我向他大致演练一下我的PPT陈述。等等……我的PPT陈述？但我没有准备啊。我向他解释着，我甚至不知道我们是否还应该继续讨论这件事。

"呃……互联网在美国教育中的作用。"弗雷迪说，面有惊慌之色。"你对这方面的确有了解,对不对?"他近乎恳求地说。

"事实上……不是这样的。"我一边回答着,一边将头转向车窗,想着要是能跳车该有多好。但就在那时,一个念头闪现在我的脑中,于是我从口袋里抽出一支钢笔,在桌上抓了一沓餐巾纸。

"我不是特别了解教育网站,不过我对创建以交流为导向的网站很了解。"我攥着钢笔说,"我可以画点儿东西给你看吗?我有个想法,你们的教育专家也许会觉得很有趣。"

没等弗雷迪回答,我的钢笔就开始动了。我画了一个圆圈,圆圈中写着"品牌"。

"你看,弗雷迪。"我说,"如今很多人对如何创建一个有用的网站感到困惑,我想我们今天的听众也是一样。但是我认为,我们真正要担心的只有三件事。首先是品牌,然后是内容和功能。"我又画了两个与之相应的圆圈,继续说道:"如果我们能够决定把什么放入这三个圆圈里,我们就可以为任何特定群体(包括你们这些教育家)建立他们所需要的网站。"

"问题在于,我们怎么知道

这三个圆圈包括了哪些内容？请看答案。"我在每个圆圈旁边画了一个小笑脸，并为每个笑脸附加了一个说明。"人们想做什么（或者说我们认为他们想做什么）决定'功能'；人们想知道什么（或者说我们想让他们知道什么）决定'内容'；人们会记得什么（或者说我们想让他们记住什么）则决定'品牌'。"

"我们可以通过了解客户的商业愿景、进行市场调研和基础研究来决定这些事情。今天我们不必知道所有的答案。这张图的重点在于，它提供了一个很好的起点让我们知道应该去寻找'谁'，去发现'什么'。"

接下来，我又画了三个带有说明的笑脸，把三个圆圈连在了一起。"如果研究告诉了我们应该在这三个圆圈里放什么，那么我们的网站建设团队就可以来进行创建工作了。工程师建立功能性部件，撰稿人和编辑明确写作和编辑内容，设计师则创造令人难忘的客户体验。"

"看上去很简单，不过就这么多了。"

然后，我用一行字和几个关键词总结了餐巾纸上的内容。

"你觉得怎么样，弗雷迪？我可以用这样的方式讲给我们的听众吗?"我的餐巾纸有些不成样子了,但它让我觉得明晰、全面、容易理解。而且,由于它的简明,我也能更详细地讨论关于创建一个有用网站的任何问题。

弗雷迪从我手里拿过餐巾纸。"太棒了!这不是陈述的某一部分,而是全部!想想我们陈述的对象。"弗雷迪解释道,"我

们的听众是一群受过高等教育的政府官员,都是刚开始和互联网打交道的人。他们将要把一大笔钱花在在线教育项目上,他们觉得是在冒险。所以他们最关心的是手中直接有个明确的框架,这样才能让他们有信心继续往前走。你的餐巾纸正好提供了他们所寻找的结构。这太棒了!"弗雷迪仰起身看着我,"不过,这个你能说45分钟吗?"

"我们很快就会知道。"我回答。

我在谢菲尔德大学古典风格的讲演大厅看到了我有生以来见过的最大的黑板。于是我在50位专家面前,再次将餐巾纸上的内容

一步步画出来,就像我跟弗雷迪所描绘的那样。我们谈了不止45分钟。大家都很享受这个过程,讨论持续了近两个小时才意犹未尽地结束。弗雷迪的团队打赢了这一仗,这使得他们可以筹备新的项目,这个项目是伦敦的项目中运行时间最长的。

这次演讲,让我领略了画图

的神奇力量。那张简单的餐巾纸图画解决了所有的问题。第一，通过简单的一张图，一个模糊的想法在我的头脑中变得清晰了。第二，不需要任何技术设备，只要有纸和笔，我就能立刻画出图来。第三，我能以一种开放的方式与听众分享我画的图，听众随时都可以评论和探讨。最后，直接按图来演讲意味着我可以集中谈论任一主题，而不必依赖笔记、提要或者准备好的讲稿。

我的收获是显而易见的。我们可以利用图画的简明性和即时性来发现和阐明自己的想法，并且用同样的图向别人解释自己的想法，这个过程可以帮助他们发现自己的新想法。

那次英式早餐意外地启发了我，点燃了我用画图的方法来解决问题的热情。回到纽约后，我专心研究如何用画图的方法来发现、拓展和分享商业创意。我阅读所有能找到的关于视觉化思考的读物，参加了由信息视觉化的导师指导的研讨会，还在商业新闻里寻找和收集所有关于视觉化思考的解释。

让我吃惊的是，用视觉化思考来解决问题的相关资料是如此之少，而所收集到的资料又往往难以为日常商业运作提供实践性指导。除此以外，最初看起来花样繁多的材料本质上只是一些老生常谈，这一点尤其让我感叹。如果视觉化思考能形成一套具有实用性的系统，它也许就能成为一种公认的方法，可以应对从创意探索到概念拓展、沟通交流和销售等各种商业挑战。

我也意识到，现实中的商务咨询和销售任务是检验这些工具的最好方法。从那以后，我决定，工作中只要能用画图来解决问题，我就画图。本书便从这里开始了。

第二章

哪些问题，哪些图，"我们"是谁？

你能从本书中获取什么？

在 2008 年年初的 10 个星期里，我与四家彼此差别很大的公司一起工作——谷歌、贝宝、富国银行和 Peet's 咖啡——帮助它们应对四种不同的商业挑战：确定商业战略、推行新产品、创建技术平台和发布销售工作计划。表面上，这四家公司的问题各不相同。它们分别属于搜索引擎、销售、金融和餐饮四种不同的行业。按照惯例，我应该为它们各自制订解决方案。

透过表面，我们能看到它们的共同的麻烦：难以看清面对的难题，更无法找到相应的解决措施。此时视觉化思考就派上用场了，任何难题都可以通过一张图清晰呈现，而所有图画又都可以通过同一套工具和规则来创建。

我希望你能从本书中获取的是一种看问题和解决问题的新方法。我希望你能够在旅途中阅读本书，这样，第二天走进会议室、礼堂或办公室时，你马上就可以用画图的方法去解决问题。

什么问题可以通过画图来解决？

当我听见自己说"我们可以通过画图来解决问题"时，有三个问题立刻出现在脑海里：第一，什么问题？第二，什么图？第三，"我们"是谁？

让我们先从问题开始。什么样的问题可以通过画图来解决？回答是：几乎所有的问题。因为图画能以便于理解的方式来表达复杂的概念，总结大量的信息。在澄清和解决各类问题时，它们非常有用，比如商业问题、政治僵局、复杂的技术、组织的两难境地、日程冲突，甚至是个人需要应对的琐事和挑战。

自从我投入商业活动并与其他商务人士一起工作以来，我所关注的问题通常都是：如何让一个团队的人理解一个系统的运作方式以及他们在系统中的位置；如何帮助决策者明确其想法并改进他们的表达方式；如何帮助人们理解一个市场及一个产品的变化可能产生怎样的影响。

由于这些问题涉及大量资金，对许多人的工作都有影响，而且辨别这些问题间的细微差别需要多年的研究和经验，因此人们很容易将这些问题看作商业领域特有的问题。但是，事实并不是这样。只有在日常生活与商业活动中，将这些问题当成基本挑战，视觉化思考才更具启发性。

在下面这幅大图中，我把大多数问题归为几个基本的（和常见的）种类。

许多年来，我已经看过或画过不少图来帮助解决上述难题。事实上，这简单的"6W"模式几乎涵盖了各种问题，我们将在本书中不断遇到它们。不久前，在我刚开始研究视觉化思考时，我甚至发明了一句口诀："难路变通途，画图有帮助。"我总是将它挂在

表2-1　视觉化思考六要素

1."谁/什么?"——与事情、人、角色作用相关的挑战:
- 我身边正在发生什么?我如何参与其中?
- 由谁负责,还有谁与之有关?责任在谁?

2."有多少?"——涉及数量、计算等的挑战:
- 我们是否拥有足够的A产品?
- 我们需要多少才能继续下去?我们是否需要拆东墙补西墙?

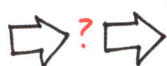

3."在什么时候?"——关于计划与安排的挑战:
- 首先是什么?接下来呢?
- 要做的事情很多,我们什么时候去做?

4."在哪里?"——关于方向以及事情如何彼此配合的挑战:
- 我们要去哪儿?方向对吗,也许我们应该换个方向?
- 这些看似七零八落的事怎么整合到一起去?最要紧的是什么?次重点又是什么?

5."怎么样?"——关于事情怎样互相影响的挑战:
- 如果我们这样做会发生什么?那样做又会如何?
- 我们是否能通过改变自己的行动而改变结果?

6."为什么?"——关于展望全景的挑战:
- 我们究竟在做什么?为什么?这样做对吗,或者我们应该做点儿别的?
- 如果需要变化,我们有哪些选择?怎么才能做出最佳选择?

嘴上，弄得我的同事都快抓狂了，尤其是在我下面要提到的这类项目中。

案例一：淹没在过量信息中的达夫妮

伦敦之行几年后的一天，我们公司接到一个潜在客户的电话。来电话的人我们叫她达夫妮吧，她是一家大型出版公司的营销部副总裁。达夫妮正面临一个品牌危机。她的公司为全球专业人士提供商业信息，年均利润为100亿美元，却在最近的一次行业调查中得了低得令人心惊的分数。并不是因为专业调查人员看不惯这个公司，关键问题在于，尽管这家公司规模很大，但很少有人听说过它。

这不只是一个知不知道的问题，这种公共认知的欠缺还会引发更大的财政难题。因为这家公司正在计划几年后在纽约股市挂牌上市，如果缺乏一定知名度，它的股票就不会有什么人关注。达夫妮需要的是更长远的考虑。她如果决定在提升公司品牌知名度上投入上百万资金，就需要一个绝对可靠的计划支持，并且展现一个明晰的发展前景。即使"在什么时候"（两年后）敲定了，"在哪里"（美国，尤其是纽约）明确了，"为什么"（增强投资者对公司的认知）清楚了，达夫妮还是得回答"谁/什么""有多少"以及"怎么样"三个问题。

为了更好地理解投资者和客户对她的公司及其竞争对手已有的认知，达夫妮聘请了一个品牌调查公司在全球范围内做调查。3个月中，调查公司与上百位商业决策者进行面谈，还与几百人进行了电话访谈。不出所料，这真是项工程浩大且代价高昂的工作，大量的数据从中产生。

难题因此而生，数据太多了。这就是达夫妮要来找我们的原因。她的目标不是要知道世界上所有关于出版的事，而是要了解哪些才是她当前需要做的事。达夫妮最想让我们做的是帮她看清这些数据究竟表明了什么。

达夫妮用电子邮件把品牌调查收集到的资料都发给我们。资料很多，而且相当庞大细致。就连名为"执行摘要"的文件也有60页之多，达夫妮给了我们两周的时间，这完全不足以让我们理清这些信息。以下只是她传给我们的一个文件中的一小部分。

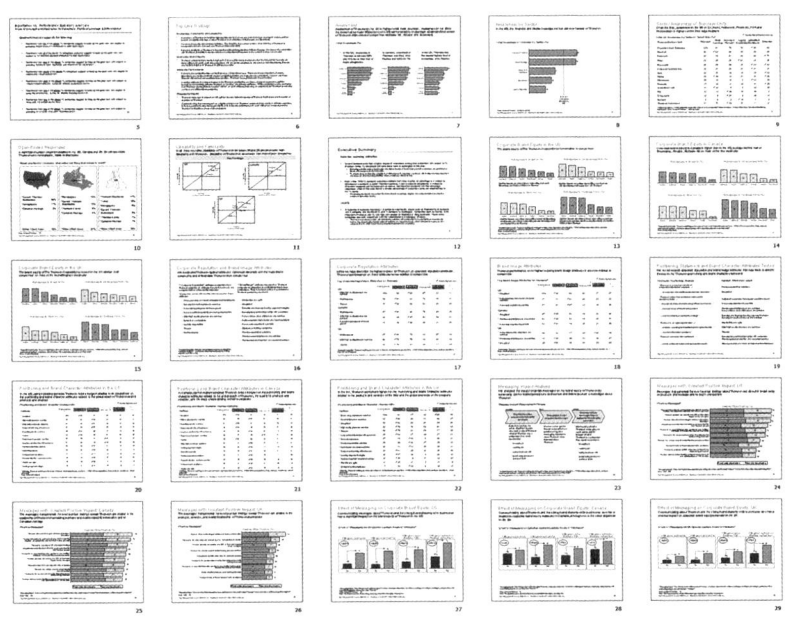

这些图简直是一个由要点、符号和柱状图构成的信息海洋。在最初的几天里，我们试图找出最要紧的信息，同时还要确保不错过任何微小但关键的细节。我们从中了解到许多信息，却逐渐被各种细节包围、渗透，以至失去了整个图景。资料中有许多非常好的信息和洞见，可惜的是埋藏过深、分布太广以至没有人能找出它们。

于是我们把所有信息都打散，归入 6W 模式中，然后再搜寻，将我们所发现的内容画在纸上。

1. 谁/什么：竞争对手名单、所在行业、提供的产品。

2. 有多少：以总收益和行业收益为基础，有多少主要竞争对手，每个竞争对手的规模有多大。

3. 在什么时候：销售和收入数据良好的两年。

4. 在哪里：每个竞争对手所在的行业。

随后，我们在这四点的基础上写上：

5. 怎么样：品牌调查结果（品牌认知）怎样与这几个因素相联系？

此时出现一张总结了所有数据的图，图上显示出最重要的一点：

6. 为什么：看着这张图表，达夫妮总算能明白为什么客户不熟悉她的公司，为什么应该进行积极改变。

以下就是我们提供的图：

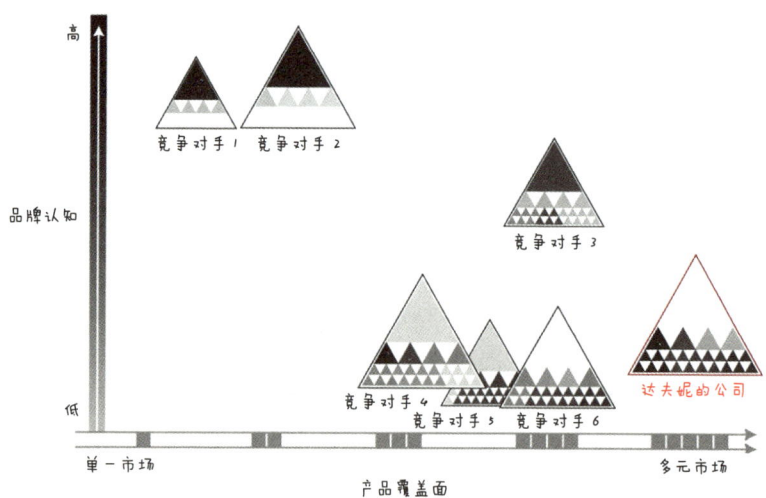

这张图总结了我们收到的数百张资料数据中所呈现的一切信息。不可否认，人们不会在第一眼看到它时就马上明白，不过这并不重要。作为一份概括了数百张资料和数据要点的图，我们需要对它进行几分钟的说明（在本书的最后一章，我们将谈谈为什么这是件好事）。与一眼看不透的成堆调查数据相比，这张图让达夫妮很满意，它不仅是她进行全球调研的成果总结，还可以作为她推广公司品牌的介绍。

当达夫妮把这张图交给公司的CEO（首席执行官）时，他花了30分钟来讨论他从图中看到的东西，然后CEO叫人把图复制了一份，裱好挂在身后的墙上，如果有人来咨询公司的市场定位，他就可以用这张图与其讨论。两年后，这家公司成功地在纽约证券交易所挂牌上市，而时至今日，这张图还在老位置上挂着。

什么样的图才能解决问题？

在继续我们的话题之前，我想指出达夫妮的图中有两个值得注意之处。首先，图是用昂贵的计算机软件画的。你可以看出这一点，因为所有的线条笔直，有许多精确的颜色渐变层，整张图有着数学图形的完美，而且字体清晰可辨。这是本书唯一用计算机画的图。由此图开始是因为它很好地说明了视觉化思考能帮助我们创造出我们想得到的东西。视觉化思考与在计算机上画图没有任何关系。视觉化思考是学着用眼睛"思考"，这并不需要任何先进的技术来把图形画得多精细，只需要三样工具：我们的肉眼、"内心的眼睛"以及手和眼的合作。我把这些叫作我们"天生的视觉化思考工具"。

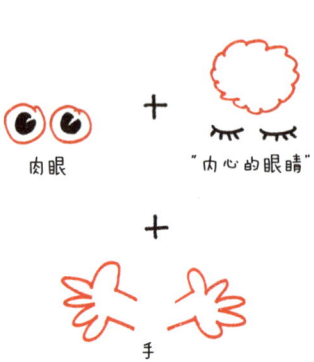

有了这些工具,我们就可以马上开始了。还有一些配件也是有帮助的。

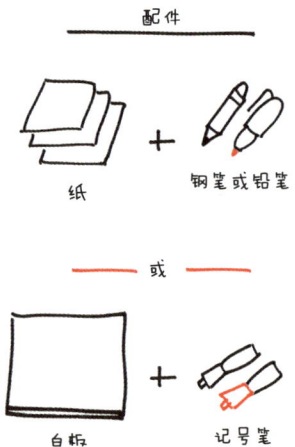

你不需要计算机软件或是复杂的数据处理程序,因为我们要画的图都由我们早已记在纸上的那些简单部分组成。如果你能画出下图中的图形(不管你画得有多丑),那么我保证你能成为一个更好

的视觉化思考者。

本书中我们将看到的、要创建的图包括示意图、概要图、流程图、表格、"x-y"坐标系、概念模型、网络模型和其他种类的图，这些图都只需要以上提到的简单图示，别的什么都不用。

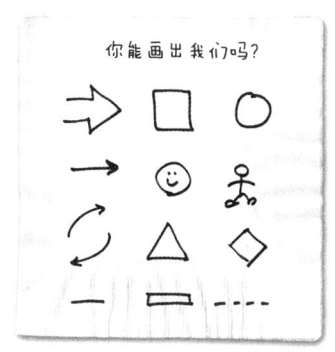

让我们来做个热身吧，拿起你的笔和纸，然后试着画出这些基本图形。

如果你以前用过展示软件（如 PowerPoint、Keynote、StarOffice 等），你也许会将上图看成是"绘图工具板"的一部分。这些图示出现得如此频繁，因为它们都是视觉化思考的核心表意符号。书面语言用一些符号来代表数千个音和字，同样的，上面这些图示的组合也能创建无数作用强大的图画。

接下来是出现在本书中的图画摘要，你是否能从中发现以上这些基本图形？尽管每张图都在讲述不同的故事，但它们都是由同样的图示组成。当你觉得画这些基本图形得心应手时，你就可以画出下页中的任何一种图。

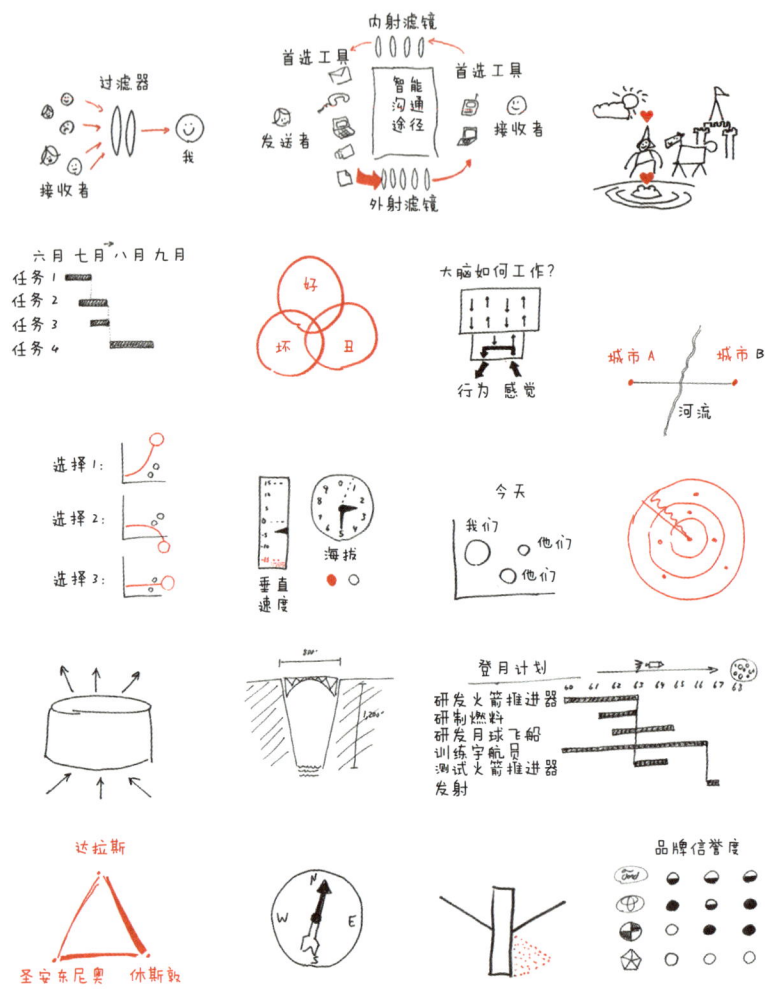

手能比鼠标画出更好的图

无论我们最终怎么称呼以上的图（我们即将给它们命名），这些就是本书谈到的图画的种类。用手就可以画出它们。有一点很重要，尤其是当我们刚开始的时候，我们一定要学着用手画图。我们要相信自己能够依赖三样天生的视觉化思考工具（肉眼、"内心的眼睛"和手眼合作），它们能帮助我们发掘内在的视觉化思考能力。

当我们与别人分享我们的图画时，我们对天生的视觉化思考工具也要充满信心：

1. **人们喜欢看别人的画**。在大多数情况下，比起用仪器和程序精确绘制的图表，听众对手绘的图像有更好的回应（不管画得有多粗糙）手绘图的即时性，还有它那毛坯式的粗糙都更具亲和力，让人们感觉不那么严肃——目睹一幅图（哪怕是十分复杂的图）一步一步成形可以让人将这幅图看得更透彻。

2. **手绘图易画易修改**。我们将看到，视觉化思考是具有流动性的，在画图的尝试中，错误时有发生。我们最终完成的图很少与我们刚开始心里想的图完全相同，所以能够随时改动是很重要的。

3. **电脑太容易画错了**。大多数创建图形的软件都有内置的制图功能。假设我们能准确知道哪种图表对于表达我们的想法是有用的，那很好，但这种假设通常都是行不通的。

依赖我们天生的工具，从根本上讲，不是因为使用它们之后，我们的陈述会变得多么精致，而是因为我们用眼睛思考时有多么舒服。

黑笔类，黄色荧光笔类，红笔类：我们是哪种人？

当我告诉人们，我可以通过画图来帮助他们解决商业问题时，他们有以下三种反应："太棒了！让我看看怎么解决。"或者，"听起来很有意思……不过，真的管用吗？"或者，"算了吧。我不习惯视觉化思考。"

做出第一种反应的人属于"把笔给我"型的人。我对曾经参加的商业会议进行过粗略的调查，调查中这类人的数量占到了与会者的1/4。我把他们称为"黑笔类"，因为他们毫不犹豫地开始在纸上画图。他们很容易立刻相信画图可以作为解决问题的工具，并且毫不在乎自己的绘画技巧——不管他们的图画得多么简单原始。这些人对于通过画图来描述他们的想法很有热情。他们陶醉于为自己的想法发掘视觉化的表达方式，同时对画简单图形表现出超级自信。他们认为画图是为了总结想法，然后帮助实现想法。

做出第二种反应的人属于"我不会画画，不过……"型的人，也属于被我称为"黄色荧光笔类"的人。因为他们很善于发现别人画中最重要和最有趣的方面。这种人通常占到会议人数的1/2。他们很乐意看别人在白板上涂鸦——几分钟后会开始发表颇具洞察力的评论——但要他们走到白板前去完善已有的图画，则需要给他们一点儿鼓励。一旦他们站在白板前，手中握上笔，他们就会说："我不会画画，不过……"随后对图画做出一些概念上的改动。这些人能说会道，他们的图中通常会有更多的字和标注，更倾向于用语言或文字的方式来表达想法。

最后一种反应的人，我把他们称为"红笔类"。他们是参会人数的1/4，这些人对于在商业语境中使用图画感到很不自在……至少最初是这样。他们在别人画图时保持安静，当被劝说发表评论时，他们大都会建议对已有的图画进行小小的纠正。但这常常只是一种掩饰。"红笔类"的人对于讨论的问题常常会有十分细致的把握——他们只是需要一些鼓励来与大家分享他们的想法。"红笔类"的人认为自己是以定量为导向的——几乎是数学式的量化——但一旦被鼓励，他们就会在说服力极强的讲演中做深刻的背景说明。不过，要注意了：当白板上留下了许多图和想法时，"红笔类"的人会来个深呼吸，然后勉强拿起笔，走向白板……他们开始重画一切，最终让最清晰的图呈现出来。

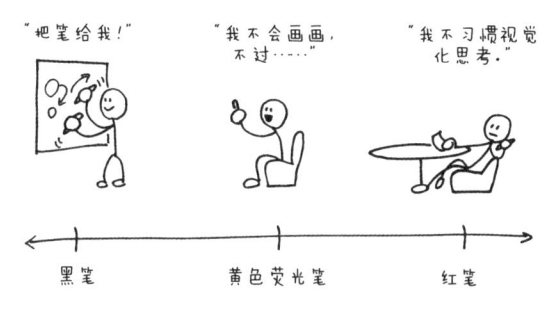

有三种视觉化思考者：立刻开始画画的人（黑笔类），乐意为他人作品添几笔的人（黄色荧光笔类），质疑现有图画的人——直到他们拿起红笔全部重画

有趣的是，这三种人的类型特征与年龄、教育程度、背景、工作角色或头衔都没什么必然的联系。与我一起工作过的一个全球性咨询公司的CEO，他思考问题时总是在一摞小报上写写画画，与他的团队分享自己的想法；另一位CEO是我所遇到的最具个人魅力和即兴演讲能力的人之一，但他对画图这种事避之不及；我的多次合作者中有一位经过约翰斯·霍普金斯大学严格训练的医学博士，甚至对于非常复杂的概念，他也能用不可思议的视觉化图形来表示；一位与我共过事的"极客"软件工程师骨干，也总是迫不及待地要画图。

你是哪种人？

在我们继续向下讲述之前，先花点儿时间看看我们是否能判断出你是以上的哪种人。想象一下，自己此时正参加一个商务会议或正参与问题解决方法的小组讨论，你将自己归为以上三类人中的哪一类？你的反应是取决于你面对的问题类型，取决于你身边的人，还是取决于你是孤军奋战或团队协作？

"你是哪种人？"自我测试

选出适合以下各种情形的最佳答案：

我正在参加一个集体讨论会，会议厅有个很大的白板，我想：

1. 走向白板，拿起笔，开始画圆圈和方框。
2. 试着解释白板上已有的任何东西。
3. 走向白板，开始写分门别类的条目。
4. 在白板上已有的东西上加上一些说明，让它更清楚。
5. "忘掉白板吧。拜托，我们还有事要做呢！"
6. 我讨厌集体讨论会。

有人递给我一叠复杂的电子表格资料，我首先会：

1. 两眼无神，放下它，希望它消失。
2. 翻阅资料，浏览所有的数字，看有没有什么有趣的东西出现。
3. 按顺序看资料的条条框框，识别各种条目。
4. 随意选择一栏一排，浏览其中的数据单元，然后在别的单元中寻找类似的（或不同的）数据结果。
5. 寻找最大或最小的数值，然后再找出它们所属的类别。
6. 前后浏览翻阅，随后把注意力集中在刚刚看到的重要项目上。

有人递给我一支笔，让我把某个具体想法画出来，我会：

1. 要更多笔，希望至少有三种颜色。
2. 开始画，看看会画出什么。
3. 说："我不会画画，不过……"然后画了个糟透了的火柴棍小人。
4. 先写了一些字，然后用画框将它们框住。
5. 把笔放在桌上，一言不发。
6. 说："不，谢谢，我不会画画。"然后把笔放下。

在一个重要会议结束后回家的途中，我在机场酒吧遇到我的同事，他（她）让我把公司所做的事更准确地解释给他（她）听，我会：

1. 抓起一张餐巾纸，找酒吧侍者要支笔。
2. 拿出三包低脂糖，放在吧台上，说："好吧，这就是我……"
3. 从我的PPT中抽出一页——非常好的一页——开始描述说明。
4. 解释道："我们做三件事……"
5. 再买一次酒，因为我们还得多聊会儿。
6. 说："太复杂了，不好解释"，但问他（她）同样的问题。

我看到一辆车的保险杠贴纸上面写着"祈祷世界和平"，我会：

1. 试着去想象和平会是什么样子。
2. 想象约翰·列侬的眼镜。
3. 反复对自己说那句话："世界和平。"
4. 想象这张纸条可能透露的关于车主的信息。
5. 想到"旋转的豌豆"[①]。
6. 转动眼珠嘟囔："该死的加州人。"

如果我是个宇航员，正在太空中飘浮，我要做的第一件事是：

1. 深呼吸、放松、饱览全景。
2. 努力寻找我的家在哪里……或者至少我家所在的大洲在哪儿。
3. 开始描述我所看到的。
4. 希望自己有架相机。
5. 闭上眼。
6. 想办法返回宇宙飞船。

现在把你的总分加出来，再除以6。你可以根据以下区段判断自己的类别：

分数	计算得出的所属类别倾向
1~2.5	黑笔类
2.6~4.5	黄色荧光笔类
4.6~6	红笔类

---

① World Peace（世界和平）与 Whirled Peas（旋转的豌豆）发音相近。——编者注

这个练习中有两点很重要。第一，由于每个人的视觉化思考偏好不同，读者也许会在本书的不同部分中找到对自己最有价值的东西。如果你是"黑笔类"，早就对自己的画画能力很有自信，我认为，将讲述如何改进我们观察与理解的能力的第二部分作为你的起点会很有意思。如果你是"红笔类"，对于图画的分析效果不那么确信，那么为了在商业问题的实际解决中来体会图画的作用，你也许会想从第三部分（视觉化思考MBA）开始。如果你是"黄色荧光笔类"，善于确定要点，你也许会对第四部分中讲述如何向别人展示一幅图的内容更感兴趣。

第二点更为重要：

我们不考虑在视觉化思考时你的信心如何以及属于哪种类别，因为每个人都有很好的视觉化思考技巧，并且很容易提升它们。

视觉化思考并不是一种只有天才才具有的独特天分，也不专属于那些多年研究这个问题的人。尽管"你是哪种人"的测试结果可以帮助你找到使用本书的更好方式，但要记住最重要的是，不管你得了多少分，视觉化思考能力是我们天生的能力。我们与生俱来的生理系统、神经系统和生物系统，还有我们从生命最初开始获得的、取决于视力的智力、体力和社交能力：也就是我们"看""观察""想象"和"展示"的奇妙能力——这些都是最好的证明。

如何使用本书

这本书的精华可以提炼为：

视觉化思考是解决问题非常有效的方法，尽管看起来很新鲜，但我们其实已经知道怎么做了。

尽管我们生来就有着令人惊叹的视觉系统，但我们中的大多数人几乎很少思考我们的视觉能力，对于如何提升它们就更不考虑了。就好比有人送了我们一台高端的台式计算机作为礼物，我们却不知道到哪里去找新的软件。即使在我们所有的感官中，视觉已经最为发达，但当说起视觉化思考时，我们还是会把自己限制在已知的资源里。这实在令人感到遗憾，因为通过更好地理解我们已有的视觉工具（然后学习使用一些新的工具），我们能够学习如何用画图来解决问题。

把本书看作一根导向绳，它将从我们已经拥有但尚未充分利用的视觉化思考工具开始，让我们能够随时随地、得心应手地运用视觉化思考能力。这条导向绳由三股绳拧成，每一股代表一个简单的主题，很好解释也很好理解。这三股绳分别是四个步骤（看、观察、想象、展示），三种天生的视觉性工具（肉眼、"内心的眼睛"、手眼合作），六种看的方式（"谁/什么""有多少""在哪里""在什么时候""怎么样"以及"为什么"）。

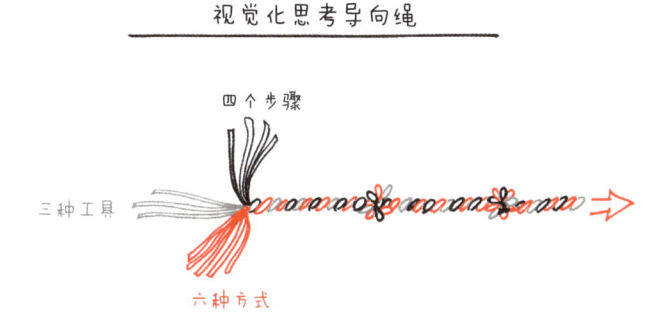

视觉化思考导向绳

四个步骤

三种工具

六种方式

1. 四个步骤：通过四个步骤学会视觉化思考。

本书的主体是一个非常简单的过程，由四个步骤组成，这些步骤的妙处在于我们已经知道怎么去进行了。实际上，我们对它们太熟悉，以至我们不会有意识地去思考它们。但是通过区分这些步骤，我们可以马上改进对视觉化思考原理的理解。另外，通过这样一步步介绍视觉化思考的过程以及相应的理论，我们能循序渐进地提高自己的视觉化思考能力。

2. 三种工具：为了视觉化地思考，我们依赖三种天然的工具，即肉眼、"内心的眼睛"和手眼合作。我们要提高运用这三个工具的能力，而且其中之一被用得越好，其他两者也会随之得到更好的运用。

肉眼作为工具帮助我们看周围的世界、观察各式图像。这些图像在我们心中得到巧妙地处理，它们被剖析、重组、翻转、来回摇晃。一旦这些图像在"内心的眼睛"里过了一遍，我们发现里面有需要探究、记录和分享的东西，我们就要靠手和眼的协作，使想法呈现在纸上以便于调整，也方便和大家分享。

3. 六种方式：六个基本问题引导着我们如何看待事物、展示想法——这六种方式对谁都是有效的。

不管面对何种商业环境、项目任务或时间表，我们都需要问这六个问题。尽管我们已经对这些问题很熟悉了。作为讲好故事的基础，我们在小学时就与"六要素"相识了："谁/什么""有多少""在哪里""在什么时候""怎么样"以及"为什么"。这六者之所以对于视觉化思考格外重要，是因为它们与我们看待世界的真实方式一致。

在我们顺着这根导向绳往下读的过程中，它的三个主题总是会跳出来。所以，拿上笔，准备开始视觉化思考的过程。不过，我们还是先休息一下，做个游戏，玩玩纸牌，这会对我们的开始很有帮助。

第三章

视觉化思考的四个步骤

得州扑克：运用了视觉化思考的赌筹

我找到了一个绝佳的办法向人们介绍视觉化思考——特别是那些自认为与画画绝缘的人，这个办法就是玩扑克牌。事实上，在一些介绍视觉化思考的培训班开班的时候，我都会先让每个人来玩上几把得州扑克。玩法相当简单，人人都能在几分钟之内就学会基本的玩法，并且领会到扑克教给他们的技巧——如何观察手里的牌、如何计算出种种可能的组合方式、如何想象还需要哪些牌来完成自己所期待的组合以及如何组合出最大的牌给对手看——这些技巧简直就是视觉化思考的教科书。

现在，我就来介绍一局得州扑克，让你们理解我说的到底是什么意思。得州扑克的目标是用 5 张扑克牌创造出最佳的组合方式，这可以在下面的表中清楚地看到。

在得州扑克中，每个人都会得到两张面朝下的底牌，只有他（她）自己才能看到这两张牌。发牌人则会在牌桌上翻开 5 张牌让每个玩家都看见。每个玩家都要从这 7 张牌（包括两张不给别人看

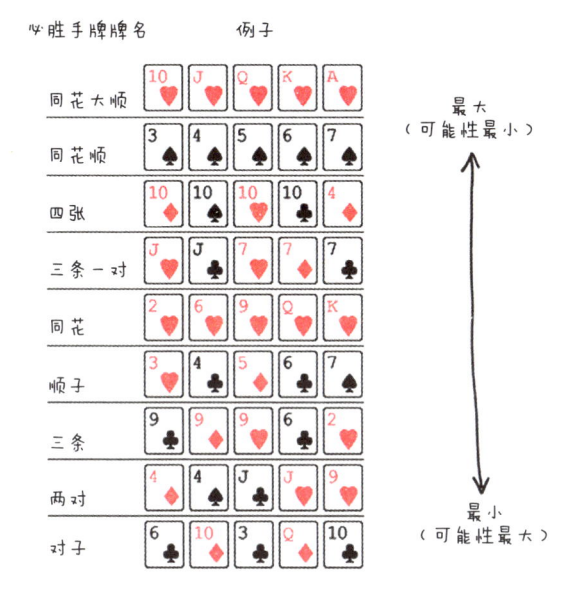

必胜手牌牌名	例子
同花大顺	10♥ J♥ Q♥ K♥ A♥
同花顺	3♠ 4♠ 5♠ 6♠ 7♠
四张	10♦ 10♠ 10♥ 10♣ 4♦
三条一对	J♥ J♣ J♠ 7♥ 7♦
同花	2♥ 6♥ 9♥ Q♥ K♥
顺子	3♥ 4♣ 5♠ 6♣ 7♠
三条	9♣ 9♦ 9♠ 6♥ 2♥
两对	4♣ 4♦ J♠ J♥ 9♥
对子	6♣ 10♦ 3♠ Q♦ 10♣

最大（可能性最小）↑↓最小（可能性最大）

必胜牌，从最大到最小

的底牌和那 5 张公共牌）里组合出他（她）手中最好的一副牌。

让我们来打个比方，比如说，你看了一眼自己的底牌，你看到了一张红桃"J"和红桃"K"。

我手里的牌

你发现你有很多种可能出大牌的组合，这是一副非常好的牌。于是你就下了赌注，看上去稳赚不赔，这一局牌也就这么继续下去。接下来，发牌人会慢慢地翻开牌桌上的5张扑克，你也看到自己手里的牌变得越来越好。你会继续下赌注，因为在你的想象中，你认为其他人能组合出比你好的牌的可能性越来越小。

假设当发牌人翻开桌面上最后一张公共牌时，你看到自己可以组合出"三条一对"（在得州扑克中是一手非常大的牌），你就会下一个比较大的赌注。当其他人亮出他们的牌，而你的"三条一对"是必胜牌时，你就可以赢。

很好，既然现在你对自己的牌技相当有信心，那么不妨让我们回过头来，把这种扑克玩法和视觉化思考联系起来。我们所举的扑克牌的例子之所以能说明问题，有以下几个原因：

1. 一切都是有程序和规则的。正如任何一种活动都需要一系列步骤一样，玩扑克也需要一定的规则。如果我们一开始就亮出自己的底牌，然后下注，然后再由发牌人发牌，那这个扑克就没法玩了。与此类似，视觉化思考也是在规则指导下的一套程序。

2. 我们必须依靠非常有限的信息来做决定。我们在玩扑克的时候，每一步都要赌，在看到所有牌之前，还要不停地猜"到底会有哪些可能"。视觉化思考的情况完全一样。在掌握所有信息以前，我们常常要在"应该"采用哪些图形上做出重要的决定。

3. 完整的视觉语言仅用极少元素就可以组成。在玩扑克的时候，所有的信息都完整地包含在52张牌里，这就是一副扑克的全部。哪怕仅仅有9张数字牌（2、3、4、5、6、7、8、9、10）、4张花牌（A、K、Q、J）、4种花色（红桃、方片、草花、黑桃）和两种颜色（红色和黑色），扑克牌都有无数种玩法。视觉化思考中的情形也是一样的，一些很小的提示都能透露解决问题的无数种选择。

4. 玩扑克的过程是视觉化思考程序的绝佳类比。首先，我们抓好了一手牌，就会"看"它们。如果不看牌，我们根本就没办法知道自己赢牌的机会有多大，也就是说，不看牌的话，根本就没办法开始打牌。

但是，仅仅看着手里的这些牌并不足以知道它们透露了什么玄机。接下来，我们就必须"观察"这些牌上都有些什么。要观察这些牌有几张黑的，又有几张红的；有几张2~10的数字牌，又有几张花牌或者"A"；它们各是什么花色；我们是否抓到了所有我们想要的牌，是不是还缺几张牌。如果"看牌"是收集视觉信息的"半被动"程序，那么"观察牌里的门道"就是一个"主动"的程序，它会先选择那些最要紧的视觉信息，然后再找出这些视觉信息中可组合出固定模式的那些元素。

我们一旦已经观察出自己手里到底有哪些牌，接下来就必须"想象"出这些牌可能会有哪些组合方式。我们必须想象出自己抓到手的牌能够组合出哪些必胜牌帮我们赢下牌局。我们也需要想象其他人会有哪些牌，然后还要尽一切办法猜测出自己能否赢他们。

打牌的最后一步就是亮牌。最后，牌局上的每个人都必须亮出他们都有哪些牌。除非牌桌上有人是高手，能在亮牌之前一直都不露声色，把其他人骗得团团转，让他们早早就放弃，不再跟注，否则，在所有人亮牌之前，没有人能赢。视觉化思考的情形正与玩牌时的这种情况完全一样。也许我们确实有一些精彩绝伦的设想，但除非我们能找到一种合适的方式向别人"展示"，否则，这些设想的价值永远也不会为人所知。

这就是我们要记住的东西：**看、观察、想象和展示**。玩扑克时的这四个阶段正好严格对应着视觉化思考的四个步骤。像打牌这个例子已经说明的那样，这些步骤没有什么神秘的地方，也没有什么秘密可言。其实，当我们每次用视觉来进行思考的时候，我们都会按同样的顺序来完成这四个步骤。

视觉化思考的过程

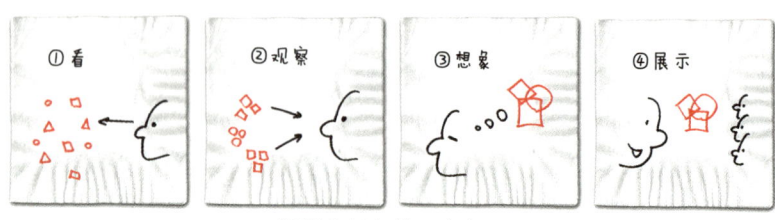

视觉化思考的四个步骤

上图所表示的是视觉化思考的过程，这应该不会让人感到惊讶。毕竟，每天我们都会成千上万次地重复这些步骤——比如，在过马路的时候，我们会先看看路的两边有没有情况，如果有辆汽车开过来，我们就会停下来。如果看到远处有辆汽车，我们就会想想在车开到身边前自己能不能过这条马路，如果能，我们就会十分安心、大步流星地过马路，而如果过不去，我们就会在那里等着，一直等到汽车安全地开过去。正是通过这些最终的行动，我们表明了自己的决定。

过马路时视觉化思考的四个步骤

让我再举个例子，当我们准备一份商业报告的时候：我们会先看一眼手头准备的材料；然后我们会观察到材料中那些最有趣、最切题或是最有用的内容；接着我们就会想出表达意思的最佳途径；

最后我们才会向其他人展示自己的商业报告。

看　　观察　　想象　　展示

写商业报告时视觉化思考的四个步骤

又或者当我们在为商务演示准备某个图表的时候：我们会先看看这个图表有哪些内容（比如说明性的词表索引、坐标轴、数据集、资料来源等），然后我们才会去观察这些数据有哪些特点（也许 x 轴增长的速度比 y 轴要快，或是饼状分析图中蓝色的部分比红色的部分要大很多），接着我们就会好好想想这些特点说明了什么问题（比如成本增长的速度要远远高于利润的增长，西南部地区的表现正在超过东北部地区），最后我们才会信心满满地站出来，向听众们演示自己刚才体验的全过程，并向他们展示自己的所有看法。

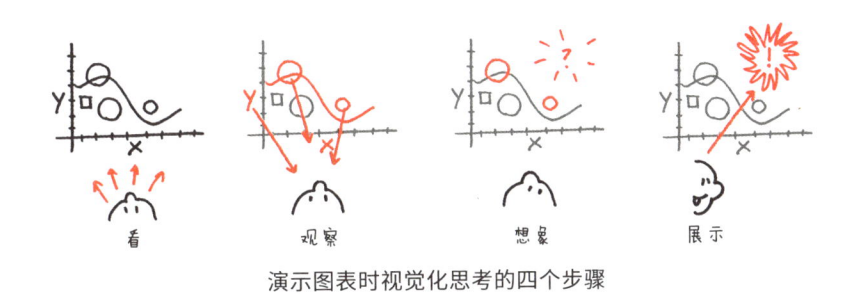

看　　观察　　想象　　展示

演示图表时视觉化思考的四个步骤

因为我们对整套流程都得心应手，所以从来就没有好好反思过这几个步骤。但那只是因为我们对这套流程应用得太频繁,以至它都成了我们的"第二天性",让我们浑然不觉。但如果观察一下幼儿园里手拉手去动物园的小朋友,我们就会发现,天生的能力并不能让小朋友们安全地过马路。如果没有老师在旁边带领,很多小孩子就会直接往马路中间走去,这实际上只是在完成四个步骤中的"展示"环节,却没有经过前面那些"看""观察"和"想象"的环节,这很可能会带来灾难性的后果。正如我们将在后面讨论的那样,事实上,小孩子单独过马路时存在的问题,正是大多数商务人士在绘制图表时出现的问题。所以说多花上几分钟来学习视觉化思考的过程,对我们来说是值得的。

视觉化思考过程逐步解析

看

"看"只是一个接收我们身边视觉信息的"半被动"程序。它只是收集一些信息,初步试探一下面对的是什么情况,使我们心里有一个大致准备。它还包括快速扫视一下周围环境,以便建立起对整体情况的初步印象,同时还要迅速地问自己一连串问题,来帮助我们对面前的情况得出首次成功的判断。

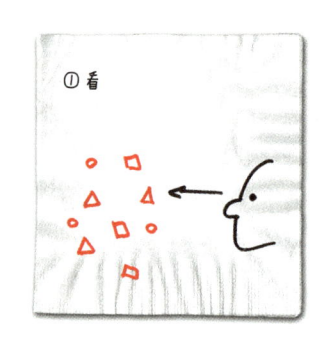

"看" = "收集"和"初选"

"看"的时候要提的问题:

- 都有些什么材料？材料是不是很多？还缺哪些材料？
- 我能看多远？此时此地，我讨论的范围是什么，我的眼界又受到了怎样的限制？
- 我面前的这些材料是不是我想看到的？我能否很快得到那些我想要看到的材料，或者还要花一些额外的时间去梳理这一堆材料？

"看"的时候要采取的行动：
- 扫视一下整个环境，形成一个大体印象；最好不要"只见树木，不见森林"，也不要"一叶障目，不见泰山"。
- 找到讨论的范围并确定要考虑哪些问题。找出自己观点中有哪些局限，判断出该用何种方式整理面前的材料。
- 初步筛选，过滤掉一些无用的信息；将关注点集中到有用的信息上。

观察

"观察"是接收视觉信息的下一个步骤，在这个环节中，我们的眼睛才有意识地积极做出反应。当我们只是大概"看看"的时候，我们只能扫一眼整体的环境，只能初步收集一些非常基本的信息。而现在，我们已进入"观察"环节，眼睛开始选出那些值得进一步检视的信息，前提是我们能在这些信息中发现一些特点——只不过有时候是有意为之，有时候则是无意的。

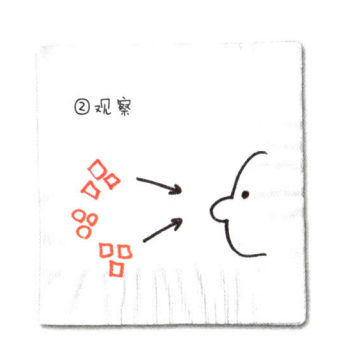

"观察"="选择"和"归类"

"观察"的时候要提的问题：
- 我是否知道自己正在看什么？我以前见过这个东西吗？
- 这些材料有什么特点？什么方面能引人注意？
- 从观察到的这些东西里，我能得到些什么信息，比如它具有怎样的形式、哪些内容已经凸显出来，它们之间又有哪些相互作用，来帮助自己更好地理解整体情况，以便能做出最佳决策？
- 我是否已经收集了足够多的视觉信息来帮助自己弄清楚看到的东西，我是否需要再看一遍，还是开始下一步？

"观察"的时候要采取的行动：
- 过滤出最实用的信息：积极地挑选出那些值得再看上一眼的视觉信息，放弃不值得注意的视觉信息。（随后再检查一遍。）
- 将内容分类并将它们区别开来：根据不同类型，把材料和信息分为不同等级。
- 发挥你的创造力，关注材料的形式特点与分类：在视觉信息中找出共性，特别是在不同种类的信息之间找出共性。

想象

当视觉信息被收集并加以分类后，我们才会进入"想象"，这个时候被收集和分类的视觉信息才会得到处理。我们可以这样理解"想象"：它是我们闭上眼睛"看"事物的一种行为，或

者是"观察"那些不存在于眼前事物的行为。

"想象" = 看到那些并不在眼前的事物

"想象"的时候要提的问题：
- 我以前在哪里见过它？我能否将它同我以前看过的事物做类比？
- 有什么更好的方法能让我将所看到的样本的特点刻画出来？我是否可以重新整理这些材料，让它们变得更有意义、更能说明问题？
- 我能否进一步处理这些材料中显现出的特点，使那些看不见的内容变得清晰起来？
- 有没有什么隐藏着的结构和我看到的所有事物都有联系？我能否将看到的其他内容也放进这个框架里？

"想象"的时候要采取的行动：
- 闭上眼睛：当所有未加处理的视觉信息汇集到脑海里时，你需要闭上眼睛来审视它们，看在这些材料之间是否有新的联系浮现。
- 找到可以类比的东西：问问自己，"我以前在哪里见过它？"随后要好好想想，在新的情况下，如何处理类似的问题。
- 处理图表：把图片倒过来看，或者把图片从左边翻到右边，变动一下坐标系，把坐标里面的内容移到坐标外面，看是否可以看到一些以前没有看见的东西。
- 改变那些"显而易见"的想法：寻找多种途径来展示同样的东西，以此来练习视觉创意。

展示

　　一旦我们在视觉材料中找到规律和特点，并把它们弄得很清楚，还找到了合适的途径来分析处理它们，也发现了一些新的内容，我们就该把它们完完全全地"展示"给他人了。为此，我们需要总结一下自己看到的所有内容，找到最合适的框架，用清晰明确的方式来表现自己的观点。这就需要把所有内容都明白无误地画在纸上，明确勾画出我们想象的内容，随后还要回答听众们提出的各种问题。

"展示"= 让一切清楚明白

"**展示**"的时候要提的问题：
- 对我的听众和我来说，哪幅图对我的想法最为重要？
- 哪种方式才是我传达想法的最佳选择？同别人分享我所看到的内容时，哪一种视觉框架才是最合适的？
- 当我回到最初看到的内容时，我正在向别人展示的东西是否仍然有意义？
- 先对听众说："这就是我看到的。"然后再问问他们："你们是否也这么看？你们是看到了一样的东西，还是看到了不一样的？"

"**展示**"的时候要采取的行动：
- 展示你最闪亮的创意：将所有的视觉创意按一定的原则排序，

让那些最切题、最重要的创意排在最前面。
- 把一切描绘出来：选一个最合适的视觉框架来展示自己的观点，把所有的想法都画在纸上或黑板上。
- 所画的图中一定要涉及最重要的内容："谁/什么""有多少""在哪里""在什么时候"；并且使"怎么样"去做、"为什么要这样做"这些内容在视觉上让人感到耳目一新。

视觉化思考的四个步骤并不总是线性的

在本书接下来的部分里，当通过画图来解决问题时，我们都会经历刚才提到的那四个步骤。事实上，这本书后面的部分都是以此为基础的。但是，还是有一个细微的地方值得我们注意，因为它能更好地帮助我们运用这套程序。让我们回过头来看刚才提到的那个玩扑克的例子，我们能注意到玩扑克游戏与视觉化思考的细微区别所在：具体来说，那就是可不可以反悔。在玩扑克的时候，规则高于一切，一旦下了注，你就再也不能回头了。但当你通过画图帮助自己解决问题的时候，回头做些调整是整个工作中最有价值的步骤之一。

让我们来谈谈实际运作中的奥秘。虽然视觉化思考的四个步骤常常是按照次序自然地逐步推进，但我们不必严格按照"第一步应该怎么样，第二步、第三步、第四步又应该怎么样"的顺序来进行。其实，整个视觉化思考的过程运作起来，更像是一连串循环往复的程序，很像我在下面给大家画的这幅图。

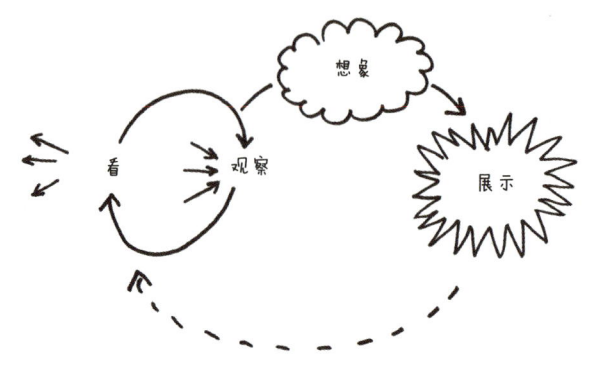

实际中视觉化思考的四个步骤

你是否注意到了？"看"和"观察"这两个步骤总在不停地交替，并且相互支持。这两个接收视觉信息的步骤联系得非常紧密，它们中任何一方都不可以离开对方。但是这并不意味着我们不能充分发掘和利用它们之间的区别，其实注意并利用这两个步骤之间的区别恰恰可以提高我们视觉化思考的技巧。在接下来的两章里，我们将会发现这套循环往复的程序到底是怎样帮助我们进行视觉化思考的。

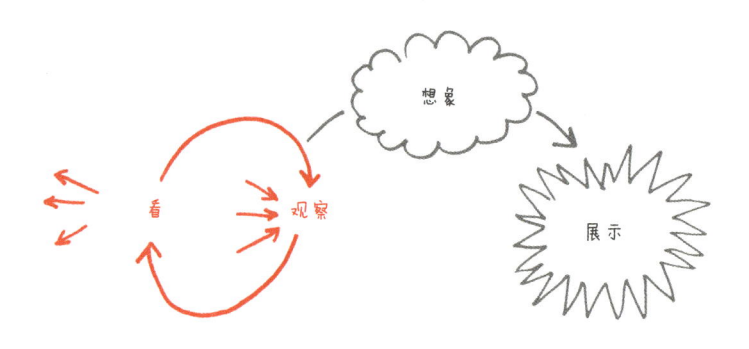

"想象"以一种非同寻常的方式，牢牢抓住我们已经收集和挑选过的所有内容，闭上眼睛好好去思考它们。这时，"想象"变成

了一座"桥梁"：在这一端，我们对进入脑海的视觉信息进行处理；在另一端，视觉创意不断输出。我们将好好讨论这一近乎神奇的步骤，它还会为你提供一个新的工具，帮助你想出一个更为切实可行的行动方案，而不是一个完全不靠谱的馊主意。

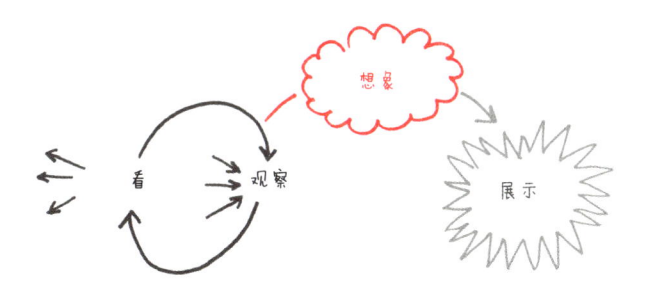

最后让我来谈谈刚才提到的那个过程。下图中有一条从"展示"再连回"看"和"观察"的跨度很大的虚线，我想强调的一点就是：如果我们很好地完成了工作，那么当我们开始向其他人展示自己的成果时，他们就会启动视觉化思考过程——看我们展示的图片，观察那些吸引他们的部分，想象他们该如何处理这些材料，还会对我们展示的东西做一点儿修改。视觉化思考的循环过程就会这样一遍又一遍地重复下去。

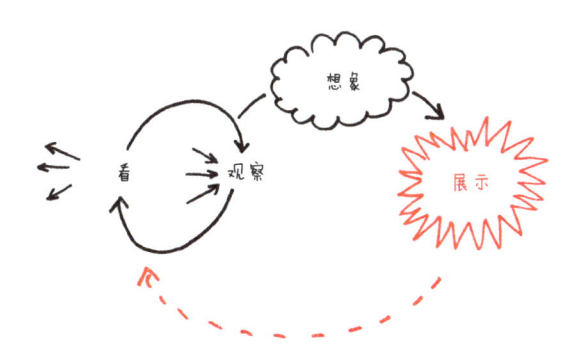

第 二 部 分

发现创意

看得更真切、目光更敏锐、想象更丰富：
这才是视觉化思考的最佳工具和规则

第四章

首先，随便看看

大多数人对于通过画图来解决问题的方式感到不可思议，这是因为大多数人对自己的绘画能力没什么自信。"红笔类"和"黄色荧光笔类"的人尤其会这么认为：既然他们不会画图，他们也就不能依赖视觉化思考，并把它作为应对复杂挑战的方法。这是很不幸的，因为这让他们中许多具有深刻洞察力的人连视觉化思考最初的一步也未迈出。

让我们反过来想想。别去考虑我们是否具有画画（展示）的能力，而是去想，能够画得好在很大程度上是眼光敏锐的成果，而这就直接源于"看"得真切。

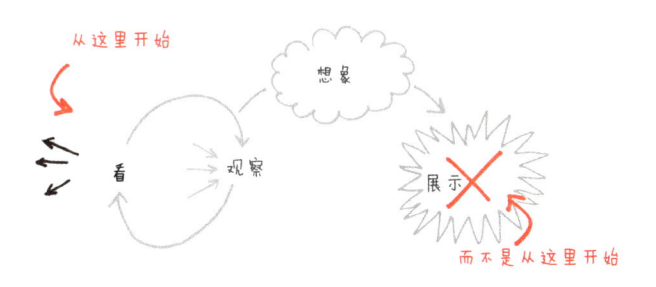

将视觉化思考理解为一个完整的过程,意味着起点并不是学着"画得更好",而是"看得更真"。这就是为什么这个过程是有意义的:它把"看"——我们所有人天生就具备的能力——推到了我们面前。

从这个角度看,开始视觉化思考的最好方法是熟练地用我们内在的视觉系统"看"世界。

我们如何看

我们睁开眼睛的每一秒,都有大量的视觉信号像光量子一样经视网膜转换成电子脉冲,然后通过视觉神经进入大脑的不同区域,这一过程中信号被分析、过滤、比较、分门别类、重组——这样才能成为我们大脑中形成的图像。

每一秒这个过程都会发生上百次,而我们对此却是完全无意识的。对于它如何运作,神经科学家和视觉专家的理解也是刚刚起步。他们对此了解得越多,视觉机制就越显得神奇。我们的内在观看系统那样神奇,它也只是视觉化思考中"看"的部分。当我们谈起视觉化思考时,我们指的是有意识地使用这个内在系统。谈视觉化思考,首先得说说"主动地看"。

哪儿是上

无论我们是看着夜空中的星星、孩子的脸庞还是一张数据表格，基本的视觉神经作用方式[①]都是一样的。尽管如此，我们眼睛所看到的事物以及我们理解它的方式，都取决于我们在特定时刻所试图解决的问题。

我们如何去"看"取决于我们要解决的问题

想象一下，我们要和几个朋友打保龄球。当我们走进保龄球馆时，我们最先看到的是什么？第12道上6号瓶的摆放？桌子后面保龄球鞋背后印的数字？不，我们面对的第一个问题就是弄明白我们在哪儿，所以我们的眼睛会扫视四周，看看整个保龄球馆有多大，建立起空间概念，并在短时间里创建一个三维的心理模型来确定哪个方向是向上的，墙在哪里，我们处在什么位置等。在我们意识到这些问题之前，我们的内在观看系统早就看出了保龄球馆的宽度如何，纵深如何，天花板有多高——还有，谢天谢地——它不是颠倒的。换句话说，我们视觉的"自动导航仪"已经确定了我们的

---

① 如果你对支持我观点的基本科学原理感兴趣，请参见附录B：视觉化思考的科学。

方向和位置。

进入一个房间：

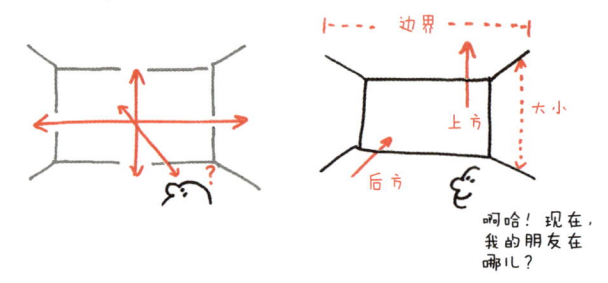

当我们刚进入某个环境时，我们的眼睛会很快建立一个
三维模型，在其中建立空间方位，以确定我们的位置

  脑海里有了这个三维的保龄球馆模型，观看系统就会帮我们完成手头的事情，即帮助我们找到朋友。我们的眼睛会自动地扫描明显的标志：熟悉的面孔、不同的身形、特征突出的动作等。不错！就在那儿：距此三条球道，刚好路过汽水自动售卖机。通过无意识地识别和辨认——将我们眼中所看到的与我们所希望看到的相匹配——我们找到了一起打球的朋友。

当我们大概明白身处何地，
我们就会开始寻找我们认识
的人或事物（也就是我们讲
的"谁 / 什么"）

在接下来的时间里，直到我们换上保龄球鞋，拿起球，站在球道前，我们的眼睛才会对准球道尽头的那些球瓶。

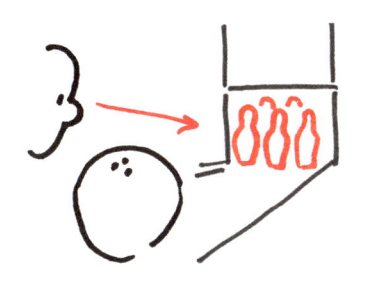

当我们最终做好准备，要发球了，我们才会真正去看球瓶的精确方位

强调这些定向、定位、识别和聚焦的步骤是很有必要的，因为我们的观看系统就是通过完成这四项关键任务来为我们服务的。这四者尤其重要，因为如果它们不是瞬间完成的——如果我们必须花不少时间和努力来搞清楚方位——我们就绝不可能去抛出我们手中的球。

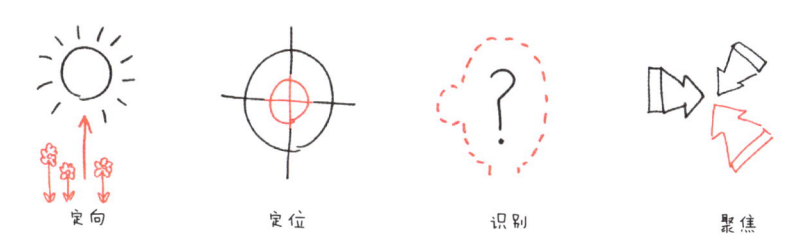

我们的视觉系统是在我们无意识的情况下运行的，包括定向、定位、识别和聚焦

这里的重点在于，这四项观看任务决定了我们能否马上在脑海里形成一个商业图景。为了更好地说明我的意思，让我们从视觉化

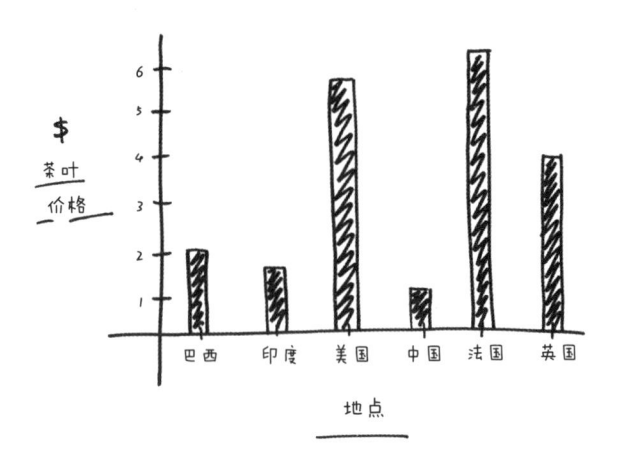

思考的基础开始，先来看一幅简单的柱状图。

让我们从这幅最基本的商业图开始

几秒后我们就会发现这幅图比较的是几个国家的茶叶价格。但为什么会这么容易理解呢？图中的哪些因素让我们这么快就能明白它的意思？我们试着运用已了解的关于"看"的知识来思考这个问题。

首先，我们用图画来展示数据是有一定标准的，而这幅图就遵从了这一系列的普遍标准：它以横、纵向两轴坐标系为基础。

正如我们一走进保龄球馆眼睛立刻就会注意到屋顶、墙和地板一样，这幅图提供了一些让我们能迅速找出方位的标志。在这幅图里，这些提示是以坐标系的形式出现的，而坐标系则是由主要的横线竖线组成。当然，"上"并不是真的指"上面"（这里是指"有多少"），"右"也不是真的指"右边"（而是指"在哪里"），但我们的眼睛仍然能够认出简单的坐标系。

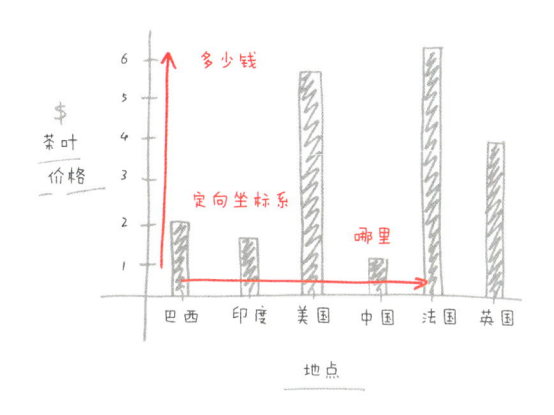

这幅图通过为我们提供一个横、纵向坐标系，让我们可以很快地建立方位

这幅图从其他角度来看是否也容易识别呢？是的。横坐标的标签让我们能够找到我们相对于坐标系和图中其他国家的位置。比如，如果我们在美国，我们可以在图的中心找到"美国"字样。

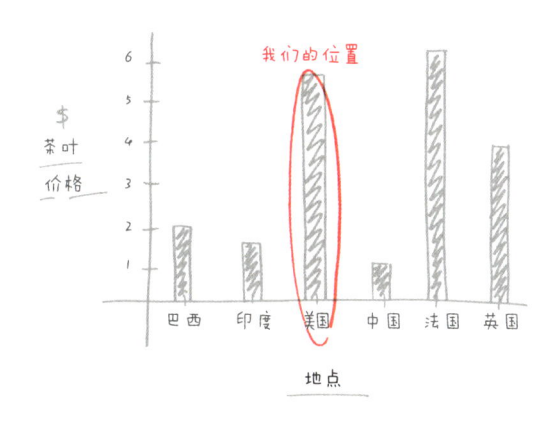

通过横坐标的标签，我们确定了自己相对于坐标系和图中其他国家的位置

最后，国家的位置、价格及衡量价格高低的条柱共同向我们说明，在这幅图中，每个国家茶叶的价格是彼此相关的。比如，我们

看到茶在美国要比在中国贵得多，但比在法国便宜一些。

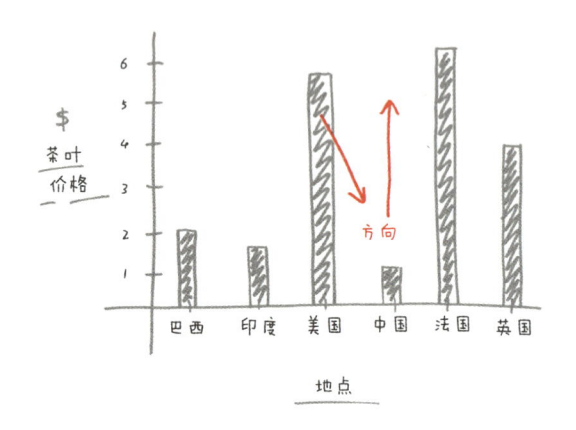

垂直条柱的相对高度告诉我们，一个价格相对于另一个价格的高低——更高、更低、相同

这幅图可以说明，即使它和保龄球馆没有共同点，我们的眼睛也是用同样的方法来看待它们的。我们得到的是同样数目的视觉信号、同样的分析和电子脉冲，还有同样的传递脉冲的通道。在我们的眼睛看来，连解决的问题也是一样的——定向、定位、识别和聚焦。

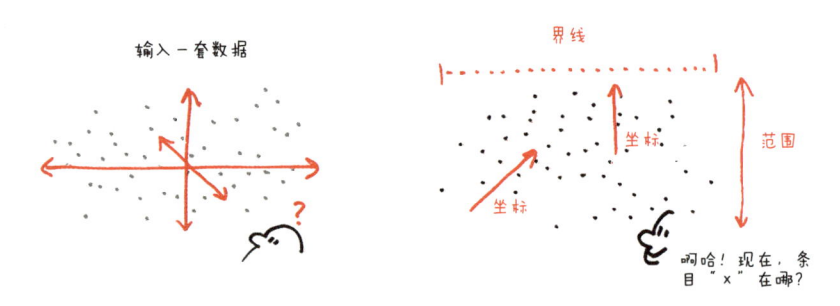

当我们输入任何数据（电子表格、表单、柱状图、饼状图等），我们的眼睛都会经历与走进保龄球馆时同样的观看过程

如何看得更真切：遵从四项规则

为了提升观看能力，并且为视觉化思考打下好的基础，当看到新鲜事物时，我们需要遵从四个基本规则：

1. 收集我们能够看到的所有东西——越多越好（至少在开始是这样）。
2. 需要有一个地方可以逐一摆放我们所有的东西，这样我们可以将它们整体纳入视野。
3. 建立一个基本的坐标系以提供清晰的定向和位置。
4. 学会减少我们眼睛看到的东西——我们需要练习视觉分类。

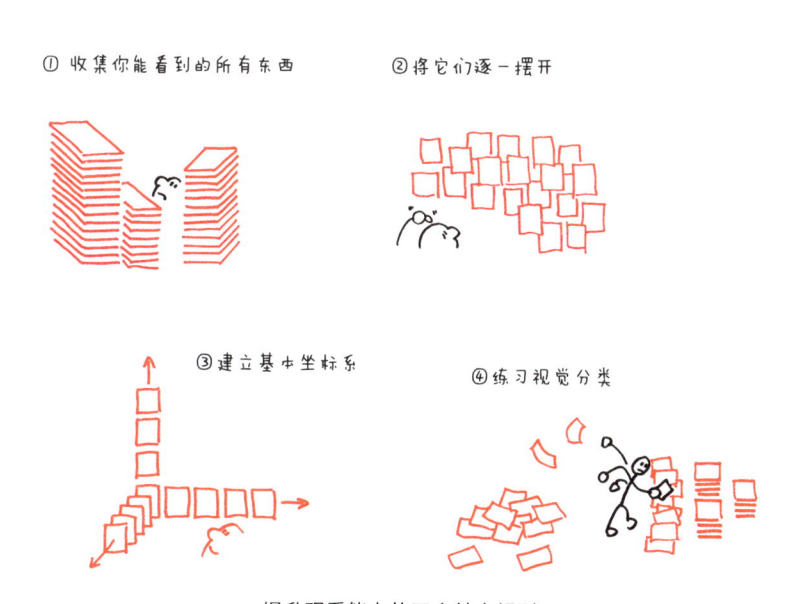

提升观看能力的四个基本规则

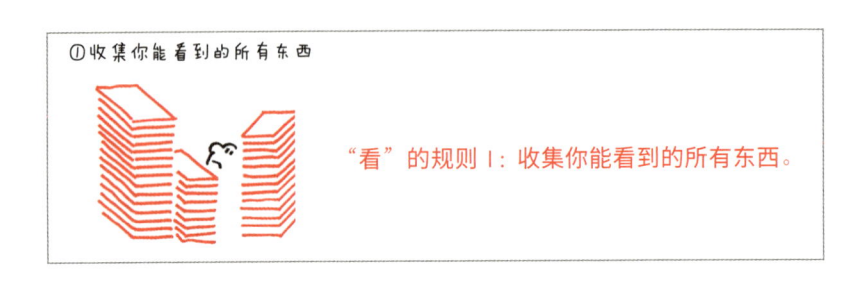

① 收集你能看到的所有东西

"看"的规则 1：收集你能看到的所有东西。

看就是收集，就像收集别的东西一样。一旦我们开始了，就会立刻面临两种问题中的一种——东西太多或者不够。前一种情况我们已经在第二章见过了：当达夫妮需要对她的公司品牌做出决策时，她收集了与该行业相关的所有数据，而这些数据如此之多，多得让她根本不能很快地理解它们所代表的含义。

现在，在所有地方、在每一种商业语境中，达夫妮的问题都是存在的：信息过量是今天的大环境，我们恰恰是要学着如何处理它。要找出重要的东西并理解它，"主动地看"就是一个有用的办法。这样，尽管我们的眼睛总会获得过多的信息，但我们仍然可以准确地找出我们所需要的东西。这就是这堂课的意义。

要看的太多了

当达夫妮把所有的调查资料都发给我们时，我们就好像被瞬间转移到了保龄球馆里。我们绕过前门，发现自己掉到了球道中央，而这些数据则在两侧飘来荡去。不知道自己从哪里进来的——我们甚至不知道自己应该找什么——也就不知道应该先看哪里。

但我们的视觉系统是灵活而富有弹性的，总想找出头绪来。所以我们才开始"主动地看"。第一步：分辨方位。我们需要找到一个坐标系来确定这点，所以我们做了个模型，标明"谁/什么"（竞争者）和"有多少"（收益）。

下一步：定位。我们先确定度量单位，以便显示达夫妮的公司在坐标系上的位置。接下来：识别。我们浏览数据，确定其他公司在同样空间里的位置。最终，达夫妮的图就产生了。信息过量是不可改变的现实，但是主动地看则让我们有办法处理最麻烦的部分。

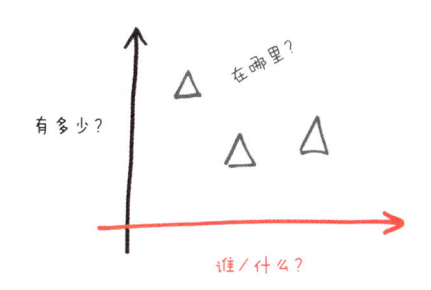

在"谁/什么—有多少"的坐标系中我们还可以看到其他详细的数据，比如"在哪里""在什么时候"

只看这些是不够的

在完成达夫妮的出版品牌策略方案一年后，肯联系了我。他是一家著名科研中心的传媒总监，他的问题看上去和达夫妮的很相似——怎么定位他所在机构的"品牌知名度"，以便吸引更大的资金投入。肯所在的科研机构还需要提升潜在投资者心中的知名度，不是因为它即将挂牌上市，而是因为联邦资金规划方案发生了变化，促使它寻求调查联邦政府外的科研基金来源。

但肯的问题很快就显现出来了，与达夫妮的问题正好相反：达夫妮是有太多的东西要看，而肯则是没有足够的东西可看。这就涉及两个组织是如何看待自身的问题。达夫妮的公司把自己所处的行业看作是一个赚钱的行业，只要可以赚得更多，任何机会都值得一看。肯所在的机构将自己看成是科学真理的捍卫者，对于商业资金来源潜在的利益纷争感到不太舒服——这种不舒服感强烈到我们整个的研究都需要暗地进行。一旦得知我们在考虑资金的选择问题，恐怕会引得整个科学界哗然。

我们又一次被扔进了保龄球馆，只是这次周围一片黑暗。我们掌握了这个机构对联邦资金的看法和报告，但也就只有这点儿光亮了。如果这个机构要在政府之外寻求资金，那么它就需要向外看，想点儿别的办法。就像达夫妮的问题一样，我们得先确定坐标系。于是我们再次以"六要素"来划定问题的框架：

- **谁**：哪些组织与肯的研究中心大致类似（它们基于科学，以学术研究为导向，以自然世界为焦点，还需要大量的非政府资金）？
- **有多少**：这些组织需要多少钱？它们已经拿到了多少？
- **在哪里**：这些钱是从哪儿来的？在科研基金和自然科学基金的整体图景中它们在什么位置？
- **在什么时候**：这些组织多久拿一次钱？每周？每年？什么时候不愁钱花？

按照这些标准，我们走出门去寻找与之相符的"谁"。我们发现了大量的组织——博物馆、环保组织……从"保护国际"到塞拉俱乐部再到所有蒙特利湾水族馆——它们都符合以下几点：科学、自然世界、需要资金。所以我们一一记下，然后在有关公共信息披露法律的允许范围内，借助互联网，很快就找到了我们需要的大多数信息：组织规模、资金状态及资金来源等。

开始时我们手里除了一个简单的问题"我们从政府外获取资金的方式有什么"什么都没有，而现在我们通过"主动地看"收集了大量信息，足以建立一个自然科学基金图景的视觉模型。它大致如下：

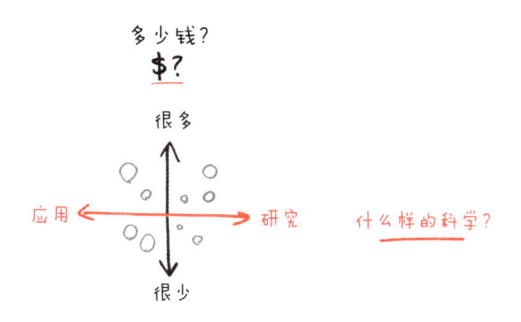

自然科学基金图景的视觉模型

借助这个框架，现在要做的就是绘制我们收集到的数字，接着我们便开始着眼于各种资金的选择上了。即使我们最初是在黑暗里摸索，主动地看的过程也给我们提供了有效的指导。

"看"的规则2：将它们逐一摆开，这样你就可以一览无遗了。

收集到所有需要的东西后，我们可以把它们放在醒目的地方。这是一个如此明显的规则，因此常常被人们忽视。然而这是有效阅读大量信息的最好方式，我们可以迅速浏览它们。

"旧货甩卖"原则：我们怎么才能知道手里到底有些什么东西？

我们把以下这种做法称为"旧货甩卖"原则：不管我们车库里的东西收拾得有多好，只要在阳光下将所有东西摆在桌面上，就会产生一个全新的视角。数据也是这样：当它们各自被打包，要想看到全貌是不可能的，但把所有东西都摆上台面，就会让原本无形的联系立刻变得清晰可见了。

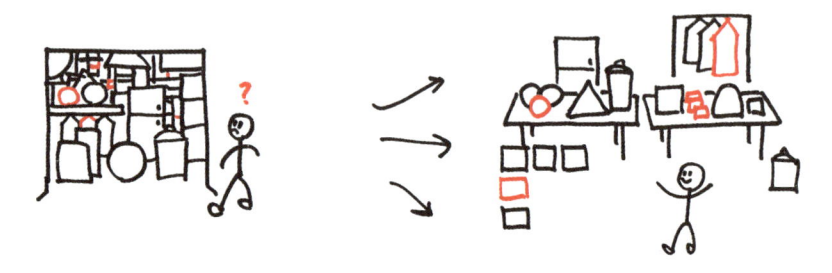

"旧货甩卖"原则：当我们能够一眼看到所有东西时，它们看起来就不太一样了

几年前，我在硅谷和一个计算机制造商共事。为了及时跟进软件销售的全球变化，这个公司的 CEO 决定重新设计销售过程。以前的消费者先购买一个满是漏洞的软件系统，然后才收到升级补丁和技术支持的过程不会再有了。在这位 CEO 设想的新世界里，软件本身将免费发布，消费者则为升级与技术支持付费——有点儿像从"每月买本新书"俱乐部变为"一个昂贵的私人图书馆"：我们得到的书是相同的，只是支付的方式不同。

这是一个巨大的转变。这意味着一切都将发生改变，从编写软件的方式到提供技术支持的过程。为了避免全公司上万名员工出现混乱，公司决定通过一系列低调的临时会议传达这个信息。

　　灾难因此产生。当指定的讲话人第一次提到这个转变时，他就被排山倒海的问题淹没了。销售人员追问："销售佣金怎么办？"工程师质问："我们将如何发布二进制程序？"所有人都问："我们是不是疯了？"

　　发言人只能说："让我说完。我保证那些都不会是问题。目前我只想让大家先看蓝图！"

　　可问题在于根本就没有什么蓝图。就好像他对大家说车库里所有的东西都将被重新组织和安排，但所有人都没往车库里看一样——他们看到的只有自己的那些杂物箱。这很糟糕，因为要传达给大家的信息很简单而且几乎是视觉化的——"这是我们现在所做的……在未来它会是这样……这些将是最难改变的部分"——只需要两三幅图就可以简单说明。

　　但是没有人画图。这些会议每周都开，每次结果都差不多：震惊、困惑，然后是焦虑。最后，人们或者同意或者离开公司。我写这本书时，这家公司正在实行转变，调整新流程，等着看市场如何反应。但当我想到在那些会议上浪费的时间和金钱，还有会议导致的忧虑，我所想到的就是，如果把这些问题简单地逐个摆到桌面上，让所有人都看看，可以节省多少时间和金钱啊！

我们把这一大堆东西放在哪里以便浏览呢？

　　从实际角度看，将一切都放在我们能看到的地方意味着我们需要大量的空间，所以要做好把东西散开、把房间弄得很乱的准备。每张桌子、每把椅子、每面墙壁、每个平面都被覆盖了。当我们可以肆无忌惮地四处看时，我们的眼睛会发现非常有趣的联系。

当我还在为那家伦敦的公司工作时，我的团队需要为客户展示一项设计。在展示的前一天，我让大家把自己做的东西多做一个副本，从记事本涂鸦到字体测试再到最终设计图样，把它们堆放在会议室。当我第二天早上走进会议室准备布置房间时，桌上满得快放不下了。30分钟后前台接待苏西时，会议室就像一个硝烟未尽的战场，到处都是文件。

苏西顿时惊慌失措。我们的老板罗杰是一个出了名的爱整洁的家伙，尤其要求会议室要整洁。当时我正跪在一堆文件中，让她觉得更糟糕的是，我还在墙上贴东西。此时苏西几近崩溃。我唯一能做的就是请她施以援手。

那是很棒的一天。客户到达时，令人吃惊的一件事发生了。我们根本没法开会。当人们陆续走进办公室时，他们立刻被墙壁吸引——大家指指点点、挥舞着手臂，就连从来不发言的设计师也开始和客户交谈——各种好的创意全冒出来了。

在这个过程中，有好几次我都注意到罗杰就在这个房间里。他微笑着，会后他坚持将墙壁维持原状好几天，以便让进出这个房间的人们观看。最后，设计终稿并不是来自正式的评审，而是来自一个不停看其中两幅图的会计师的犀利点评。

我们并不总是需要一个特别宽广的空间来铺开一切。很多时候，我们需要看到的数据只是清楚的、简单的数字。电子表格程序就可以提供这一切。尽管"黑笔类"的人也许会认为埋藏在各行各栏中的数字不可能是"视觉化的"，但要在一张表单上摊开大量数据，电子制表程序是再好不过的工具了，在电子表单中我们能够一次性看到所有数据，并对它们进行比较。

③建立基本坐标系

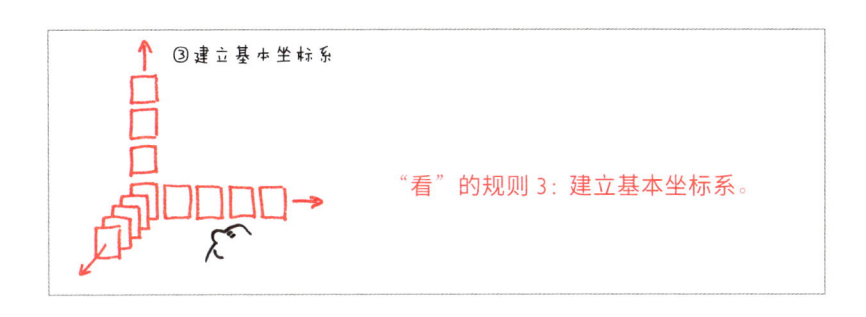

"看"的规则3：建立基本坐标系。

还记得当我们走进保龄球馆的一刹那在脑子里建立的三维模型吗？我们能够如此迅速地建立这个模型是因为我们的眼睛能够立刻察觉房间的基本坐标系：哪里是上，哪里是左、右、前、后。由于我们生活在一个三维空间里，我们的眼睛非常善于辨认这种"长—宽—高"坐标系。举例来讲，你可以想象手里拿着一个小盒子。

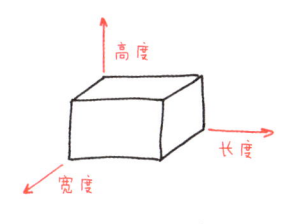

一个盒子有三个维度：长度、高度、宽度

为了表现盒子占据的三维空间，我们可以在盒子周围画一个格子，在这个格子里，坐标被分别称为"x"（长度）、"y"（高度）、"z"（宽度）。

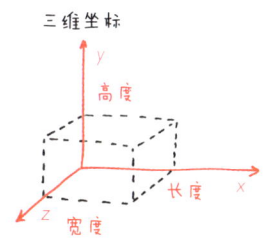

当我们在一个坐标系里表示盒子时，我们在坐标系上标上 x、y 和 z

现在想象这个盒子就是我们所在的房间。即使它现在与这个房间看起来有一点儿不同，但基本坐标是一样的，我们仍然要看长度、高

第四章　首先，随便看看　　063

度和宽度。

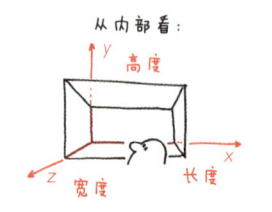

我们所处的任何一个房间都可以在同样的坐标系中绘制

"红笔类"的人也许觉得这个想法很混乱,但不要担心,我们的视觉系统并不会这么认为。毕竟这是我们的视觉系统每秒都会进行 100 次的行为——寻找视觉提示来帮助确定我们周围世界的 x、y、z。

好极了,不过我们怎么去找到一个创意呢?

当我们看着某种不存在于三维空间里的东西时,我们会发现什么呢?比如茶叶在中国的价格、达夫妮的行业数据或肯的基金信息?那么坐标如何帮助我们找到一个创意的雏形呢?

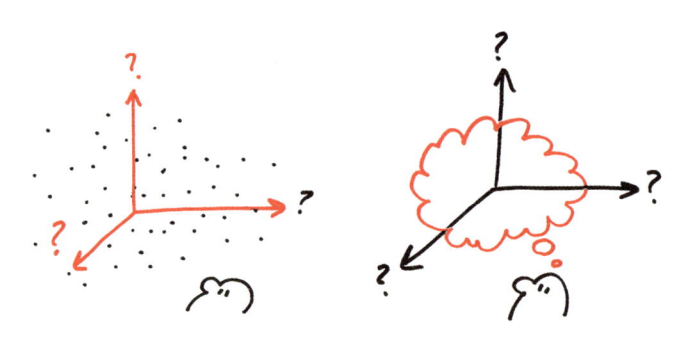

我们怎么发现包含原始数据、信息和创意的坐标系呢?

窍门在于找一个并不依赖长度、高度或宽度的坐标系。还有,你知道吗?我们已经有一个了,确切地说是 6 个。

在本书中我们已经好几次遇到这个新的坐标系了："六要素"。也许我们从未想到过以"谁/什么""有多少""在什么时候""在哪里""怎么办"以及"为什么"为坐标系，但接下来的内容我们恰恰就要用到它们。

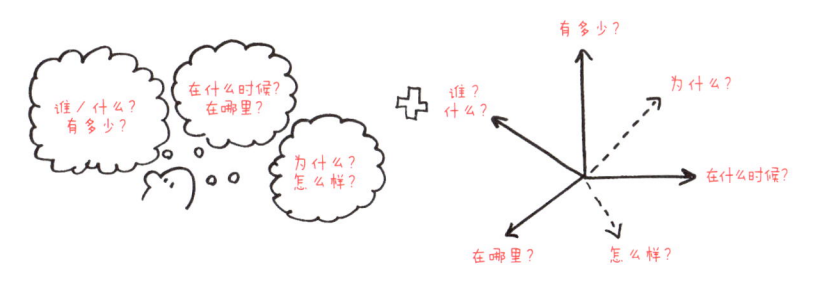

"六要素"不只是我们为了确定问题所在而提出的一串疑问，它们也是我们从现在开始就要使用的坐标系的基本元素

现在我们介绍它的原理：回想一下我们为达夫妮画的图，图中对照的是"谁/什么""有多少"和"在哪里"。再回想一下肯的图，图中对照的是"什么""有多少"，然后是"谁"。

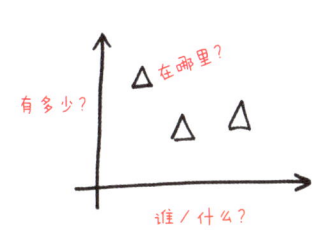

达夫妮的图："谁/什么"vs"有多少"vs"在哪里"

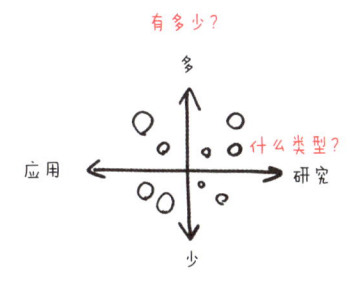

肯的图："什么"vs"有多少"

第四章　首先，随便看看　　065

股票价格走势图对照的是"有多少"和"在什么时候"。田径比赛的获胜时间表对照的是"谁"和"在什么时候"。

几乎所有我们可能看到的描述性图画都会用六要素来绘制坐标

"看"的规则4：练习视觉分类。

想想你看过的有急诊室作为场景的电影或电视剧：《风流医生俏护士》《急诊室的故事》《珍珠港》和《兄弟连》。现在想想那些刚刚发生了严重冲撞、事故或者战争的地方，增加的伤员让医生无力应对时，每次都会发生什么？一位资深护士冲进混乱中，开始做出及时的、基于直觉与经验的决定来判断谁更有可能存活下去，谁只好被留在冷风中。这就叫作"分类"，我们的眼睛总是在进行这样的活动。

原因在于：总是有太多视觉信息，我们处理不过来，所以需要视觉系统对信息进行筛选。尽管这一过程背后的原理我们仍未完全弄清，但我们大脑的高级处理中心因为这个过程受益良多。似乎我们的眼睛有某种经验性的直觉——就像护士一样，虽然满眼都是伤员，但依然能立刻做出初步判断——它们帮助大脑迅速做出决策，判断哪些信息是重要的并需要我们留意的，哪些则不需要。

我们先看什么？

其实"直觉"是许多"低层"认知过程的结果。这些活动是在我们首次接收到感官信息的时候发生的，此时我们还没有用到大脑更为复杂的处理系统。当我们抬头看一架飞机掠过、眯起眼避免阳光直射时，我们就在经历一个"低层"的心理过程——在这里就是一个简单的本能反应。因为我们在思考前就有了这个反应，这类活动被称为"前认知反应"，促使这种反应产生的感官信息——在这个例子中是阳光的强度——被称为"前认知属性"。

当视觉信号进入我们的眼睛时，我们的视觉处理中心会快速浏览一遍所有信号，迅速决定哪些信号值得注意，然后将它继续传递下去，而其他无关紧要的则会被排除掉。这种视觉分类的作用很重要，因为视觉的前认知属性到处都是，而我们的眼睛恰恰知道如何不用思考就能识别出它们。

前认知视觉分类

神经学家和心理学家已经发现了我们能如此快速地识别和处理

许多前认知属性的原因。我们很善于区别水平线和垂直线，因为它们帮助我们在一个由垂直和水平构建的世界里保持直立；我们能很好地理解明暗和阴影，因为它们暗示了太阳在哪里，告诉我们东南西北；我们会在结构和纹理中辨别出细微的不同，因为它们告诉了我们物体的边缘；等等。

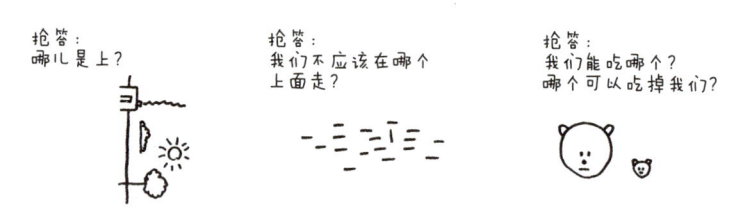

在我们意识到之前，我们就已经在处理这些视觉图像了

知道这些前认知信号是很有用的，因为它们能帮助我们确认我们要理解的是哪些种类的图（或者图的哪些部分），而不需要有意识的心理过程。如果我们的"视觉分类护士"的目标是单纯识别那些提供了最重要意义而冲击力最小的视觉信号，那么她就会很和善地看着这些视觉信号，让它们走进我们的视觉系统。

重点在于，一幅图里有越多的前认知信号，我们就越有可能对这幅图进行快速处理，将"高层"心理能力留给更深入的分析过程。我们将在下一章看到这个过程。

表 4-1　常见的前认知视觉属性：视觉信号帮助我们快速决定
哪些值得一看，哪些不值得一看

邻近度：我们的眼睛假设彼此靠近的物体是有关联的。
颜色：我们的眼睛会立刻注意到颜色上的不同，并基于相似的颜色对物体进行分组。

续表

尺寸：我们的眼睛几乎不费吹灰之力就能感知到尺寸的不同，并且会预设形状奇怪的那个事物是值得注意的。 • • • • • ● • •
方位：我们的眼睛马上就能在垂直和水平的方位中做出区分（但大于或小于90度就需要更多时间了）。 - - - - - | - -
方向："方向"是感知到行动的另一个代名词，我们也可以通过无意识的参与掌握（这是下一章的重点）。
形状：对于不同形状的关注，我们的眼睛就相对不那么擅长了。
明暗：我们的眼睛立刻就会察觉明暗的不同，因此能区别上下、内外。

第五章

"观察"的六种方式

如果说"看"着眼于收集呈现在我们面前的原始视觉信息,那么"观察"就是要选出那些重要的视觉信息。下面就来谈谈它们之间的区别:想象一下这样的一个场景,你正开车一路狂奔,突然间汽车的发动机震动了一下,并且传出零件碰撞的声音。你把车停到路边,拔下车钥匙。这个时候,发动机已经因为刚才的震动熄火了,还冒出了青烟。你只好从车里出来,打开引擎盖,把身子探进去,将汽车发动机的各个角落都检查一遍,从前到后,从这边到那边,没有漏掉一个地方,包括刹车管、排水管、制动管等管件,还有集成排气歧管、小水箱、各种线束、滤清器、油量计、风扇、皮带等配件。引擎盖里的东西实在是太多了,你可能认识一些,其余的则完全不认识。你知道肯定有某个零件出了故障,但不知道到底是哪里出了问题。所以,你的眼睛只能在那里毫无目标地扫来扫去。这就是我们所说的"看"。

随后,在汽车发动机室的左边,有一捆较粗的电缆从黑色的塑料盖里冒出来,就和意大利面从面条机里挤出来差不多。在你扫视整个发动机室的时候,你一定会盯着那里看上几眼。也许你会发现，几乎所有的电缆都从那个塑料盖里露出头，并且都好好地连接在引擎处，只有一根不是这样。这根特殊的电缆好像没有连接到任何地方，就悬在那里。即使你可能对引擎一窍不通，但你的眼睛一定会死死盯住那个地方，你确定那个部件有点儿不正常。也就是说，你会注意到引擎上有个地方与其他地方不同，它本该好好地接在引擎上，但实际情况却恰恰相反。也许，把这根像意大利面一样的电缆接回去，就能解决问题了。这就是我们所说的"观察"。

"看"和"观察"之间的区别并不仅仅是表述的不同。大体看一眼面临的问题与看到问题出现在哪里其实是完全不一样的事，但对通过视觉化思考解决问题的方式来说，这两种活动都是相当有必要的。打开引擎盖的时候，也许我们能准确地知道自己应该先看哪个部件，也许我们一下蒙了，这其实取决于我们对汽车构造了解的多少。但即使当我们打开引擎盖时完全不知所措，我们也可能很快发现某些部件的位置有点儿奇怪。像这种根据环境背景的结构发现问题出在哪里的行动，就是"观察"这一步要做的事，在这方面，我们的眼睛表现得相当棒。

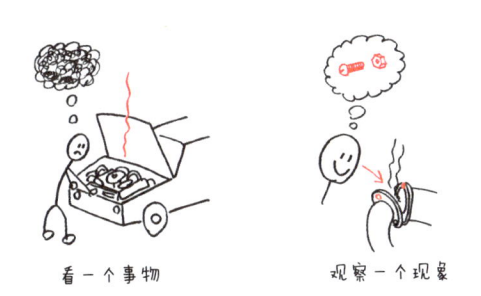

看一个事物　　　　观察一个现象

大体看一下面临的问题是我们解决问题第一步，但"只是随便看看"并不能提供任何解决方法。为了弄清楚应该如何解决问题，我们需要能够"观察"出到底是哪里出了问题

第五章　"观察"的六种方式　　071

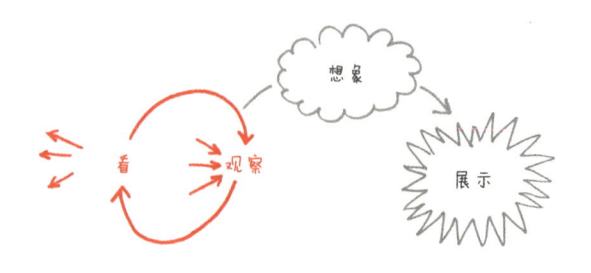

"观察"与"看"正好相互补充："看"是一个相对开放的过程，它的主要作用在于收集各种视觉信息；而"观察"则是一个逐渐聚焦的过程，为了弄清楚收集来的视觉信息，它会把需要的视觉片段放在一起好好研究。简单来说，"看"是在收集信息，而"观察"则是在选择信息并最终确定要研究的部分到底在哪里。而真正把"观察"这一步做得非常好的人，并不只是找到了要研究的对象，而是找到了真正的问题所在。

画图之所以成为解决问题的好方式，原因之一在于很多问题我们都很难看清楚，而画图可以帮助我们看到问题的方方面面，否则，问题的这些方面很有可能会一直不清晰。视觉化思考能够给我们很大的帮助，它给我们提供了一种方法，让我们能正确地看清楚自己面临的问题：这些问题并不是千头万绪、糟糕透顶的麻烦事，而是一组组相互联系在一起的、可以用视觉化思考解决的问题。如果采取画图的方式，每组问题都可以非常明白地说清楚。

"观察"这张图的全部内容

在接下来的几页里，我们将进行一次与视觉化思考相关的演习，我相信这个演习可以揭示出"我们如何'观察'"这一问题中的新内容。在演习中，我们要在脑海中魔术般地变出一连串儿非常简单的图像，依靠想象力让它们鲜活起来——当然，这一切都只在我们的想象里完成。为了更好地说明这一点，不妨让我打个比方，或许会对你有所帮助：这就像你坐在一个非常安静的环境中，认认真真地阅读一本书中的几行字，随后你把脸转向别的地方，停留片刻，在这段时间里，你还是可以依靠想象使刚才读到的内容浮现在自己的脑海中。

我给这次演习取了一个代号，叫作"猎鸟犬演习"。当这次演习结束的时候，你会发现：我们面临的问题千差万别，根据不同的问题，我们会用不同的方式审视它们：事实上，"观察"问题的方式多达六种，而且这六种方式正好同我们前面提到的"六要素"一一对应。

那么，接下来就让我们找个地方，花上10分钟来进行这场"猎鸟犬演习"吧。

"猎鸟犬演习"

1. 请想象一个让你感觉还不错的人。

我们将会从一个比较容易视觉化的对象开始，也就是从一个人开始，更准确地说，是从一个你熟悉的人开始。我想先请你依靠自己的想象，描画出你认识的一个人，一个你一想起他就感觉不错的人。如果你已为人父母，你想到的那个人可能是你的孩子；如果你是已婚人士，你想到的那个人也许是你的配偶；如果你还处于恋爱阶段，你想到的恐怕就是自己的恋人了；如果你至今单身，那么，你想到的人也许就是自己最好的朋友了。其实，你想到了谁并不重要，重要的是，当你想起他时，你要感到愉快才行。

一旦想好了那个让你感觉不错的人，请你在自己的脑海里把他描画出来，哪怕只是大概描上几笔也行。不用担心，不用总想着要看清他面部的每一个特征，也不用为他穿什么衣服大伤脑筋，你只要说出他的名字，看看他在你脑海里是什么形象就可以了。

2. 请想象你的爱犬。

请将你刚才想好的那个人的形象保存起来，放在你意识的最表层，以备随时调用，同时我还想请你想象一下自己的爱犬。具体来说：请想一想自己养过的第一条狗，或者是现在养的一条狗。如果你从来没养过狗，那也没问题，就请你想象一下灵犬莱西吧。无论如何，请在你的脑海中想象一条狗的大概形象。

3. 请想象推着婴儿车的人。

我们还有几个形象要处理呢。下面，我想请你想象正推着婴儿车的一对儿夫妇。在这里，我们不必知道有关这对儿夫妇的任何细节特征，也不需要了解那辆婴儿车到底是什么样子。我们只需要一个大概的印象，也就是两个人推着婴儿车会是什么样子。现在，也请你把刚才想到的这个形象保存一会儿，我们要来创造最后一个形象。

4. 请想象一只鸟。

我想请你想象的最后一个形象就是一只鸟。无所谓是一只海鸥还是一只鹰，哪怕就是一只乌鸦、一只知更鸟、一只鹈鹕都行，只要它是一只鸟就行。请你想想它是什么模样。你一定想好了吧？嗯，太棒了。

好的，我们已经有了下面这份"出场角色名单"：

- 某个让你感觉不错的人
- 你的爱犬
- 推着婴儿车的一对儿夫妇
- 一只鸟

5. 想象一下，户外有一条长椅空着，你可以坐到上面去。那就坐上去吧。

现在可以导演一出独幕剧了。想象一下，在你最喜爱的公园的某个角落空着一条长椅，你可以坐在上面好好放松一下，悠闲地看着人群来来往往。我常常想起旧金山的滨海草坪：在海湾边上的草坪中有一条用沙子铺出的小路，而它正毗邻著名的金门大桥，那真是人间天堂啊。那么，也请你在自己的想象中寻觅属于你的人间天堂，并想象自己正坐在那里的一条长椅上。

6. "观察"你想象出来的全部场景。

现在，我们就要开始把你刚才想象出的角色带入后来想象出的场景中了。马上，你就会"观察"到，在你面前几步远的地方，你的朋友正在牵着你的爱犬散步。而在另一个方向，那对儿推着婴儿车的夫妇正朝着你的朋友和爱犬走来。在不远处，也就是在婴儿车前，那只鸟正悠闲地栖息在草坪上。

请再想象一会儿刚才的场景。也许你的朋友会轻轻地抚摸那条狗，也许那条狗在不停地嗅着地面，也许那对儿夫妇会推着婴儿车慢慢地向前走，也许那只鸟正在草地上啄食——随着很多这种小细节的发生，整个场景都变得鲜活起来。

那么……嗯，这又是什么情况呢？你的爱犬发现了那只鸟。狗停了下来，看了一会儿，也许还闻了闻空气的味道。现在又是什么情况呢？那条狗会慢慢地接近那只鸟吗？你的朋友是否看到了那只鸟？那辆婴儿车还会继续向前移动吗？那条狗会向小鸟突然扑过去吗？拴狗颈的项圈会被拉紧吗？拭目以待吧，看看到底会发生什么。现在，我们不妨暂且在这里打住，不再讨论下去……

好的，就让刚才想象出来的场景在此定格。一切都结束了：尽你所能把刚才想象出来的所有场景保存在自己的脑海中，并且尝试锁定这些印象，做到"是什么就是什么、在哪里就在哪里"，不要有任何变动。过一会儿，我们会来谈谈你刚才"观察"到的东西，但是在这之前，我想先提这样一个问题：那只鸟还在草地上吗，它是不是已经飞走了？

我们"观察"事物和问题的六种方式

当你在考虑回答刚才那个问题的时候，还是让我们看看到底发生了什么吧。我们发现，仅仅基于一些简单的形象我们就创造出了这个场景，借此也构建了一个相似的模型，可以帮助我们看清楚自己到底是如何"观察"事物和问题的。当然，这完全是人为的过程，是因为我们有意识地施加影响，但是基本的精神活动方法和"观察"的整个机制也都发挥了作用。

进行演习时，无论我们的眼睛是睁着还是闭着，也无论这个演习是否可以轻松完成，我们的确"观察"了很多东西。整个视觉系统发生了一连串儿的事情，有很多是同时发生的，有一些只持续了几秒，还有一些则贯穿了演习的全过程。概括来说，下面这六点就是我们"观察"事物和问题的六种方式。

1. 我们"观察"了目标——注意了"谁/什么"

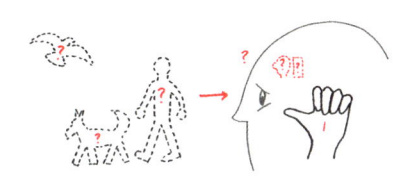

当我们在脑海中营造这个场景的时候，首先出现的便是我们看到的一些"目标"：我们的朋友、我们的爱犬、小鸟，还有推着婴儿车的夫妇。他们都是我们熟悉的对象，都有各自的名字，并且看起来很不一样。如果要举例来说明这一情况，我认为几乎没有人会觉得把狗和婴儿车区别开是一件很困难的事。

不管我们是否有意想象出这些内容，我们的大脑还是会把一大堆其他目标放到刚才的场景里——也许会有花草树木、一泓清泉、朵朵云彩，或者其他人和他们各自的爱犬——在我们看来，这些都是那个场景中应该有的事物。

我们能想象出这些目标，并在脑海中识别他们，是因为我们看到了他们各自最重要的某些方面和本质特征。无论我们是否注意到了这一点，我们能认出自己的朋友，实际上是因为我们回想起了他脸部特征的无数个细节，包括五官的大小、比例和位置。这些细节数据储存在我们的大脑中，正是因为有它们的帮助，我们才能绘制出朋友的脸部速写[1]。狗也有大致相同的视觉特征，我们会注意到

---

[1] 我们"观察"事物和问题有六种方式，如果你对这六种方式背后的神经生物学和科学知识有兴趣，请一定不要错过本书的"附录B：视觉化思考的科学"。

许多不同的方面：比如体型大小、毛发的颜色和长短等。在我们的想象中，我们或多或少地会看到这些特征。就婴儿车来说，我们会注意它的形状是圆的还是方的，注意它的颜色是粉的、橙黄的，还是蓝色的。至于那只鸟，我们会注意它到底是白色的、黑色的，还是蓝色的，注意它的脖子是长是短——要是在这里列举下去，一定会无穷无尽。我想强调的是，我们之所以能够辨别出自己已经"观察"的人或者物，是因为我们把他们看成了一个个相互独立的个体，而他们呈现出来的又都是我们已经知道的细节特征。

2. 我们"观察"了数量——注意了"有多少"

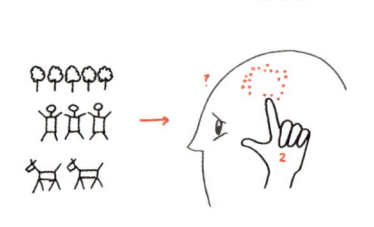

当我们的一部分大脑专注于从视觉形象上识别目标时，另一部分也"观察"了这些目标的数量。在刚才提到的场景里，我们看到的是一条狗、一只鸟，此外，至少还看到了 3 个人。那辆婴儿车有 4 个轮子（如果它是旧金山海滨常常可以见到的那种运动式三轮车，它也许就只有 3 个轮子）。那只鸟有两个翅膀，狗有 4 条腿，至于那里有多少棵树则是见仁见智了。如果我们设想自己置身于公园里，也许这些树木的确切数量，你根本就弄不清。

其实，注意到视觉目标到底有多少，注意其数量，这一切几乎是在瞬间完成的，我们根本不会把视觉目标的数量同视觉目标本身混淆。举例来说，我们根本不会把"4"与"狗的腿"混为一谈。我在这里想说明的问题是，在同时观察事物及其数量时，我们的大脑不会遇到任何障碍。此外，为了看到视觉目标各自的数量，我们根本不需要为了他们的每一个细节特征而烦恼。那么，就目前讨论的情况来说，我们已经知道，"观察"事物有两种截然不同的方式：观察"目标客体"（谁／什么）和观察"数量"（有多少）。

3. 我们"观察"了他们在空间中的位置——注意了"在哪里"

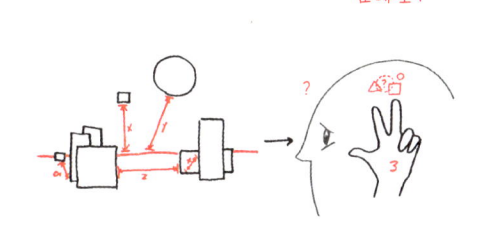

与此同时，我们视觉系统的第三个职责就是同时负责以下工作：注意到这些目标到底在哪里，注意到他们的具体数目如何分布，当然，所谓"他们的位置"既是相对于我们而言，也是相对于这些目标彼此而言。举例来说，我们也许会看到我们的朋友就在面前 20 英尺[①]的地方向右步行，那条狗就在他身边 1 英尺的地方跟着他，也许还稍微走在了前面。或许我们还会看到那辆婴儿车也被推

---

① 1 英尺 = 0.304 8 米。——编者注

着向左走，而那只鸟还在二三十英尺之外。

我们还会看到，即使这些视觉目标几乎是在同一水平面上，我们还是能够很轻松地分辨出他们的方位，甚至，我们还可以估算出他们之间的距离。

立刻判断出这些视觉目标在空间中的位置，与同时认出他们，是有天壤之别的。离我们最近的人也许就是我们的朋友，但某人离我们最近，与他是我们的朋友没有任何关系：即使他离我们最远，也仍然是我们的朋友。同样，那条狗与鸟之间是有一段距离，但这并不能改变什么，鸟就是鸟，它不是狗，狗也只是狗，不是鸟。

我们的大脑完全可以同时看到很多视觉目标，看到他们到底是谁、有多少。除此以外，我们的大脑也可以看到每个视觉目标到底在哪里。这些并不只是具有学术意义上的价值，从神经学研究的角度来说，这些结论也让我们感到兴奋。神经学研究在过去这些年的进展告诉我们，大脑的视觉系统存在两种极为不同的神经通道，一种可以确定目标的位置，而另一种可以识别目标本身。

第一种神经通道已经有了一个绝佳的名称，可以很好地描述其功能，那就是"在哪里"通道，正是这个通道使我们的大脑具有分辨位置的能力，即能够帮助我们在视觉上完成自己的空间定向，帮助我们在视觉上确定身边目标的位置。这一视觉处理过程的大部分程序发生在我们大脑中经过后期进化的许多区域，比如爬虫脑或脑干等。甚至，这一视觉处理过程的大部分程序——如果我们能够想起在前面章节里讨论过的那些可以预知的特点——在我们清楚地意识到自己正在看着什么之前，就已经发生了。

第二种神经通道也有一个明确的名称——"什么"通道，它由许多处理视觉信号的神经中枢组成，位于大脑新皮质中。因此，"什么"通道负责识别事物并赋予其相应的名称，这一观点一点儿也不奇怪。①

我们已经说明了，我们的大脑中，存在着三种既相互独立又相互联系的"观察"方式：注意到"谁/什么""有多少"，还有就是"在哪里"。到目前为止，我们已经讨论了1/2。我们"观察"事物和问题有六种方式，而之前我们也谈过需要注意的"六要素"，你是否已经注意到，这六种方式与"六要素"是如何一一对应的？这种对应关系在我们讨论余下的三种方式时还可以看到，但会有一些细微的差别：前面的三种"观察"方式都发生在瞬间，而接下来的这三种方式则需要一段时间。

4. 我们在时间的推移中"观察"他们的位置——注意了"在什么时候"

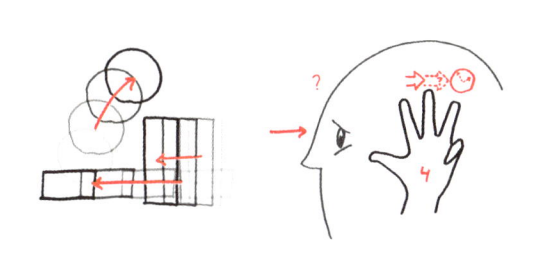

当我们构想出前面提到的公园场景时，里面的种种角色和物

---

① 也许有人要问，为什么我们在视觉上处理"在哪里"和"是什么"的问题时，这两个视觉处理过程发生在大脑中相隔遥远的不同部位？为什么经过了几百万年的神经进化才能从视觉上处理"是什么"的问题？就这一问题，许多研究已经给出了回答，参见"附录B：视觉化思考的科学"。

体都处于移动状态。也许我们的朋友走了一小段路，那条狗一直在跳来跳去，而那只鸟甚至可能已经飞走了。我们能够察觉到这些，是因为当我们视觉系统中的许多不同部分正在关注"是什么""有多少"和"在哪里"的时候，另外一部分（也许是好几部分——就目前我们对神经学的研究而言，没有人能确切知道，这个过程到底是怎么回事儿）一直在跟踪视觉目标，跟踪他们在一段时间里的位置变化。以婴儿车为例，在我们演习的初期，看到这辆婴儿车在某个地方，但当演习结束的时候，它又到了另一个地方：演习大概也就进行了几分钟，这辆婴儿车的位置却已发生变化。我们的眼睛不会仅仅因为"这一秒婴儿车在这里，另一秒婴儿车在那里"而怀疑自己此刻看到的婴儿车不是同一辆车。我们完全确定是同一辆车，因为我们的眼睛确实留意到了时间的流逝。

当我们细致观察一段时间后，我们应该会发现婴儿车在其他几个方面产生了视觉上的变化。当它渐行渐远的时候，它会变得越来越小；当我们看它的视角发生改变时，它的外形也会变化；如果我们能盯着这辆婴儿车看上足够长的时间，也许我们还能发现，在阳光下，这辆婴儿车的外漆会慢慢褪色，颜色也随之发生变化。但是无论我们盯着它看多久——只要我们还在刚才所设想出的那个场景里——我们都会把它看成是同一辆婴儿车。

留意视觉目标正处于哪个时间点上，与我们先前讨论过的另外三种方式有很大不同。当然，我们一瞬间就可以发现"谁/什么""有多少"和"在哪里"，但要想发现视觉目标到底处于哪个时间点，还需要一段时间。事物会随着时间发生变化，一个非常有价值的创意需要注意到这些变化并将其表述出来，以取得理想的结果，这一点是显而易见的。我们完全可以（而且也确实常常这么做）就视觉目标是什么、有多少以及他们的位置立刻做出判断，但要想从视觉上确认目标发生了哪些变化，我们就不可能像刚才那样迅速地做出判断了。要想看到视觉目标正处于哪个时间点上，我们至少需要在时间轴上看到两个不同的时间点——比如"在……之前"与"在……之后"、"当时"与"现在"、"昨天"与"今天"等等。

5. 我们"观察"到了种种影响、原因与结果——注意了"怎么样"

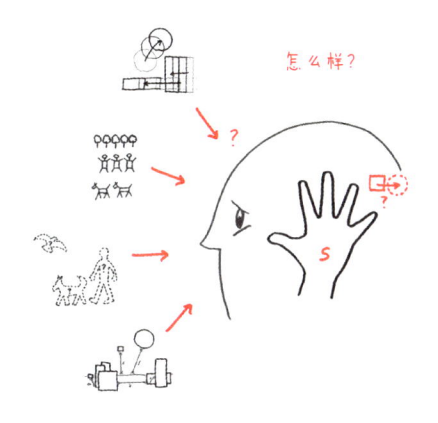

到目前为止，刚才提到的我们"观察"事物及问题的四种方式之间还没有什么联系。我们的双眼在处理观察"谁/什么"时，这种方式与观察"在哪里"或"在什么时候"的方式毫不相干。但是当我们注意到刚才设想出来的场景正随着时间变化时，我们可以"观察"到场景中人和物在空间中的位置也发生了改变。此时，发生了另外一些情况：我们突然发现，一连串儿的事件都是相互联系的，而某些事物竟对其他事物产生了影响。换句话说，我们"观

察"到了这一切到底是"怎么样"的。如果我们朋友脚边的爱犬扑向那只鸟，也许就会发生一系列新情况：比如，我们的朋友也许会猛地勒紧狗项圈，把狗勒得几乎直立起来；那条狗可能会拉着我们的朋友往前跑；或者那条狗会挣脱皮带，把我们的朋友远远地甩在后面。

无论发生什么，我们都会发现很多事情环环相扣、一幕接着一幕地上演：比如那条狗有一些动作（像是跑、狂吠、跳），这迫使我们的朋友也随之反应（像是蹲下来，这转而又会影响到狗，也许它就会跳得更高）。我们的双眼观察到了这一切，就会把它们同我们预期的情况进行比较——当然，这些预期是基于我们以前见过的相似情形——然后会说服自己，这个世界仍然和以前一样，不必惊慌失措。如果发生了一些不可思议的情况，比如说那条狗突然长出了翅膀，轻巧地飞了起来，或者说我们那位朋友凭意念突然之间就转移到了公园的另一边，那么，我们的眼睛就会感到非常意外，我们也就不得不重新考虑一下"这个世界到底是怎么回事"。

就像要看到"在什么时候"一样，要看到"怎么样"也需要一定的时间，至少这段时间要长到可以让我们看到产生了某种因果联系。但是和我们"观察"到事物的其他情形不一样，在发现"怎么样"时，我们显然不是就事论事，只盯着某一个目标。当要看清"怎么样"时，我们常常把"谁/什么""有多少""在哪里"和"在什么时候"这四个因素结合在一起，加以通盘考虑。换句话说，一开始观察的这四个因素只不过是一些没有加工过的素材，我们之所以会注意它们，只是为了看清到底是"怎么样"。

这就意味着，在我们讨论过的五种情况里，要发现"怎么样"是最富挑战性的：因为事情的前因后果并不会直接显现出来，至少需要

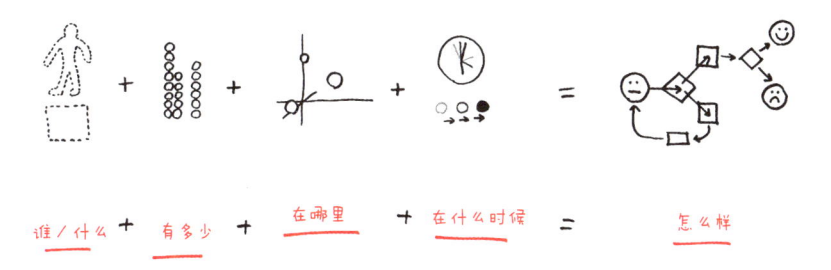

谁/什么 + 有多少 + 在哪里 + 在什么时候 = 怎么样

我们的眼睛通过之前的四个因素的相互作用，
才能从视觉上推断出到底是"怎么样"

我们"观察"先前那四个因素中的两个以上，并在视觉上把它们结合起来。当我们用这些内容来解决实际问题时，我们还会经常回顾这一点，现在让我们先来讨论一下"观察"的另一种方式吧。

6. 我们会"观察"到刚才提到的所有因素都汇聚到一起，随后便会"明白"那个场景中的曲折原因——注意了"为什么"

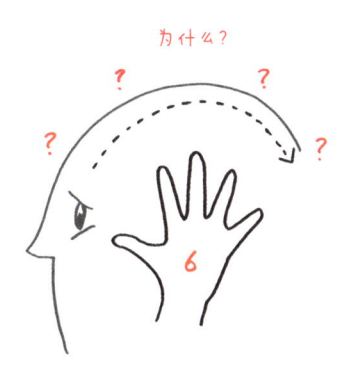

对于一个只有几分钟的练习而言，我们确实已经注意了足够多的内容：其中有我们的好友、爱犬、婴儿车、鸟等视觉目标，还有

第五章 "观察"的六种方式 085

数量与位置，我们还发现随着时间变化而产生的那些影响、原因与结果。正是因为我们发现了这些视觉目标，发现了他们的特点，估算了他们的数量，确定了他们的位置和大小，追踪了发生在他们身上的一系列变化，还找到了他们之间的联系，我们才能够理解自己所生活的这个世界。事实上，有一种方式可以帮助我们观察到"为什么"，而在进行刚才那一系列的活动时，我们就已经在运用这种方式了。

为什么鸟会在狗扑来的时候飞走，或者干脆待在草地上不动？为什么勒紧狗项圈能够有效地防止狗扑向婴儿车？也许从刚才设想出的那个场景中，我们不难找到确切的答案。我们确实看到了一些情况，自然会提出一些猜测。至于这些猜测是对是错，我们只能通过一遍又一遍地观察类似的场景，留心其结果是否一样来检验。

视觉系统最神奇的地方在于，我们的猜测常常是正确的，这一点屡试不爽。在我们行走时的每一个瞬间，"猎鸟犬演习"之类的情况都会实时映入我们眼中。但最让人觉得不可思议的是，在抓住"谁/什么""在哪里"等具体信息方面，我们很少会犯错误。大多数人应该都很难想起自己认错某个人或某种东西，困惑于视觉目标的空间方位，或是真的体验到了时光倒流的时刻。这些情况都极少发生。一旦它们发生了，我们马上就能意识到，因为这些情况与我们所知道的内容大相径庭。这会扰乱我们对"为什么"的理解。

回头再来看看刚才提到的那只鸟

刚才我们一直全神贯注于练习"观察"事物和问题的六种方式，但最后还有一样事物需要我们注意，就是那只鸟。当我们这个演习快要结束时,我曾经问过:"那只鸟还在草地上吗,它是不是已经飞走了?"我并不清楚,按照你的想象,那只鸟最后的结局会怎样,但我却了解到了这一情况:在与几百人做过"猎鸟犬演习"之后,我发现人们大致会给出两种答案,人数比例为 2∶1,但其实质却非常一致。具体来说,有 2/3 的人说那只鸟飞走了,因为他们相信那只鸟很怕向它扑过来的"恶犬";另外 1/3 的人却说那只鸟还若无其事地待在草地上,这是因为他们参加的演习远在那只鸟注意到狗之前就结束了;还有一种原因是,在他们的想象中,那只鸟的体积比扑过来的狗要大,他们甚至还想到它会把这条可怜的小狗当作一顿美美的早餐呢。

无论那只鸟在你想象中的结局是什么,"猎鸟犬演习"最后的落脚点都是一致的:仅依靠看到的内容,我们就能进行富有理性的论证,弄明白为什么在我们身边会发生这样或那样的事,并且能从前面反复提到过的"六要素"中获得支持。无论我们最终认为那只鸟已经飞走了还是仍旧待在草地上,我们都已经认真思考过"这个世界到底是怎么样的"和"这个世界又为什么会变成这样"这两个问题,并通过这种思考强化了自己对世界的认识。这种做法非常简单,那就是我们"观察"到了"谁/什么""在哪里"和"在什么时候"。

把刚才提到的六种方式付诸实践

当我们从"六要素"出发"观察"问题时,实际上就很自然地利用了我们的双眼和思维看待整个世界。当我们把某个问题看成六个既相互独立又相互联系的要素时,我们其实就已经找到了解决问题的途径,而这种方法几乎就是我们与生俱来的本领(因为它本来就是双眼观察事物和问题的原始过程),也非常实用(因为它可以帮助我们轻松地应对许多挑战,特别是在处理一些小麻烦方面更显得得心应手)。

"为巧克力奋斗"

通常来说,想要非常透彻地看清一个问题,你只需要自觉地找到"六要素"。几年前,我曾在全球最大的网上商城工作,还同一位负责培训的部门经理共事过。这位经理叫莉拉。从这家公司成立的初期开始,莉拉就在那里工作,她亲眼见证了这家公司从一个只有20人的小店发展成有上千名员工的大公司。同时作为培训部门的经理,莉拉认识公司里的每一个人。无论你向莉拉问起公司哪位员工的姓名、工作内容、工作地点、日程安排或其他各种细节(这些都一一对应着"六要素":"谁/什么""在哪里""在什么时候"和"为什么"等),她都能对答如流。在莉拉为公司工作的5年里,她已经成了公司不可替代的资产,因为她认识公司里的每一个人,而她的上司也一致认为他们应该尽最大的努力来留住莉拉这样的人才。

但是有一天,莉拉接到了一个猎头的电话,提供的工作却与巧克力相关,应该没有哪位资深的经理人愿意接手这样的工作。但想聘用莉拉的这家巧克力公司是全美最知名的奢侈品牌之一,它正处于快速发展的转型期。因为当时的市场背景已经发生了变化,随着美国消费者的口味变得越来越挑剔,高端巧克力的销售量在全美范围内不停地上升,这使公司意识到应该把地区性的销售点拓展为全国范围的连锁店，这件事情极为重要。不过，尽管公司的发展需要速度，领导层还是达成了共识，他们认为发展不能以牺牲质量为代价。

这就意味着，进入新连锁店的每个人——从经理到巧克力师，甚至包括收银员——都需要进行"以质量为导向"和"以质量为中心"的培训，而且需要多次培训。因此，公司需要一名负责培训的经理，这个人必须有丰富的经验，知道在一家迅速成长的企业中应该如何工作，这也意味着他们需要的是像莉拉这样的人才。莉拉觉得这真是一个千载难逢的机会，而她自己也期待改变，这是她以前从来没有想过的。所以，她最终接下了这份工作。

当莉拉见到她的新团队时，她被他们的丰富阅历和奉献精神所深深打动。他们中的大多数人都伴随着公司走过风风雨雨，也把自己职业生涯的大多数时间献给了这家公司，因此他们相当熟悉公司的各项业务，从内到外，无一不精。对莉拉来说，这当然是件好事，因为这就意味着当她要启动新的培训时，她可以获得公司现有员工的宝贵意见。不过，这对她来说也是件坏事，因为她团队里的成员对公司的一切都习以为常了，很难再发现新的内容。

当莉拉想要一些现有的培训材料作参考时，团队成员给她拿来了上百份材料，分别装在十几个活页夹里，每一个活页夹上面还写着让人难以捉摸的标题："针对领导人的领导力培训"第12期、"员工与消费者眼中的巧克力口味"2005年卷，以及"生产主管的店内管理培训"第二阶段。这些标题对莉拉来说，无异于天方夜谭，而当她想请团队成员给她提供一些概括性的介绍时，他们又抱来了另一摞材料：工作日程、计划进度、企业结构、人员编制、培训地点、预期目标、评估综述等等。

其实，莉拉所在团队的成员并没有真正弄清楚她想要什么，她当然也就没有"得到"自己真正想要的东西。对她来说，这种情况就像在检查引擎盖下的部件一样，根本看不到问题出在哪里——因为东西实在太多了，而且几乎没有什么明显的联系，当然不容易看清楚其中的脉络。毫无疑问，莉拉的团队还是很清楚自己在讨论什么的，因此他们才会带着十足的信任对莉拉有求必应、有问必答，并且还非常讲究效率。比如，当莉拉问起有谁参加过第 12 期针对领导人的领导力培训时，她的团队成员就会异口同声地回答说："所有参加过'可可豆入门'培训的新员工，只要他们的手艺还没有达到消费者口味所要求的标准，都要参加您刚才提到的那个培训。"

这简直快把莉拉逼疯了：她团队里的其他成员都对这些培训项目了如指掌，但他们却不知道该如何向那些并不熟悉它们的人解释这些培训项目。随着整个团队阅历的不断增长，他们眼中的培训变得越来越空洞，简直就是一团乱麻——这也正是莉拉看到的情况。作为一名资深培训师，莉拉很清楚问题的症结出在哪里，至少她自己和她的团队都有责任。因为团队其他成员知道这些培训项目的具体内容，只是不能将其解释清楚；而莉拉不仅不知道这些培训项目的内容是什么，也不清楚材料中所传达的信息。

在这种情况下，莉拉有三个选择：一是她可以承担起所有的责任（也就是说，自己参加全程培训——少则 18 个星期，不过，常常还要再加上 5 年）；二是她可以让自己的团队担负全部责任（比如，命令他们把所有的材料都整理一遍，在 1 个小时内能够提纲挈领地讲清楚，否则就要他们都收拾东西走人，永远不要回来）；还有一种选择就是她和她的团队同甘共苦，一起面对困境。

莉拉选择了与团队共同面对困境，为此，她给我打了个电话。她想组织一次圆桌会议，让每个人都带上自己全部的培训材料，要求他们从其他人的材料中找出各种联系，并把它们整合在一起，最终转化为可见的图表。其实，莉拉并不热衷于一整天的"头脑风暴"，她只是想知道，我有什么办法能帮她把前面提到的那种痛苦感降到最低。

我建议她和她的团队把所有的材料罗列出来，然后再一条条地梳理，尽量对比"六要素"来反思和巧克力有关的一系列培训步骤，应该就能看出其中的一些门道。

1. **我建议他们认真检查面前的所有材料，设法弄清楚整个培训体制涉及"谁"、涉及"什么"内容。**
   - 是谁在接受培训，又是谁在组织培训？
   - 这个培训要讲哪些问题，具体又有哪些课程设置？

2. **设法看清楚"有多少"。**
   - 规定要上多少节课？这些课程要花多少时间？
   - 每节课会有多少人出勤？需要多少名教员？

3. **接下来，看清楚到底"在哪里"。**
   - 就具体地点而言，这些培训课程要在哪里进行：店内，生产车间，还是家里？
   - 从宏观上讲，这些课程在内容、结构和参与程度方面进展到哪一步了？

4. **下面来看看要花"多少时间"。**
   - 这些课程要花多少时间？
   - 这些课程的安排又应该按照什么顺序？

5. **紧接着就是要看清楚"怎么样"。**
   - 一节课是如何和另一节课联系起来的？它们是怎样有机结合在一起的？
   - 这些培训课程又是如何展开的：是传统的面对面授课，还是小组研讨，又或者是网络教学？

- 如何才能将这些培训课程教给你的东西应用到实际中去？你怎么知道自己已经为下一步做好了准备？

6. 最后，还要设法看到"为什么"。

- 这个培训为什么必须进行？从根本上说，为什么要为这个培训付出这么大的精力？
- 为什么要在培训中进行鉴定、考核、跟踪调查？为什么一定要坚持到底？

接着我又建议他们，当他们"观察"这些内容时，把它们按照"六要素"的要求分类画在办公室里的白板上。莉拉觉得这些提议听起来很不错，就邀请我参加了他们的团队工作。我接受了她的邀请。下面就是我到办公室时在桌上看到的那些材料：

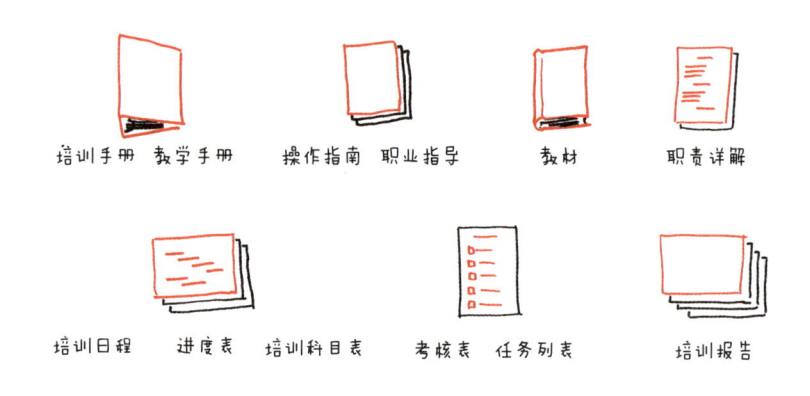

培训手册　教学手册　　操作指南　职业指导　　教材　　　职责详解

培训日程　进度表　培训科目表　　考核表　任务列表　　培训报告

对比"六要素"与所看到的巧克力公司培训

首先，我们看了培训材料，看看到底会涉及哪些人。每当我们发现某个职位、某份工作或者某个头衔时，我们就马上写下来。这些内容太过琐碎，所以我们决定按照组织级别将它们进行概括总结。显然，这个方式有利于莉拉开展工作。因为办公室里的每一个人都很了解整个企业的组织结构情况，这使我们能够轻松地完成基础性的工作。

谁？
执行官
分店经理
生产主管
生产员工　　销售员工

我们看到的需要接受培训的人员，不仅包括基层的
普通员工，也包括公司高层的执行官

接下来，我们就开始寻找一些具体的材料，看看培训到底教了什么。这有点儿难度，一是因为培训的科目表太长，二是因为不同的培训师对课程设置有各自的看法。在概括这些培训课程的内容时，有些参考了培训师的意见，有些依据培训所用到的材料，还有一些则考虑了培训带来的成效。在经过简短的讨论后，我们决定按照培训内容的不同性质进行概括总结，并把它们绘制成表，一个合乎情理的分类表由此产生。即使这一切才刚开始，大家也能够分享到成功的喜悦，因为我们制作出了一个非常特别而且成功的分类表，每个人都能看懂它，而且都认同它。

什么？

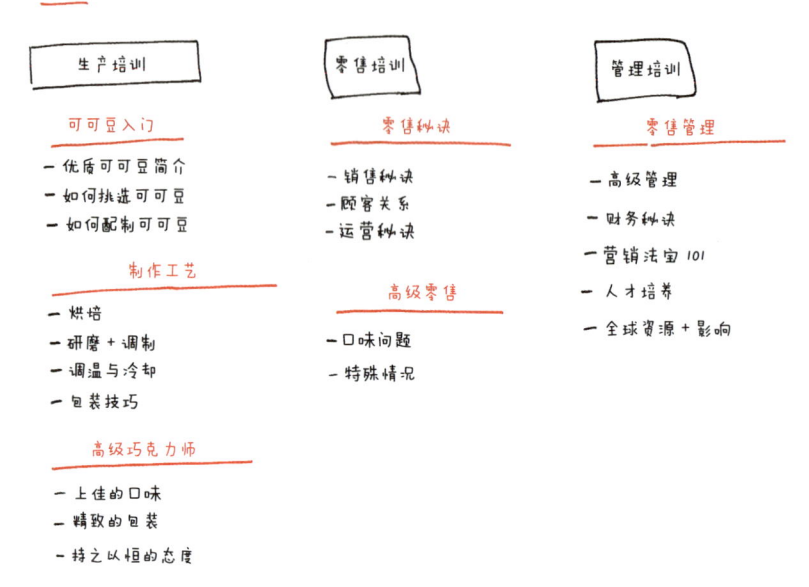

生产培训

<u>可可豆入门</u>
- 优质可可豆简介
- 如何挑选可可豆
- 如何配制可可豆

<u>制作工艺</u>
- 烘焙
- 研磨 + 调制
- 调温与冷却
- 包装技巧

<u>高级巧克力师</u>
- 上佳的口味
- 精致的包装
- 持之以恒的态度

零售培训

<u>零售秘诀</u>
- 销售秘诀
- 顾客关系
- 运营秘诀

<u>高级零售</u>
- 口味问题
- 特殊情况

管理培训

<u>零售管理</u>
- 高级管理
- 财务秘诀
- 营销法宝 101
- 人才培养
- 全球资源 + 影响

这就是我们观察到的员工接受的培训内容，不仅包括巧克力制作和零售基础课程，还包括高级商务管理课程

　　当我们开始考虑需要多大的培训量时，很难精确估算每个细节需要的时间。因为培训课程需要的时间取决于课程内容、受众的背景和他们的经验等各种因素。不过，既然我们已经制作出了一份大家认同的培训课程表，这就是一个好的开始，可以考虑培训时间的问题了。为此，我们选出了上图中的一级范畴，估算了它们每一项所需要的培训总时间。

　　其实，从材料中可以看出培训地点，一般人都能想到培训进行的地点，无非是厂房、零售连锁店和家里这 3 个地方。因此，考虑这个问题实际上就是为我们提供了一个休息的机会，我们确实也稍微喘了口气。不过好景不长，我们马上就碰到另一个难题，即培训到底进展到了哪一步：培训接下来要教哪些内容，接下来要培训哪些

有多少？

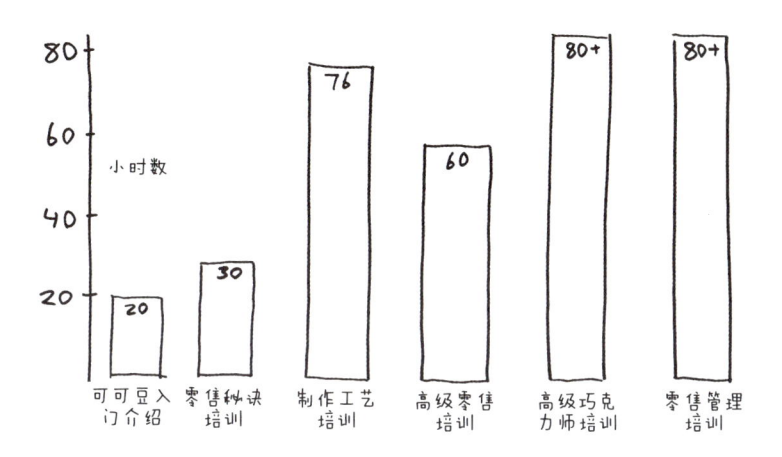

[柱状图：小时数]
- 可可豆入门介绍：20
- 零售秘诀培训：30
- 制作工艺培训：76
- 高级零售培训：60
- 高级巧克力师培训：80+
- 零售管理培训：80+

这就是培训所需要的时间，显然，随着员工越来越内行，随着他们需要学习的东西越来越多，对他们进行培训所需要的时间也就跟着增多

人，又或者是在不同的职业规划中，接受培训的人已经走到了哪一步。当我们考虑这些问题时，似乎有点儿寸步难行了。请先不要放弃，我们继续讨论时间的问题，然后再回来看看培训到底进展到哪一步了。

在哪里？

厂房　零售连锁店　家

这就是我们观察到的培训地点，从厂房培训到在家培训，环环相扣

这真是个好主意：当我们用图来标明不同的课程需要多久时，潜藏其中的另一面就自然浮现出来了。事实证明，不是只有一个培训时

间表，而是有两个分别针对厂房车间员工和商务营销领域员工的培训时间表。要想在这两条职业规划的道路上达到巅峰，大致需要相同的时间。不过，他们要走的道路却是完全不同的——这取决于那些具体的培训课程，在前面我们已经花了不少时间来讨论它们，这样可以帮助培训者更好地迎接挑战。其实，看清楚时间问题，就彻底解决了培训"在哪里"进行并且进展到了"哪一步"这两个问题。

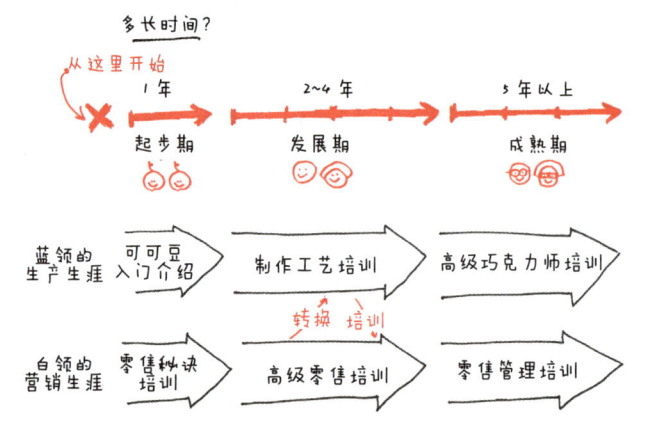

这两种培训时间各异的示意图，显示了这个行业内的员工在整个职业生涯中所接受的培训以及所需要的时间

下面，我们就先稍微休息一会儿。

休息一会儿也是一个非常不错的主意，因为要想用图来表达清楚"培训是如何进行的"其实非常困难。这不值得大惊小怪，从根本上讲，"培训是如何进行的"这一问题一直贯穿"六要素"始终。既然我们已经花了整整一上午的时间来讨论"谁/什么""有多少""在哪里"以及"在什么时候"等问题，那么现在应该能够确定培训到底是"怎么样"进行的了；同时也应该能让每个人都看得非常清楚，并赞同我们所画的图传达出来的信息。

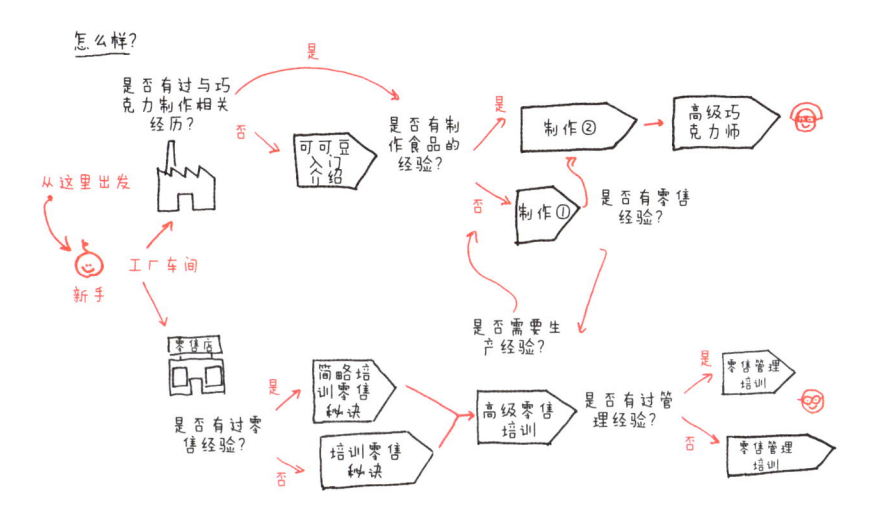

在这里，我们可以看到培训是"如何"进行的，而且可以看到两种不同的职业生涯，它们都有以前的经验做基础，也都取决于每个人自己的职业规划

最后，让我们来看清楚"为什么"的问题，为今天画上个圆满的句号。似乎每个人都清楚为什么需要这些培训——为员工提供一个平台，让他们制作、销售、享受真正美妙的巧克力，同时避免质量问题。

最终，我们看到了"为什么"要进行培训——为了做出世界上最好的巧克力，并让大多数潜在的巧克力爱好者能够享用我们的巧克力

第五章　"观察"的六种方式　097

这是员工第一次在"谁/什么""有多少""在哪里""在什么时候""怎么样"及"为什么"这些问题上达成共识。莉拉则弄清楚了为什么她的团队在以前很难把所有的要素都概括出来（因为面前的细枝末节太多），而她的团队也终于明白了为什么莉拉总是想要摘取要点（因为她想看看如何优化和升级培训流程）。只花了一天的时间，我们就想到了很好的办法，把几百页的材料与多年的经验都整合到几张图片里。现在莉拉能清楚地知道她的团队所谈到的那些晦涩的术语究竟是什么意思，而她的团队也清楚莉拉的真正目标是什么了。

莉拉依然需要向她的团队取经，并面临着更为繁重的任务，那就是需要找到一个可行的方法来提升培训，为更多的新人提供支持。她在这一领域迅速走上了正轨。比如现在，她就已经清楚自己的方向了。

下面的话题非常吸引人，先睹为快吧：为介绍六种展示方式做准备

要想把这六种方式应用于实践，其实还有另一条途径。因为这六种方式除了会影响我们观察事物和问题的方式，还与我们展示创意的方式有很大关系。当我们讨论到整个视觉化思考过程的最后一步时，还会回到这六种方式上来。但那时，我们不会将"六要素"视为观察世界的方式，而会把它们当作向别人展示自己创意的基本方法，并最终完成视觉化思考的整套过程。

但我们现在还没有讨论到那一步。迄今为止，我们一直都把注意力集中在自己的肉眼上，集中在肉眼对世界的观察上。要处理从

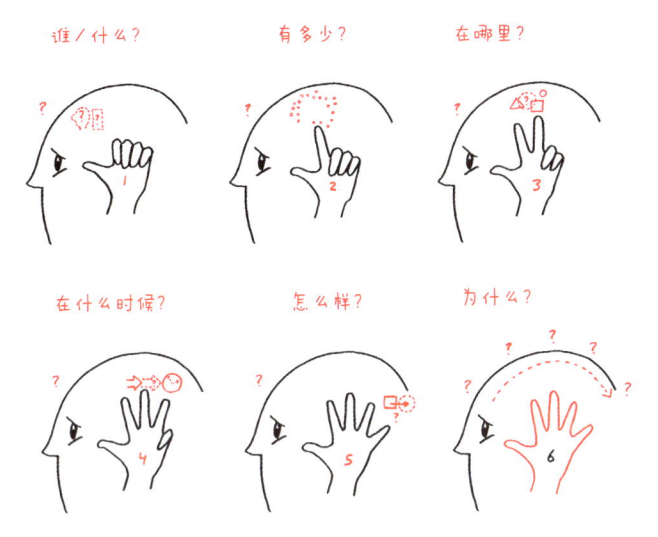

我们"观察"事物与问题的六种方式:"谁／什么""有多少"
"在哪里""在什么时候""怎么样",还有"为什么"

外部世界获得的视觉信息,这些都是我们必须依靠的工具和步骤。下一章,我们将会闭上自己的双眼,开始全方位地利用这些视觉信息,分析处理它们,并发掘它们的所有价值,试着创造出一个全新的认知模式。也就是说,我们将要打开自己的"内心的眼睛",开始"想象"。

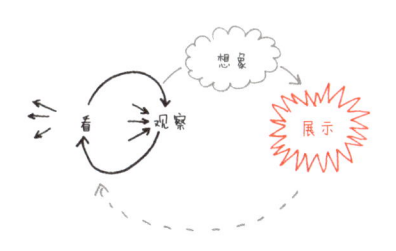

当我们要展示自己的创意时,刚才观察的一切都还会一一重现

第六章

SQVID：运用想象力的实习课

闭上眼睛看世界：想象的艺术

就前面已经谈到的内容而言，可以说，我们的眼睛是观察世界的窗口：通过"主动地看"，我们的双眼可以收集与所面临的问题有关的一系列视觉信息；而通过仔细观察，我们则会把这些信息分类，分为六种不同的视觉类型。虽然我们的双眼表现得如此出色，但是我们要暂且请它们退居幕后。在本章里，我们会讲讲那些根本不需要动用我们双眼的方式。即使不用双眼，我们也能"观察"很多，因为我们需要的是一种"想象"的能力。

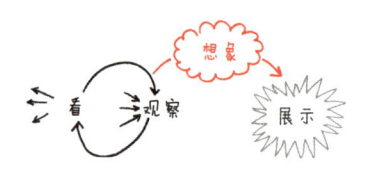

"想象"时，我们"内心的眼睛"执掌大权，通过想象，我们能看到肉眼看不到的东西。这意味着，我们要认清观察到的那些具

体的坐标、图表以及里面的要素，把它们转译成抽象的图，这样我们才能在脑海中处理这些内容。

"想象"并不像巫术那样使我们精神恍惚，也不要求我们表现活跃的思维能力；对大多数商务人士来说，"想象"也不至于让他们感到不好掌握。"想象"只是我们看待和处理事物及问题的另一种方式，而在大多数情况下，"想象"并不是和我们讨论过的那六种方式毫无关系。当然这两者之间还存在一个真正也是唯一的区别，那就是当我们在想象的时候，会调用自己"内心的眼睛"，"观察"那些虚构的东西。当我们开始想象时，会和睁开双眼看世界时一样，使用同样高级的"精神视觉处理中心"。我们完全是在用自己"内心的眼睛"来准备视觉盛宴，而不是像叫一个外卖那样坐享其成。

从商业的角度来说，用"想象"的方法解决具体的问题，这是一种非常有力的方式。通过想象，你会产生许多奇妙的创意，也会提出许多奇妙的解决方法。而对于提高创造性思维的能力来说，还有很多途径可以尝试，很多方法可以练习，很多宝典可以研读。有一些锻炼视觉记忆的游戏，比如在头脑中画画、比较两种视觉形象、分析参照视觉形象，还有一些非常特别的冥想活动，这些都能运用到"视觉化思考"中去，如果勤加练习，一定会给你带来巨大的成功。

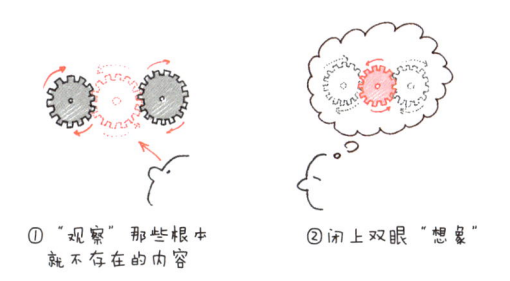

①"观察"那些根本就不存在的内容　　②闭上双眼"想象"

当闭上双眼，打开"内心的眼睛"时，"想象"的力量可以使人看清不存在的事物

既然关于"视觉化思考"的宝典随处可见[1]，我们就来集中地谈谈那套我称之为 SQVID 的有关想象的框架。这里提到的 SQVID（过会儿，我会向大家介绍这个名称的来历）是进行想象活动的一种工具，在同客户一起处理工作的时候，我一直在用这个工具。就像许多其他视觉化思考的工具一样，SQVID 是一套非常有效的程序，你可以凭借它在任何时候、任何地方充分调动自己的想象力。就像我们看到的那样，SQVID 能帮助我们同时完成两项和想象有关的关键任务：一是可以让我们"内心的眼睛"的每个角落都活跃起来，以便完整地捕捉脑海中出现的形象；二是可以帮助我们从潜在听众的角度好好审视那些图和形象。

画图分析一个苹果有很多方法

要介绍 SQVID，最好的方法就是再进行一项视觉演习（也许

---

[1] 参见"附录 C：有关视觉化思考的其他参考"。

出乎你的意料,这次我希望你不要闭上眼睛)。这一次,我们不再坐在公园的长椅上了,我们来一次远行。想象一下你正在一个热带的南太平洋岛上度假,艳阳高照,你在沙滩上漫步:一边是碧海银沙,一边是茂林繁密,既有高高的棕榈树,又有颜色绚丽的花草。你明白我的想法吗?我希望,对你来说,想象出这个场景不会很难。

现在就请你想象一下,自己正在悠闲地散步,迎面遇见了一个土生土长的小岛居民,你看到他正吃着一个非常特别的紫色水果。虽然你还不会讲当地的语言,但这个小岛上的人热情好客。比如,你刚才撞见的这个人会冲你点头致意。你当然也会点头回礼,也许这位岛民会停下来,把他正在吃着的那个显得有点儿奇怪的紫色水果分你一个,并且示意你品尝。你接受了他的好意,试着咬了一口。嗯……味道好极了,很像是苹果,只是要更甜一些,汁水也更多一些。

碰巧这个岛民似乎并不急着走,你也没有什么事情急着去做,因此,你想邀请他和你一块儿回去吃些苹果作为回报。当然啦,身边根本就没有什么东西像苹果的形状,再加上语言不通,你只能用画图来表达。幸运的是,你口袋里正好有几张从宴会上带来的餐巾纸和一支笔。你准备使用这些奇妙的视觉化思考工具来描述一个苹果。

你的第一张草图应该是随手几笔画出的一个苹果,这是第一个闯入你"内心的眼睛"的东西。

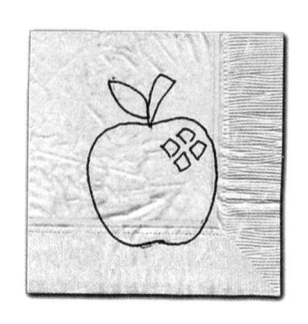

但是,看着这幅草图的同时,你会注意到身边茂密的丛林,随后有意识地再加上几笔,或者添上一棵苹果树。

再重复刚才的那些考虑,也许画出整个果园会更好一些。

奇怪的是，这三幅画都可以有效地表达出苹果的意思，但它们每一个看起来都不一样——这才只是开始。既然已经开始考虑这个问题了，你也就可以把其他各种想法一一画出来，这些想法可以使他更了解你想表达的信息。

也许你想告诉他苹果有许多诱人的特点：红彤彤的、富有光泽、圆圆的，形状非常好看。

或许你想告诉他苹果如何有营养，以至人们都说"一天一苹果，医生远离我"。

也许你又想告诉他还可以用苹果制成苹果派，那可真是人间美味。

或者你想向他描述一下如何烘焙如此美味的苹果派。

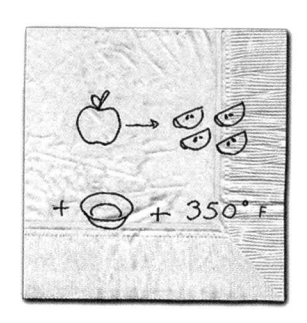

就苹果本身而言，描述它的更好的办法就是把它的细节特点告诉他。

或许把苹果和那位岛民已经知道的其他水果进行比较，可以帮

助他更好地理解。

你可以展示一下苹果最初的样子。

或者你也可以展示一下苹果最终变成的样子。

哇！这些图都是从一个苹果想到的吗？无论你是否相信，你站在沙滩上，身旁有位小岛居民盯着你看，而你除了一支笔和一张餐巾纸一无所有，你都已经激活了"内心的眼睛"的每一部分，并且激活了自己的左右脑。从"想象"的角度来说，你已经有了一个简单明确的"创意起点"——苹果，而且也已经完全释放了自己"内心的眼睛"，让它自由驰骋，提出了很多观点，想到了很多方面和细节。如果你压根儿都没想到"嗯，它的味道尝起来像苹果"，那么也许你永远也不会提出那些观点，想到那些细节。

同时，你也会在脑海里反复地想着苹果，特别是在这种特殊的环境中，又面对如此特殊的听众，你会开始思考"怎样通过画图来表达苹果，才能使这位岛上的居民理解我的意思"。换句话说，你正开始从听众的角度思考自己的创意，并且意识到，也许能用其他方法更好地表达自己的创意。

好的，让我们暂时离开海滩一会儿，先回到现实中来吧。我知道有人会有一些不同的看法（事实上，确实有人向我提出过这个问题），现在我就来强调一下你可能正在思考的问题。如果我们刚才是在一个讨论小组里研究这个例子，肯定会有人说："对不起，请在这里停一下。你刚才告诉我们，我们正在和一个当地小岛上的居民打交道，但我们却画出了苹果的营养成分表和苹果派的烘焙指南。这实在有些不相符。小岛上的这位居民应该不会关心这些内容吧。"

我会对他说："你说的情况是有可能，但是我并没有告诉过你那位小岛居民到底是什么模样。如果他穿着草裙，或许刚才画的第一幅图就是你的最佳选择。但如果他穿着白大褂、戴着听诊器，那么哪一幅图是最好的呢？如果他戴着面包师的帽子，又该如何？现在请你再考虑一下，关于苹果的哪一幅图才是更好的？"

其实，这才是这个演习的第二个要点——即使我们只有一个表面上看来挺简单的创意，我们也可以采用很多种方式向听众介绍它，其中的某些方式更为合适、有效。描绘苹果的各种情况，不仅可以促使我们"内心的眼睛"从多方面来考虑自己的创意（使我们眼前一亮，发现一些新东西），而且可以促使我们从听众的视角考虑问题，认真考虑哪种方法才是展示创意的最好途径。

深入 SQVID：全脑运动的视觉训练

我们刚才谈到的热带海滩上的那一幕其实就是在练习 SQVID。就其最根本的层面来说，SQVID 就是一连串的 5 个问题，我们可以借助它们来丰富自己最初的创意，再把它们用形象化的手法清晰地表达出来，并且提炼出其中最重要的部分——不仅是我们自认为最为重要的部分，也应该是听众认为最重要的部分。在我们开始担心应该画哪幅图之前，SQVID 就已经帮助我们想清楚了这个问题，那就是我们想要传达哪些视觉信息。

SQVID 这个词只是为了记忆方便，它由 5 个单词的首字母组成。这 5 个单词正是我们在热带海滩上反复思考的 5 个问题中出现的关键词。(不过，需要提到的是："V"这个字母来自罗马字母"U"，而"D"这个字母则来自希腊词"delta"，这个词的意思是"变化"。所以，我们可以说 SQVID 这个词来自不同的语言，还带有一点儿古典气息。☺)

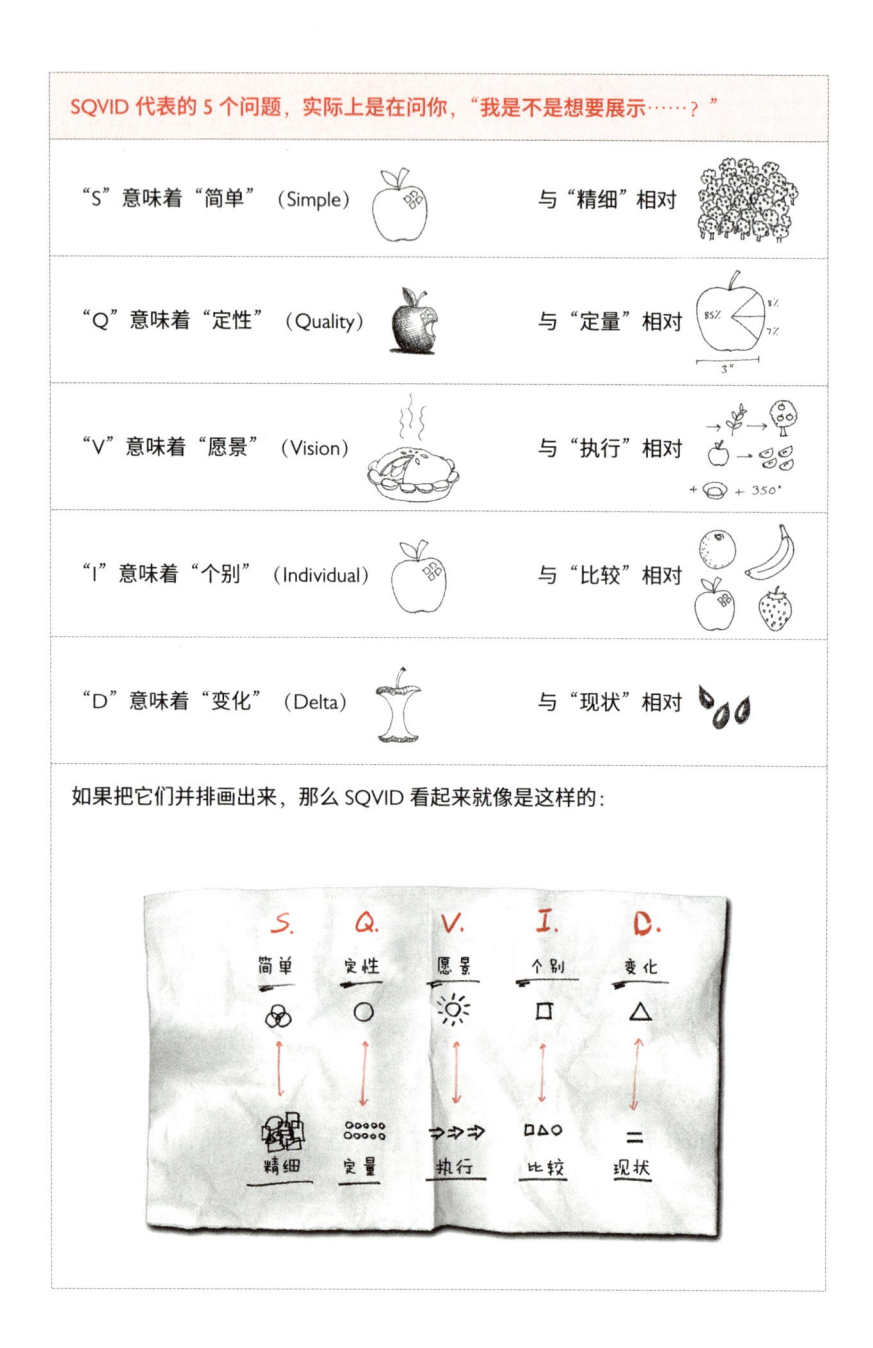

SQVID 代表的 5 个问题，实际上是在问你，"我是不是想要展示……？"

"S" 意味着"简单"（Simple）		与"精细"相对	
"Q" 意味着"定性"（Quality）		与"定量"相对	
"V" 意味着"愿景"（Vision）		与"执行"相对	
"I" 意味着"个别"（Individual）		与"比较"相对	
"D" 意味着"变化"（Delta）		与"现状"相对	

如果把它们并排画出来，那么 SQVID 看起来就像是这样的：

一张餐巾纸，搞定所有难题

SQVID 全程拆解

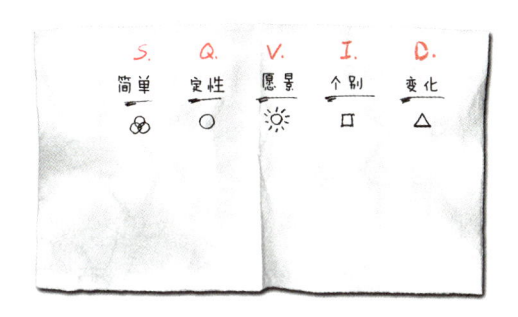

使用 SQVID 主要有两种方法，都很简单，也很有效。第一种方法已经在我们漫步沙滩时大显身手了，那就是把 5 个问题按照顺序在脑海中轮番问一遍，针对每一个问题，好好思考一下自己应该如何用形象化的手法表达自己的创意——要传达一个简单的观点，还是一个复杂的观点？要定性地来考虑问题呢，还是要定量地考虑？以此类推。然后，在纸上，或是在自己的脑海里画出每一个问题的大致答案。

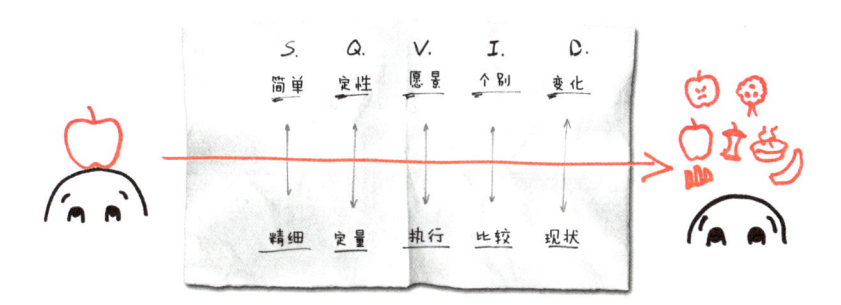

SQVID 攻略一：在脑海里把这 5 个问题轮番问一遍，酝酿好每个问题的答案，准备好把这些答案形象化地表达出来的具体方式。借助于这种方法，我们至少可以帮助自己提出 10 个不同的观点

正如我们看到的那样，这种运用 SQVID 的方法要求我们视觉系统的每一个齿轮都要不停地进行调整变换，从一个问题跳到另一个问题，从一个极端跳到另一个极端（试试看吧，我保证你一定会感觉到，在自己的思路从"形象化地表现出数量"跳转到"形象化地表现出愿景"的过程中，你"内心的眼睛"一定会像被打磨的金属那样得到锻炼）。让视觉系统的每个齿轮都运转起来，显然可以锻炼我们"内心的眼睛"的每一部分，特别是那些平时我们没有足够重视到的部分。这样我们才能将平时很少想到的那些图像顺利地表达出来。这种方法在运用 SQVID 的时候表现得非常完美，它能够出乎意料地帮助我们想到许多好点子，把我们的创意用形象化的方式展示出来，还能使我们获得许多观点，而我们剩下的唯一工作就是从这些观点中选出最恰当的传达给听众。

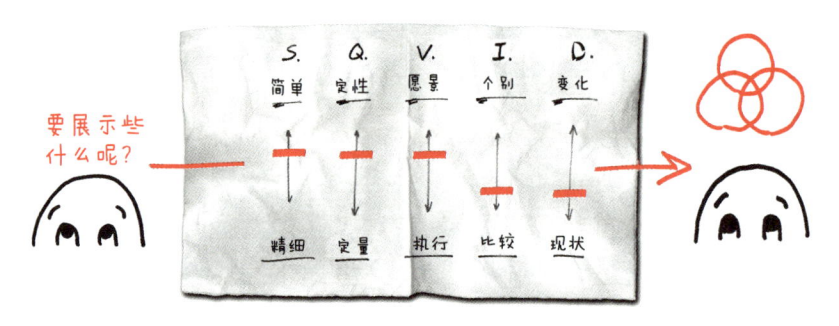

SQVID 攻略二：根据听众关心的程度，调整自己准备"展示"的重点，就像调节音频均衡器一样，要把滑钮拧向自己希望调整的那一端。通过这种方法，我们就可以确定，到底哪一种类型的图最适合展示给听众

运用 SQVID 第二种方法的重点是预计听众的期待。在运用这种方法的时候，我们需要详细地描绘每一个细节，像音频均衡器一样的 SQVID 能够帮助我们确定听众眼中最有价值的内容。举例来说，

我们都知道，不管什么时候，只要准备向公司的项目经理汇报自己的想法，我们就应该拿出定量的、可操作性强的定稿；但如果我们只是在讨论材料的印刷问题，那么我们关心好印刷的视觉效果就足够了。

SQVID 是整个大脑的智能食粮

就像我们在上文中看到的那样，运用 SQVID 来帮助我们思考有两个方向，一是以创意为中心，一是以听众为中心。但不管我们最终选择哪个方向，运用 SQVID 来思考问题都可以帮助我们找到"黄金位置"，把握好"展示"的分寸和尺度——这非常有意义，不仅可以帮助我们进行全面深入的思考，还可以帮助我们解决在商业中面临的难题。如果我们把下图看成是音频均衡器的控制面板，就会在滑钮的上部看到"简单""定性""愿景""个别"和"变化"。这些显然都是一些较为积极的属性：一针见血、具有概括性、与众不同并且抽象，但这些属性很难被量化，很难精确地把握，而且都带有很强的感情色彩，因此，我们把"均衡器"的上半部称为"偏暖波段"。

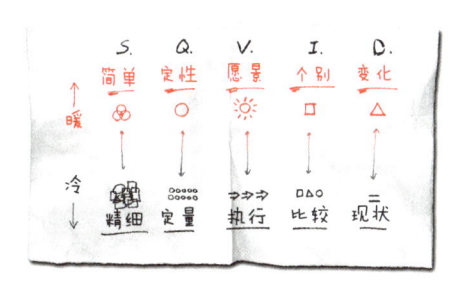

SQVID 的上半部属性是"暖性的"，或者说是与右脑密切相关的：强调简单、定性、形象化等特征；而下半部的属性则是"冷性的"，或者说是与左脑联系在一起的：强调周密、定量、可操作等特征

当我们把目光投向每个滑钮的下端时，就会看到那里标得很清楚——"精细""定量""执行""比较"以及"现状"，这些属性在商务活动中强调得更多，也更为传统，因为它们以数据为基础，强调分析、细节、实事求是以及可测量性。也正是因为这些特征更强调理性，摆脱了情绪的干扰，我们把"均衡器"的下半部称为"偏冷波段"。

换句话说，正是因为我们强迫自己按照SQVID的要点重新审视每一个观点，事情发生了神奇的变化，也为我们带来了一个美妙的结果：我们完全激活了自己的左脑和右脑，它们一个更强调理性分析，一个更强调创造[1]。这意味着，如果我们习惯对问题进行逐条的定量分析，SQVID可以激活我们富有创造性的思维方式。相反，如果我们更注重形象化的表达，更看重定性分析，那么使用SQVID就可以让我们开启理性思维那一面，同时制造出更多创意。

这也意味着，对于那些鲜能理解他人观点的商务人士来说，SQVID还可以充当一种非常有效的解决方式，让人们能够达成一致的观点。

习惯使用右脑的人	习惯使用左脑的人
当创意式思维的人遇见程式化思维的人 SQVID能够提供一种严密且可重	当程式化思维的人遇见创意式思维的人 SQVID可以用形象化的方法提醒

---

[1] 关于左脑和右脑的不同分工及其基本区别，请参看"附录B：视觉化思考的科学"。

续表

习惯使用右脑的人	习惯使用左脑的人
复的方案，让我们充分发挥想象力；它用一种具体的方式提醒我们，在思考某个观点时，既要看到"暖性的"有创造力的一面，也要看到"冷性的"程式化的一面。 因此，当碰上程式化的问题时，如果你还想强调简单、定性、愿景、个别以及变化的好处，不妨请你也考虑一下 SQVID 中理性的一面，也许这种情况下它更适合解决问题，之后将你的想法讲给大家听。	我们，在酝酿某个创意时，一定要兼顾感性与理性之间的互动；它用一种直观的方法，从根本上阐明，创造性地运用形象化的手法展示创意与考虑实际困难之间应该找到一个平衡点。 因此，当碰上富有创造性的问题时，如果你还想强调周密、定量以及应该运用的模式，不妨考虑一下 SQVID 中更富有创造性的一面，也许在这种情况下它更为合适，之后再将你的想法讲给大家听。

玩转 SQVID

在沙滩上为当地岛民画那些和苹果有关的图，真让人觉得愉快，与它类似的场景还有很多。比如我们在饮水机旁遇见同事，也可能在办公室里遇见某个员工，或者是在会议室里准备向董事会做一份陈述报告，等等。也许我们要向别人描述的并不是一个苹果，而是正在开展的工作。

为了更好地说明 SQVID 中的 5 个问题是如何帮助我们形象化地展示自己的创意的，让我们先看一下其他人对此的反应。本章接下来将分别讨论 SQVID 中的各个问题，你会发现，在现实生活中人们对这些问题特别在意，常常要求直观地看到这些问题以及相应的答案。例子中涉及的商务精英，都没有接受过正规的美术基础训练。

第一个问题："简单"还是"精细"？

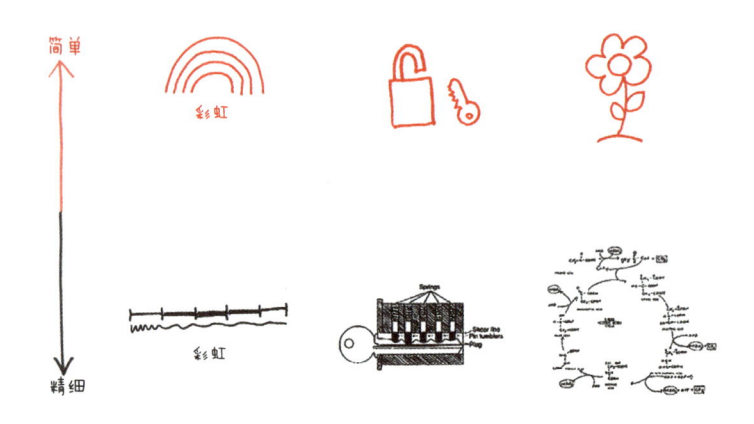

当我把 SQVID 作为视觉化思考的工具介绍给别人时，哪怕提起第一个问题，就会有人问我："你的意思是不是说'简单'和'精细'是相反的两个极端？那么，为什么人们总要把问题复杂化，而不是应用画图这种易懂的沟通方式把问题变得清楚明白呢？"

这本身是个非常好的问题，因为它问到了两个重要的方面，而且它们还非常微妙，不能一语道破。首先，我想强调的是，"简单"的反面并不是"复杂"，而是"精细"。其实，这两者常常同时存在，最好的例子莫过于"莫比乌斯圈"，它就是一条封闭且连续的带子，但在数学上，它却只有一面。

其次，这不仅仅是文字游戏：它恰恰切入了用画图来解决问题的关键核心。视觉化思考最突出的优点就是，它可以使棘手的问题

神奇的、只有一面的"莫比乌斯圈"：它是一个绝佳的例子，说明了事物会同时存在"简单"和"精细"的一面

变得非常清楚，哪怕再复杂的问题都会得到更好的展示。但不是所有漂亮的视觉化思考案例都会显得非常简单。视觉化思考的目的是把复杂问题清楚地呈现出来，以便大家理解——而不是把它简单化。视觉化思考的最终目标是画出一幅简单的图，还是精细的图，抑或是故意把它画得很复杂，完全取决于听众的要求，取决于我们到底想要强调什么。

让我们来看看杰夫·霍金斯最近的成果。作为一名工程师，他曾经发明了奔迈掌上电脑（PalmPilot）并创建了Handspring（美国电子公司），而在最近几年，他则投入了大量精力来研究人脑，特别是大脑皮质，并成为这一领域的专家。

杰夫·霍金斯的新公司Numenta，则把研发精力主要集中在人工智能方面，试图用软件来模拟人类大脑皮质的活动。而他本人则花费大量时间研究人脑是如何工作的，并提出了一系列的观点。霍金斯向各类听众表达自己的观点，其中既有纽约茱莉亚音乐学院的高年级同学，又有麻省理工学院研究神经科学的教授。

无论听众是谁，霍金斯演讲的主旨基本不变。不过，他根据听众不同的知识层次调整演讲策略，以此来吸引听众。他的演讲有时简单，有时详细，他不会用同样的标准来对待不同的听众。在开始演讲的时候，他会向听众展示一幅图，用来说明人脑的工作原理。

实际上，他准备了两幅图，分别提供给普通听众和专家。给普通听众看的是一幅简单的示意图，它由两个方框、13个箭头以及11个单词组成，只是从概念层次简单讲解大脑是如何处理接收到的信息的。

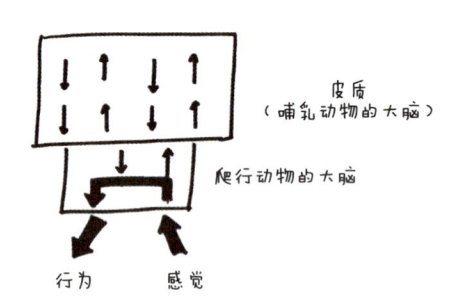

杰夫·霍金斯向普通听众介绍自己想法时所用的图

第二幅图也同样有方框、箭头和文字……但却比第一幅图复杂。这一版本的示意图所针对的听众都是一些神经学专家、博士以及其他领域的专家。虽然从概念层次上说，第二幅图与第一幅图基本相同——相同的构成要素和组织联系，甚至连外形也大致相同——但实际上这幅图会让很多人望而却步，除非他们已经是脑科学领域的专家了。此外，当霍金斯向专家介绍自己的想法时，他也需要更为深入。如果他不详细地阐明各种情况，专家就不会相信他真的清楚自己所说的内容。

最有趣的事情是，当杰夫·霍金斯用其中一幅图介绍自己的想法后，他还会给听众看另一幅图。也就是说，他实际上向专家和普通听众展示了两幅图，丝毫没有偏颇。对于普通听众，先弄明白了大脑工作的基本原理，再看到大脑实际工作的复杂情况，就会由衷地惊叹。而神经学家和博士一旦相信霍金斯真的清楚自己在讨论什么问题后，再看到另一幅简单的示意图时，他们就会感到非常兴奋，并为之眼前一亮。

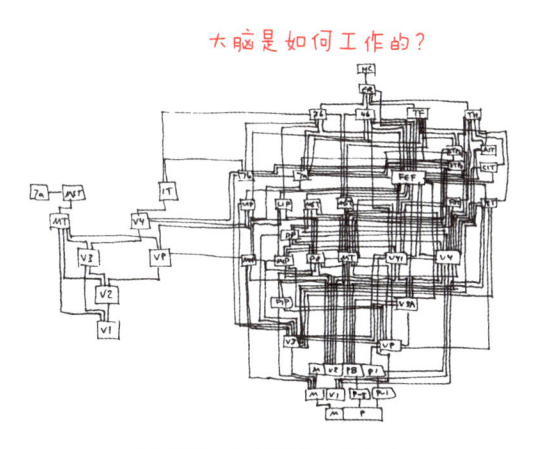

霍金斯展示给科学家和博士的图

第二个问题："定性"还是"定量"？

飞行员可分为两类：一类是依靠自己对飞机的感觉来驾驶，另一类则是依靠一系列数据来驾驶。早年驾驶飞机的飞行员大多属于第一类，他们主要是通过坐在飞机座椅上的感觉来把握飞机的位置、姿态和航向。我们可以把他们视为"定性驾驶"的飞行员，他们都是飞行专家，往往依靠自己的经验、本能甚至是直觉来驾驶飞机。

第二种类型的飞行员则完全不同。他们是依靠数据的飞行员，他们认为只有客观事实、数据和仪表上显示出来的各种精确的刻度才能保证驾驶安全。他们相信，只有不间断地掌握准确的海拔高度、航向、飞行速度、飞行姿态与定位，才能确保安全。我们可以称其为"定量驾驶"的飞行员。

很少有飞行员能够同时用这两种方法驾驶，但在1969年"阿波罗11号"飞船第一次登月的时候，指挥官尼尔·阿姆斯特朗就必须做到这一点。在快接近月球表面的时候，供宇航员降落的燃料只够支撑几秒钟，而阿姆斯特朗——美国航空航天局的宇航员大多数都非常依赖飞行数据，他也不例外——在预定的着陆点看到了一堆乱石。任何一名清醒的驾驶员在看到路前方有个大坑时都会采取一些措施，阿姆斯特朗的做法和他们没有什么不同。具体来说，他加大了油门，开始凭借感觉驾驶飞行器。当他最终安全降落在月球表面的时候，"阿波罗11号"飞行任务控制中心的人员只是不断地说："我们脸都吓白了。不过现在又缓过来了，真是谢天谢地，更要谢谢你啊。"

下次登月时，这种情况就不会再出现了，因为玛丽·米西·卡明斯提出了一个方案可以避免飞行器降落在那些让人心惊肉跳的地方。作为第一批海军女飞行员，她曾经无数次驾驶天鹰战斗机安全降落在颠簸的航空母舰的甲板上。之后，她被安排负责管理麻省理工学院的人与自动化系统研究实验室，这让她获得了一个非常好的机会，可以把她在系统工程方面的知识与当飞行员时积累的一手经验运用到实践中去：她所在的实验室负责为下次登月的宇航员设计显示控制面板。

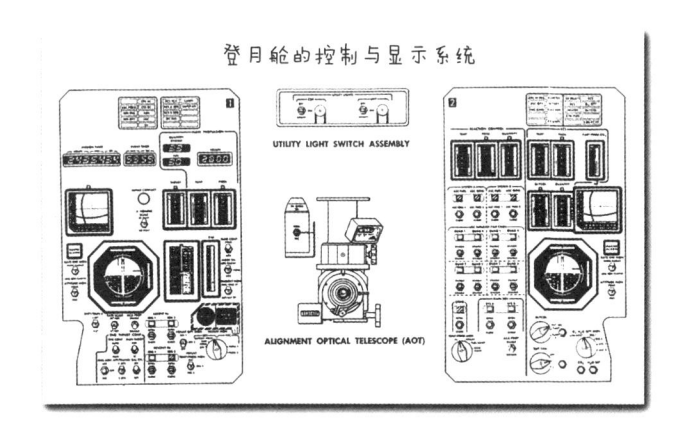

20 世纪 60 年代登月的宇航员，双眼需要很快地扫过多部不同的控制仪表，这么做只能弄清楚仪表的运作规律，实际上是精力和注意力的重复浪费

正如卡明斯所言："作为仪表工程师，我们面临的最大挑战是要确定应该展示出来的有效信息，并引导人们关注它们，因为这才是我们最希望他们看到的。为了成功地做到这一点，我们的做法是优化仪表。这非常奇妙，虽然仪表有多重变量，但我们却处理了许多数字化的视觉信号，并最终用一种简明的、定性的方法显示出来，这样操作者就能迅速捕捉到有效信息了。"换句话说，卡明斯的挑战就是要找到一种视觉显示方案，把前面提到的两种飞行习惯结合在一起。

20 世纪 60 年代，阿波罗号的宇航员为了掌握登月舱的情况，必须一遍又一遍地扫视各种各样的仪表。卡明斯团队发明了一种新的系统，和这种情况形成了鲜明对比。这种新的系统叫作"VAVI"（Vertical Altitude and Velocity Indicator，垂直高度与速度指示器），它的设计目标就是即时显示必要的驾驶信息，在数据上要极为精确，同时保证直观。她的解决方案是使用一种全新的仪表，用摆动的指针来帮助宇航员直观地感觉自己的状态，同时还有一些必不可少的指示器来显示精确的数据，以便他们能够准确掌握自己所在的位置和登月舱的具体速度。

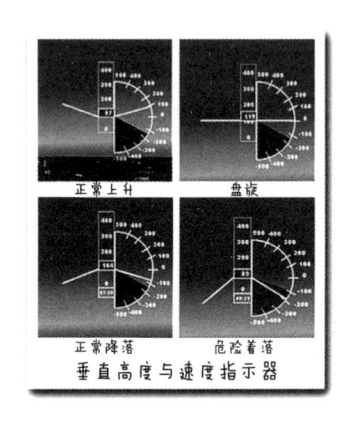

卡明斯团队设计出来的新系统"VAVI"，主要是依靠摆动的
指针来帮助宇航员形象化地感觉自己上升或降落的状态

她的团队已经在美国海军陆战队的鹞式战斗机上测试过"VAVI"系统，并且取得了巨大成功，现在他们正期待着将这一系统推向商业航空市场。即使美国航空航天局在相当长的一段时间内不会执行登月计划，卡明斯也会为其团队取得的成绩感到高兴，因为他们已经设计出了一种非常独特的仪表面板的工程模型，这种仪表面板既能显示定性的状态，又能显示精确的数据。这一成

就使他们掌握了很多工艺，并能把它们用于商业管理控制仪表的设计中。

第三个问题：突出"愿景"，还是突出"执行"？

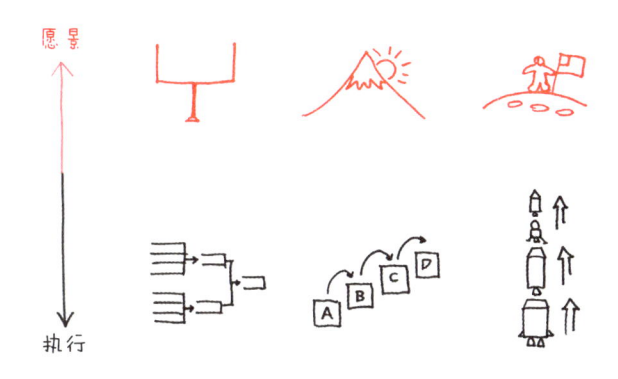

在商业活动里，领导者经常说的一句话是"我们知道自己最终将获得成功"，而大部分人更需要听到的是"我们非常清楚如何才能获得成功"。这两句话有很大的差别，前者突出的是愿景，而后者则突出了执行过程。我们要用"眼睛"来分辨这两种说法。

1992年，伟大的管理咨询公司贝恩公司（Bain & Company）陷入困境，被任命为新总裁的奥里特很清楚，除非她能迅速明确地告诉大家公司未来的方向，否则低沉的士气将会把曾经辉煌的公司彻底击垮。这个时候最需要开诚布公，需要非常明确地告诉大家公司追求的最终结果到底是什么。奥里特相信，她已经知道该如何把这一切告诉员工。

奥里特的丈夫是一名钟情于冒险的海员，他经常跟奥里特提起自己独自航海时的惊险遭遇和一些有趣的事。在这些海上见闻中，有一条就提到，地球有"两个"北极——对大多数人来说，这真是闻所未闻；不过对水手来说，这件事却生死攸关。具体来说，一个是地磁北极，它比较好找，因为指南针上有明确的显示；另一个才是真正的北极，也就是地理北极，它就是地球自转所围绕的那个中心点。当航海环游地球的时候，你会发现，地理北极的位置永远都不会变化，但地磁北极却总在不停地变动，位置一刻也不固定。这就意味着，如果一名水手在航海的时候只知道依赖指南针，那么他迟早会在大海上迷失方向，甚至遇难。

　　奥里特发现，丈夫讲的这则故事刚好与她公司的情况类似。她意识到，商务咨询界是一个很容易被短期市场变化和流行商业思潮影响的行业，它同样也存在两个"北极"：那些只把不断变化的市场和流行思潮当作指南针的咨询顾问，注定会被商业大潮淹没；而那些坚持自己最核心经营理念和企业文化的咨询顾问，才能锚定真正的北极，最终取得成功。

　　1992年8月，也就是公司士气最消沉的时候，奥里特用下面这幅图做了一次也许是她此生最重要的演讲，她想重振公司员工的士气，为他们指明方向。这次演讲"没有提到任何数字"，但却不是空洞的套话，她把本来就很清楚的观点讲得更加明白。这幅图是一个非常简单的指南针，但它并没有直接指向地磁北极，而是稍微偏了一点儿，朝向了真正的北极。奥里特正是用这幅图阐明了自己的观点：我们需要坚持公司最根本的原则，不能发生一点点偏差。

　　最终，奥里特赢得了满堂彩，并在那个时候成了领导著名咨询公司的唯一女性。在她的带领下，贝恩公司连续5年保持25%的年增长率，这一速度甚至是其影响力增长率的两倍。如今的贝恩公司

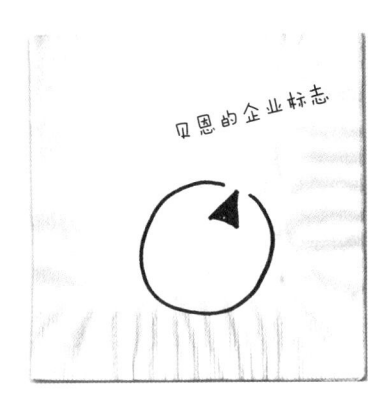

贝恩公司企业标志的原型：一个指向地
理北极，而不是地磁北极的指南针

再次成为主要咨询公司中最富创新精神的一家，在贝恩公司工作的咨询顾问创造出来的业绩被视为商界传奇，而公司的企业标志就是那个指向地理北极的指南针。

  某些图主要是为了回答"我们前进的目标在哪里"，而另一类图表要回答的却是"我们如何才能通过一步步的努力到达那里"。和许多企业一样，贝恩公司也会设计一些非常复杂的项目，并把它们介绍给员工或者客户。为此，贝恩公司也常常使用时间轴和甘特图。亨利·劳伦斯·甘特本来是一名机械工程师，后来成了第一批管理咨询顾问，这是当时新出现的一类专门从事商业策划的人。1917年他发明出一种图表，也就是后来所谓的甘特图。甘特图被认为是20世纪项目管理领域出现的最伟大突破之一。

  甘特图就是在一边列出项目的条状图，而每一条的长度代表了完成该项任务所需要的时间。甘特图在表现如何顺利完成项目方面非常有用，之所以有这样的效果，是因为它用形象化的手法表现了需要完成的每一个步骤，而且还按照顺序列出了这些步骤，这样就能非常清楚地展现某些步骤将如何影响其他工作。

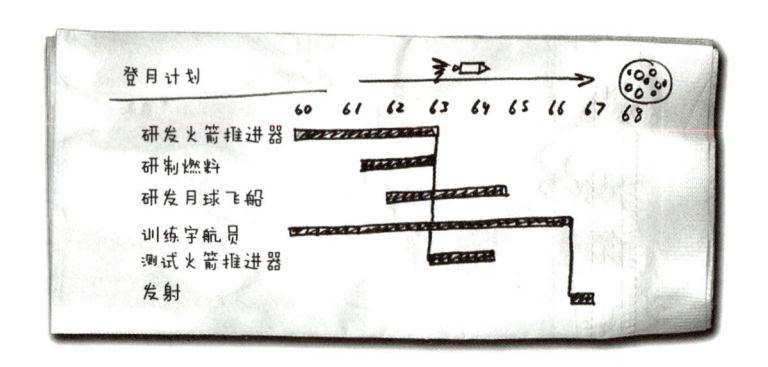

现在，使用办公软件可以轻而易举地画出甘特图，但在没有绘图软件的时代，这对现代咨询顾问、项目经理、系统架构工程师或者营建商来说，都是难以想象的。甘特图被广泛用于各种项目工程，从20世纪30年代建设的胡佛水坝，到60年代的登月计划，再到当今的任何一个系统工程，都可以见到它的身影。显然，甘特图经受住了时间的考验，被证明是一种非常有效的方法，虽然它不能非常明确地告诉人们"我们前进的目标在哪里"，但却能清楚地展示出"我们如何才能达到目标"。

第四个问题：突出"个别"，还是"比较"？

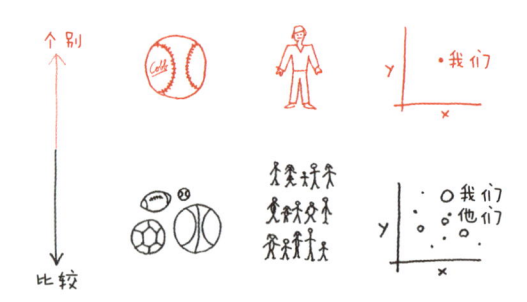

赫布·凯莱赫是新泽西州的一名律师。他认定，妻子的家乡得克萨斯州是一块蕴藏着无限商机的宝地。于是，他马上回去收拾行李，举家搬到了圣安东尼奥市。

1967年的一个下午，赫布和他的委托人罗林·金来到了一家名为圣安东尼的知名俱乐部，罗林正要关闭自己经营失败的地区性航线，而赫布则帮助他修改方案。罗林并不准备放弃航空生意，他拿起一张餐巾纸，在上面画了一个三角形，在三角形的三个顶点处分别写下了圣安东尼奥、休斯敦和达拉斯，接着又向赫布介绍了一个有关航线的疯狂想法，而这个想法在4年后变成了美国西南航空公司。

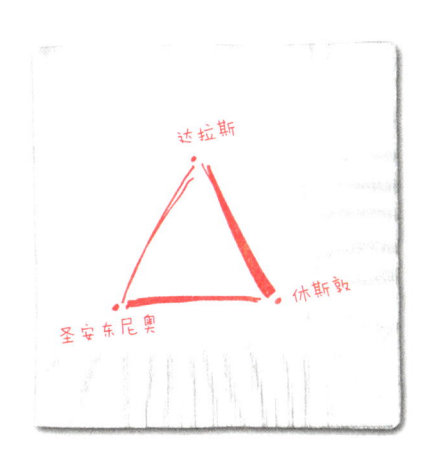

得克萨斯州最著名的一张餐巾纸，正是赫布·凯莱赫和罗林·金画出的图画造就了美国西南航空公司

放弃一些小城镇，只经营得克萨斯州3个大的新兴城市的短途航线，这样的方案更有利于公司的发展。只去3个城市，就不用接受得克萨斯州民用航空局的管理，在财务管理上也能获得更大的自由。而且，通过飞往当时名不见经传的达拉斯爱田机场，公司还可以为以达拉斯为集散中心的商务乘客提供更为便捷的服务。

美国西南航空公司快速发展的传奇告诉我们,赫布完全赞同罗林所表达的这个既疯狂又极具创新的想法。就创意本身而言,这幅图虽然非常简单,却道出了美国西南航空公司运营的核心原则。当天晚上,他们决定将这些原则付诸实践:在繁忙的大城市之间开通短途航线,避开主干机场,尽量飞往二线城市。一张餐巾纸,一个非常棒的创意,带来的是一条利润丰厚的航线。

不过,当我们把这张餐巾纸上画出的航线和当时一些大的航空公司——美国航空公司、美国大陆航空公司、布兰尼夫航空公司——运营的航线做对比时,就会看到这张餐巾纸到底有多么神奇。当把它的航线与其竞争对手的航线进行比较时,你就会发现罗林他们画的那三笔简直就是天才的神来之笔,也会更清楚为什么赫布和罗林的计划注定要大获成功。

正如我们已经谈到的,1967年在得克萨斯州机场起降的那些大航空公司的航线都采用了"中心辐射型"的空中运输模式,这种模式可以给航空公司带来极大的便利,让每条航线都能运输最多的乘客。根据这种模式,乘客会在大型的中心机场转机前往其他目的地,这就避免了直航给航空公司带来的种种不便。尽管这种模式对航空公司和长途乘客而言,运作得非常成功,但对局部地区的短途航线来说,却不那么便利。

赫布花了4年的时间来处理他的这一创意带来的法律纠纷,终于在1971年把最初的设想变成现实,美国西南航空公司的飞机终于成功上天了。通过专心经营几个城市的航线,美国西南航空公司把运营效率、便利和价格结合得非常完美,这正是以得克萨斯为中心的那些商务人士最想要的东西。不仅如此,美国西南航空公司还实施了非常有效的市场营销策略，比如空姐都穿得非常热辣，还会给购买全价票的乘客提供 1/5 加仑①的免费芝华士。正是这些举措，使美国西南航空公司很快成了当地航线的领军者。经过 30 年的洗礼，其开创的空中运输模式也被证明是航空业界不败的盈利法宝，创造了航空界前所未有的纪录。

第五个问题：注重"现状"，还是将来的"变化"？

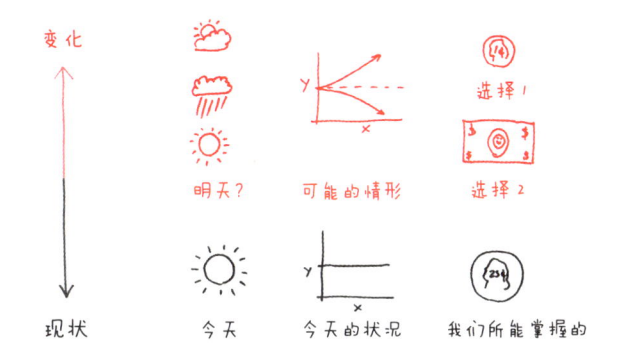

一项研究对美国大型银行的工作效率做出了调查，得出的数据让人感到不安。通过电子邮件，人们可以随时随地地沟通；手机短信也可以在刹那间使对方了解你的意见；网络也极大地便利了工作。但这一切加上那无休止的会议，却使银行的高级经理疲于奔命，以至不管他们接下什么工作，只要过上 4 分钟，就会被别的事

---

① 1 加仑（美）≈3.785 升。——编者注

打断，只能被迫放下手头的工作。而银行其他职位人员的情况也大抵如此。银行里的每一个人都觉得自己离要做的工作越来越远，而同时各种各样的任务却在不停地成倍增长。

看到这种情况，银行界人士逐渐意识到必须尽快行动起来。如果拿着高额薪水的决策者，也就是这些银行的高级经理，不能花上足够多的时间来处理手头的工作，他们怎么可能有时间来做出好的决策？为此，银行在其内部组织了一个特别协调小组，成员都是一些非常有想法的领导者，他们的任务就是好好研究一下到底应该做些什么。在会议室里，小组成员可以通过白板形象化地展示银行的内部问题。

银行的特别协调小组草草地画出了公司内部的时间危机

上图描绘出了"今天的"银行从业人员所处的工作环境。银行曾经精心营造出一个崇尚沟通的氛围，并认为在这个氛围里，开放性地沟通比什么都要重要。比如，银行认为如果分行的经理能够直接同高级经理进行沟通，这个地区的业务问题就能得到快速解决。

可是，银行的职员对这一做法并不认同。恰恰相反，过重的信息负担让他们中的很多人都不愿意去接电话、传真或邮件。当然，这是不可能的，他们不确定哪些声音能为他们带来重要的信息，因此只好乖乖地去接一个又一个的电话、传真或是邮件。

有时候，用一种更为清楚的表达方式来说，所谓的"现状"就是指某项计划中需要推进的部分。但在上述例子中，却并非如此：银行的特别协调小组意识到，如果他们拿不出解决问题的办法，银行里所有员工的成长与发展都会成为泡影。他们不仅要告诉大家"问题出在哪里"，还需要找到一种解决方法。

为了解决问题，他们首先发挥想象——如果成功地达到目的，情况会是什么样子？答案就是，到那个时候，每个人都可以随时联系到自己想沟通的人，而被联系者可以自由选择接听的方式和时间。

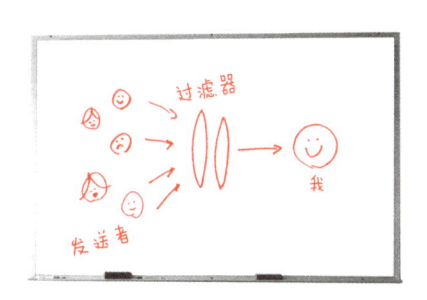

特别协调小组认为最理想的世界应该像图中画出的那样：所有的内容都被信息的发送者按照轻重缓急和个人偏好筛选过了

特别协调小组对刚才的工作相当满意。虽然他们还没有找到解决问题的方案，但至少已经发现了症结，对于谋划一个比较好的前景来说，这已经是一个非常好的起点了。可是，随着他们对刚才那幅示意图的研究愈加深入，他们发现自己走向了另一个极端：过于关心自己的时间，只筛选自己接收到的信息，却忘了为别人考虑，忘了在给别人反馈信息之前也要对信息进行筛选。

所以他们在示意图中加上了另外一种沟通途径。这一次，他们认识到，信息的发送者同时也是信息的接收者，而如果每一位接收者希望接收到的信息都已经按照轻重缓急筛选过，并且都是非常切合主题的重要信息，那么他们必然会在自己发送给他人的信息中将这种标准明白无误地告诉他人。

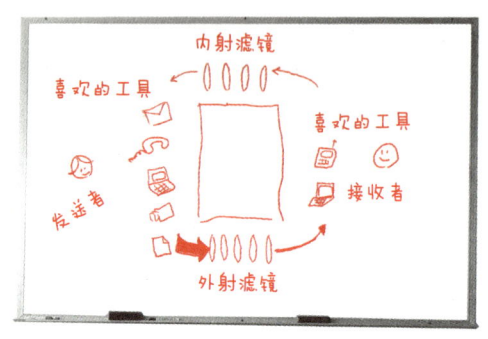

在第二种理想的沟通模式中，特别协调小组提供了一种更为
现实的解决方案：也就是进行双向过滤

信息的发送者与接收者就像处于一组滤镜的两端，这一组滤镜会依据一整套标准来筛选信息。在这种情况下，和信息的具体类别相比，到底是通过哪种渠道（比如电话、电子邮件、传真等）来传递信息就变得不那么重要了，因为不管是信息的发送者还是接收者都能根据自己的偏好来选择相应的交流渠道。

现在，特别协调小组找到了一个理想的模型，为银行内部交流方式的调整指明了方向。不过，这个模型还是太过抽象了，它遗留的问题比解决的还要多。不过，特别协调小组对这样的工作成果还是很满意的。毕竟，到现在为止他们还没有被别的什么事情或是其他人打扰过。

"白板策划速成班"：暂时先把SQVID抛到九霄云外

1. 挑选一个想法。

首先想清楚你准备与伙伴分享哪个特别的想法。这几乎可以包括所有信息：可以是你从财务报表中看出来的玄机，也可以是在网上读到的非常棒的博客文章，还可以是你打算提出的新的营销建议。仔细思考，然后选出你认为比较有意思的创意，当然也是相对容易解释清楚的创意。

如果你还是觉得有点儿困难，不妨参考一下以下这些例子：

• 我们的产品有一则新广告，创意就来自大家耳熟能详的童话——《青蛙王子》。

• 我们并没有非常准确地计算出实际收益率。

• 在过去的一年里，中国成了世界上仅次于美国的第二大汽车生产国。

2. 画一个圆圈，并给它起个名字。

找6张信纸大小的白纸和一支笔。在第一张纸的中心部位画上一个圆圈。

现在，给你的想法取一个名字，概括它的具体内容。比如"重新制订计算盈利与亏损的方案"；也可以非常抽象，比如"青蛙总动员"；当然也可以非常简单，比如"中国：一千万辆汽车及其意义"。千万不要为了选名字而绞尽脑汁——因为你可能是唯一一个知道这个名字的人——对你的创意有价值的具体内容才是关键。

把你取的名字写在圆圈的正中央，并在下面写上 SQVID5 个字母。

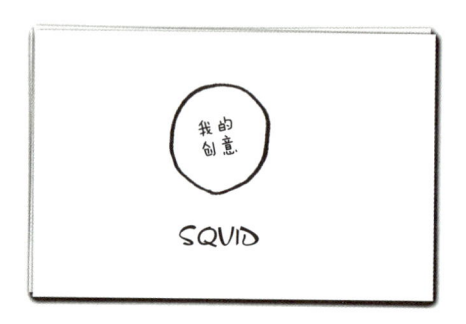

3. 画出属于你的 SQVID。

在剩下的 5 张纸的左上方，分别写下与 SQVID 相对应的单词，并在左下方写上它们的反义词。在你完成时，你就有了一套画好的纸片，每一张纸片上都会有两个单词，分别是：

- "简单"——"精细"
- "定性"——"定量"
- "愿景"——"执行"
- "个别"——"比较"
- "变化"——"现状"

它们看起来就是这样：

4. 把 SQVID 的具体内容画出来。

请对照这 5 张纸上的每一个单词，快速画出你想告诉别人的想法。举例来说，如果你选择了"青蛙总动员"，我们也许就会看到下面这幅图：

接着，请把每张纸对应的想法都用简单的图画出来。如果你想要一些灵感，不妨回过头来看看我们在这一章开头讲过的那个苹果的例子。

发生了什么？

你要把 SQVID 的每一个环节都画出来，这就迫使"内心的眼睛"从多个角度来审视自己的想法，使一切都井然有序，而且你还可以随时检查、重新修改。你要回答这 5 个问题，就会对自己"内心的眼睛"看待世界的方式提出不同的要求，同时还会激活大脑内不同的神经中枢：比如有些神经中枢专门负责观察形状和大小，而有些则会记录时间、度量空间或测算变化。你画出来的那些简单的素描图正反映了你看待某个问题的基本方式。这种训练方式不只锻炼和扩充了你的想象力，同时也使你的观点变得更为清晰，为最终的呈现做好准备。

第七章

"展示"你画的图

我们刚开始讨论视觉化思考进程的时候,就已经提到,很多人对通过画图来解决问题没有太大把握,因为他们对自己画画的能力并没有多少信心。把视觉化思考与绘制出精巧的佳作等同起来,这种想法显然是错误的。它极大地妨碍了我们动用视觉化思考工具,妨碍了我们发挥自己解决问题的能力,甚至在我们下定决心把握机会之前,就让我们退缩。

"展示"所包含的内容其实与一节绘画课的内容非常接近。事实上,这个环节占用了整个视觉化思考过程近90%的时间。当商务人士开始向别人展示自己的创意时,他们常常觉得心里没底,不是担心自己画得很拙劣,就是担心不熟悉计算机程序,或者是担心画面过于精致反而会让人们忽略真正有价值的内容。其实,"展示"是一个非常好的机会,我们可以通过"展示"来把自己的想法好好包装一番,同他人一起分享精彩的创意。"展示"不仅是这样一种机会,它更是我们取得重大突破的关键——不过,要做到这一点,我们必须把"看""观察"和"想象"这几个步骤做得非常完美。

是骡子是马，拉出来遛遛

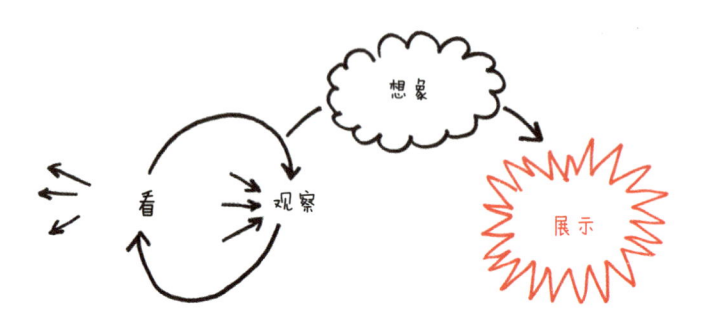

在"展示"的环节里，所有的内容都整合到了一起。之前，我们主动地看、观察和想象。我们发现了事物的规律与趋势，弄清楚了它们的特点，还找到了很好的方法把这些视觉信息转化为图画。"展示"的环节就是我们与他人分享图画的过程，一方面是想把其中的信息传达给他们，另一方面则是想说服他们。当然，与此同时，我们还要多加注意，看看他们观察的东西是否与自己设想的分毫不差。

为了很好地向别人"展示"自己的想法，我们需要完成三步：选择合适的框架，依照选定的框架来画图，然后还要向别人解释这幅图。其实，这三个步骤中只有一个涉及绘画，但也正是这一步让大部分人望而生畏。

"展示"的三个步骤

1.选择合适的框架

我们需要两种工具来帮助我们选出好的框架。我们已经按照

SQVID 的要求准备好了要告诉别人的信息。现在，我们就要再用 SQVID 和另外一种全新的工具来选择最适合完成图画的框架，我们很快就可以看到这个新工具到底是什么。选出最合适的框架其实一点儿也不难，因为一共只有六种结构可供选择。而且，这六种结构我们其实都已经看过。

2. 依照选定的框架来画图

针对需要解决的问题，我们一旦选出了最合适的框架，就要开始画图了。首先是选出合适的坐标体系，接着才是添加具体的数据并补充一些形象的细节。我们要保证画出来的图能够准确地展示自己的想法和创意。

3. 介绍和解释所画的图

无论我们是否要亲自向别人介绍图中的内容，画出来的图都需要一些说明或者解释性的内容。这可能需要一千多字，也可能一个字都不要。无论是哪种情况，一幅用于解决问题的好图都能清晰地说明问题，这和它的具体内容无关。如果我们根据观察世界的六种方式来画图，并且很好地利用人们所具有的前认知属性，听众就可以马上领会图的意思，而不需要我们喋喋不休地把图从头到尾解释一遍。

将"观察"变成"展示"

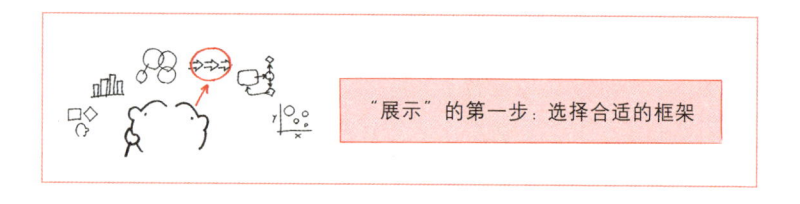

"展示"的第一步：选择合适的框架

在第五章的结束部分，我们曾经说过，弄清楚观察世界的具体方式，不仅可以帮助我们分解遇到的难题，还为我们展示自己的创意提供了指南。既然我们的视觉系统在观察事物的时候常常会依据一些特定的方式，那么当我们想向别人展示一些图时，利用这些特定的方式就顺理成章了。换句话说，如果我们确实是按照这六种方式来观察世界的，那么我们也应该能够按照这六种方式来展示自己的创意。

这一点非常重要，因为从各个方面来说，它都是这一章剩余内容的中心，也是理解视觉化思考的关键。为了更清楚、更形象地说明"观察"与"展示"之间的联系，我们还是快速地回顾一下人们观察世界的六种方式吧！

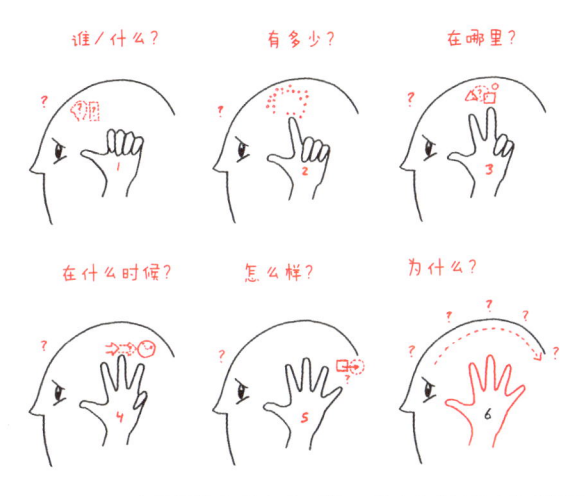

这就是我们观察世界的六种方式："谁/什么""有多少""在哪里""在什么时候""怎么样"以及"为什么"

随着话题继续深入，请大家睁大眼睛，特别注意下面要谈到的内容，因为我们就要揭秘本书最重要、最有用的诀窍——视觉化思考的"六六法则"。

从左到右观看下图，我们首先会看到观察世界的六种方式，接着我们用"内心的眼睛"处理这些信息，经过大脑的反复加工后，这六种方式最终以另一种表现形式出现在了下图的最右边，也就是用于"展示"的六种图示类型：为了回答"谁 / 什么"的问题，我们需要一幅**画像**；为了回答"有多少"的问题，我们需要一个**图表**；为了回答"在哪里"的问题，我们需要一幅**布局图**；为了回答"在什么时候"的问题，我们需要画出**时间轴**；为了回答"怎么样"的问题，我们需要画**流程图**；最后，要回答"为什么"的问题，**多重变量图**就成了必不可少的选择。

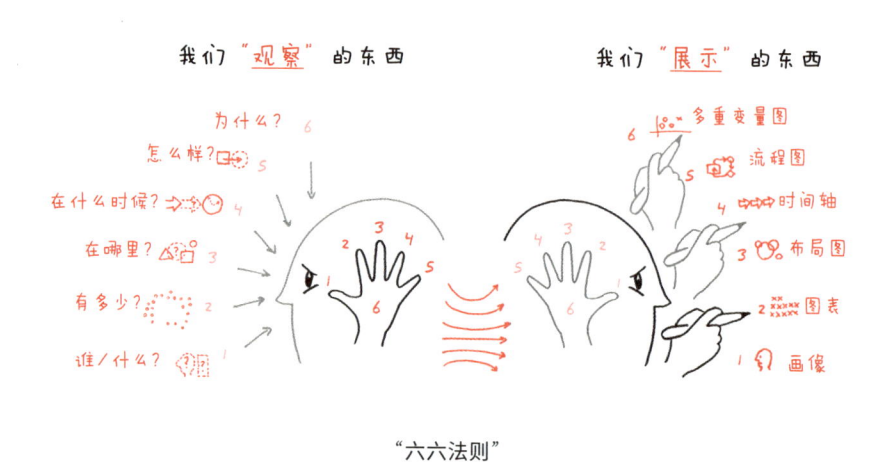

"六六法则"

六种观察世界的方式都有其对应的"展示"方式。而六种"展示"的方式也都有其对应的可用于形象化表达的框架，这些框架正是"展示"的起点

因为本书接下来的部分都是围绕这一章的内容展开的，我们还是简单地对其进行总结，以保证我们真的弄明白了刚才谈到的内容。这里还有一幅图可以说明这个问题，它从我们自身的角度出发，以一种"从里向外看"的视角形象地说明了"六六法则"。

当然，下图之所以画出我们的双手，并不是因为把接收到的视觉信号整理后再输出的功劳属于它们，而是因为后面画图的时候我们一定要用到双手，那么不妨就把这个主角先画出来。我们还可以用双手做模型来模拟"六六法则"（因为我们恰好有十根手指和两个手掌，每一边的数目恰好就是"六"），以便于我们用形象化的手法来表现"六六法则"，不至于一下子就忘记。

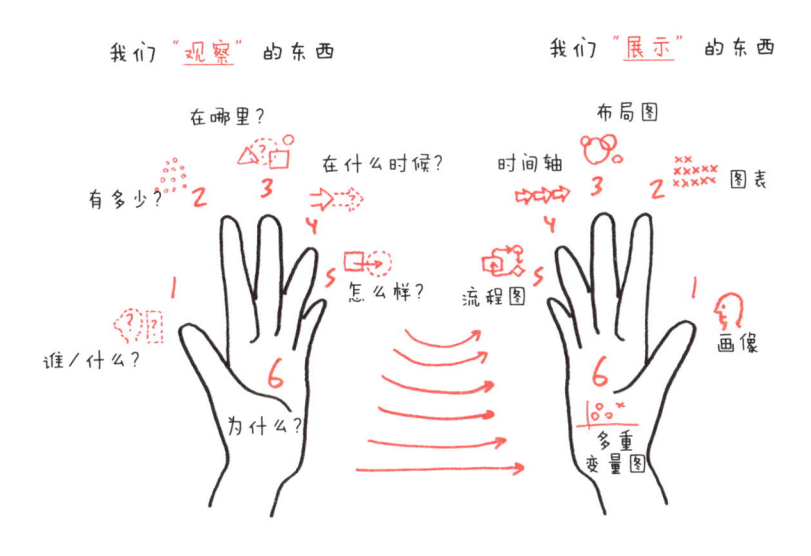

从我们自身的角度来看，"六六法则"看起来是这样的

视觉化思考暗含的其他意思

"六六法则"作为一个原型，揭示了视觉化思考的很多奥妙，对我们非常有益：

- 我们可以画出成千上万种图表，但它们都是从最基本的这六种框架演变而来的，或者是把六种框架组合在一起而产生的。

- 一旦我们掌握了在什么情况下该用哪种框架，并学会了如何画图，我们就获得了一种神奇的能力，能够通过画图来说明我们碰到的各种情况。

反之亦然：

- 我们看到的任何问题，都可以分解成"六要素"，同样也能按照"六要素"——展示出来。
- 形象化地展示某个特定要素，最有效的方法就是把我们在真实世界中看到的这些要素所呈现的方式，依样画葫芦般地再展示出来。比如，我们之所以能看到某个事物在某个地方，实际上是因为观察到了它与其他事物在空间中的相对位置。所以，我们如果想通过画图的方法展示某个事物的位置，就要把相似的空间环境画出来。而我们之所以能够看到"时间"，实际上是因为我们看到某个物体发生了变化。所以，我们如果想要把这一点"展示"出来，就要画出某个物体在不同的时间段所呈现出的不同状态。

这就意味着，不管我们在商业活动中碰到的是曲线图，还是平面图、统计图表、示意图、坐标图、地图、透视图、插图等，我们都可以把它们抛到脑后。图表本身并没有错，只要运用恰当，这些图表都非常有用（而且我们很快就可以看到这些图表的运用）。但是，一旦真正掌握了"展示"的秘密，我们只需要紧紧盯着最基本的那六种框架，而不用为数以千计的具体图表而烦心。

所以，如果下次碰到了什么问题，我们完全不必担心，也不需要问自己："哦，我到底该用哪幅图来解决这个问题？"相反，我们应该问："要解决我遇到的问题，该用哪一种'展示'方法？"

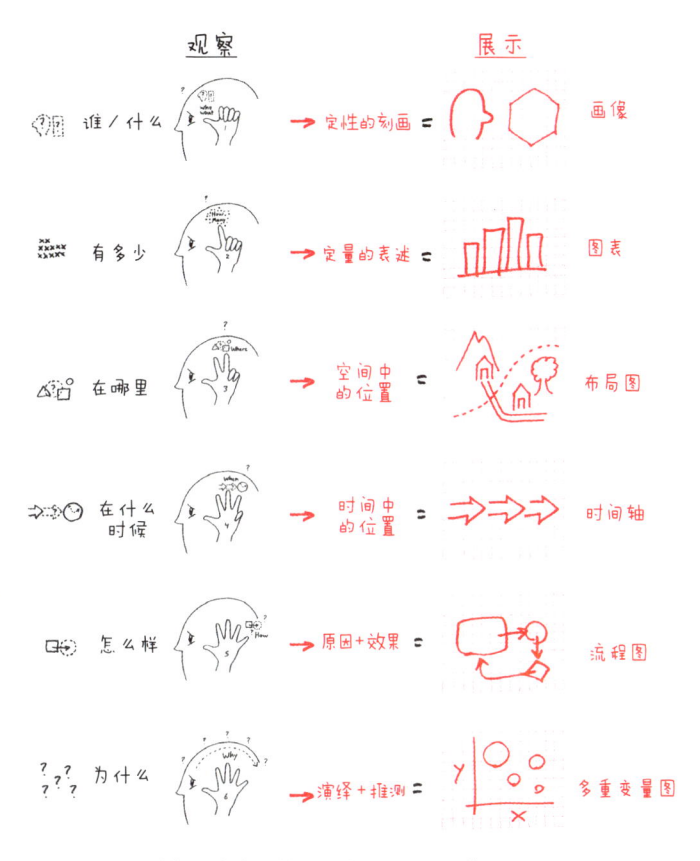

观察		展示	
谁/什么	定性的刻画	画像
有多少	定量的表述	图表
在哪里	空间中的位置	布局图
在什么时候	时间中的位置	时间轴
怎么样	原因+效果	流程图
为什么	演绎+推测	多重变量图

我们观察世界的六种方式与"展示"它们的方式

使用哪一种"展示"框架到底取决于什么？

为了确保这些"展示"的框架都能发挥作用——它们不仅是我们进行视觉化思考的起点，也是画图的工具——我们必须把它们视为一个整体，并通盘考虑（只有如此，我们才能在需要画图的时候，找到思考的基础）。只有清楚差异，才能在展示的时候选择合适的框架。为了帮助大家更好地理解和掌握，我给大家介绍可以作为参考的四个标准，我们可以用它们来确定到底该用哪一种框架，并区分不同的框架。

1. 用框架来"展示"什么？我们要展示的就是"谁/什么""有多少""在哪里""在什么时候""怎么样"以及"为什么"这六要素。"六六法则"与这六要素一一对应。

2. 每一种"展示"的框架都有其潜在的坐标系，它们到底是什么？任何一个图都有其基本的结构，有些是按照空间来布局的，有些是按照时间来联系的，有些是纯概念的演绎，还有一些则是出于因果逻辑的考虑。这些也都来自"六六法则"。

3. 在"展示"的框架中，不同对象之间的关系到底是什么？也许我们会根据这些对象各自的特点、数量、位置、所处的时间段，以及它们之间的影响来确定它们的关系。当然，这些判断的依据有可能交叉或叠加，我们要将这些因素一一考虑在内。

4. "展示"框架的起点是什么？可能是你创意中最精彩的部分，或者是问题的中心、问题的由来以及我们的最终目标等。

在接下来的几页里，我们会仔细讨论每一种"展示"的框架，不过，我们还会时常回顾刚才提到的四个标准，以便能将这些框架清清楚楚地记在脑海里，不发生混淆，同时借助这四个标准画出实例来说明"展示"的框架究竟是怎么回事。

我们该如何使用"展示"的框架？

"展示"的框架可以从三个方面给予我们很大的帮助。首先，它告诉我们，为了解决某个问题而画出一幅非常切题的图并不是一件偶然的事，也根本不是中头彩。相反，选择某种类型的图来说明问题恰恰是理性思考的结果，这是可以学会的。其次，只选出一种框架来"展示"自己的创意。我们应该确定自己观察到的问题中，哪些是最重要的、最应该向别人"展示"的。如果人们最关心的是"谁"的问题，我们就应该使用画像来向他人传达信息。如果人们最关心的是"在什么时候"的问题，我们就应该使用时间轴来进行沟通。依此类推，关键是要选择最适合的框架。最后，每一种框架都给我们提供了明确的坐标体系，也告诉我们，应该具体从哪里开始。正因为这样，我们才知道应该从哪里着手来画图，而不会感到无所适从、劳心费神。

表 7-1　视觉化思考的六种框架：特点与差异概述

框架类型	展示内容	坐标系	对象之间的关系	起点	示例
1. 画像	谁/什么	推测的内容／（通常可以看到的内容）	由某个对象自己的有形特征决定	对象的名称	典型的客户
2. 图表	有多少	数量B／对象内容A	对象的相关数据	坐标A的名称	销售额／产品销量 ABCD 产品
3. 布局图	在哪里	北西东南	对象的空间位置	最显著的特征	组织架构图

续表

框架类型	展示内容	坐标系	对象之间的关系	起点	示例
4. 时间轴	什么时候	时间（现在→将来）	对象在时间中的相应状态	开始或结束	发布过程
5. 流程图	怎么办	行动→反应	对象间的交互影响	起始行动	业务流程
6. 多重变量图	为什么	B、C、A 三轴	两个或两个以上对象之间的相互作用	A 坐标名	市场份额、收益、大小、产品

把需要"展示"的内容都画出来："视觉化思考宝典"

现在要把遇到的问题"展示"出来，至少有两种不同的方法：一个是从"六六法则"中衍生出来的六种框架，另一个则是 SQVID 提醒我们要注意的五个问题。这两种模式看起来很不一样，功能上也有差别，甚至还会让我们的思路产生分歧：当要选择某种"展示"的框架时，我们更看重分析；而当根据 SQVID 的要求进行展示时，我们更看重直觉。这些区别非常重要，它们使上述两种模式构成了某种互补。当我们能把这两种模式结合在一起使用时，解决的方法就突然产生了。

假设我们正在运作一个较大的项目，为了按时完成任务，我们会向团队的负责人解释项目的重心和进度。在这个时候,"时间"是最重要的要素,而"六六法则"告诉我们,要清楚地传达这个信息,最合适的框架莫过于时间轴了。这的确是一个非常棒的起点,不过,我们知道了应该画一条时间轴,并不等于知道了这条时间轴要画得多仔细。我们不知道是要画出大概的持续时间,还是要画出每一分钟的任务;不知道是要按照常规情况来处理时间轴,还是要考虑一些紧急情况;等等。

换句话说,我们仍然需要考虑应该画哪一种时间轴,毕竟我们面对的是一些非常复杂且具体的环境,以及各式各样的听众。具体来说,我们要想清楚:是要画一条简单的时间轴,还是要画一条精细的时间轴;是要强调定性分析,还是定量分析;是要突出愿景,还是要突出实现这些目标的执行过程;是要单独讨论手头的项目,还是要把它与同时进行的其他项目相比较;是要反映项目可能的最终状态,还是只要反映当前状态。这个时候,SQVID 就能派上用场了。因为 SQVID 会迫使我们一一回答刚才的那些问题,它会帮助我们在思考的时候集中注意力,帮助我们在动笔画图之前做出重要的抉择,决定到底选用怎样的图。

当我们把"六六法则"和 SQVID 画在同一个表格中时,就会发现这个表格非常专业,它能把各种类型的主要图示都列得非常清楚,我们将在本书接下来的部分用到它们。下表就是我们所说的"视觉化思考宝典",使用起来非常简单。在框架与 SQVID 横竖交叉的地方,都有两个小图标,每一个都对应着根据 SQVID 做出的一种选择(比如选择简单的展示方式,或是选择精细的展示方式;选择定性描述,或是定量描述;等等)。这些图标都代表了一种理想状态,在开始画图前就可以参考它们,因为我们已经仔细地衡量过到底什么才是最重要的、最值得强调的信息。我们还考虑了听众,考虑了交流

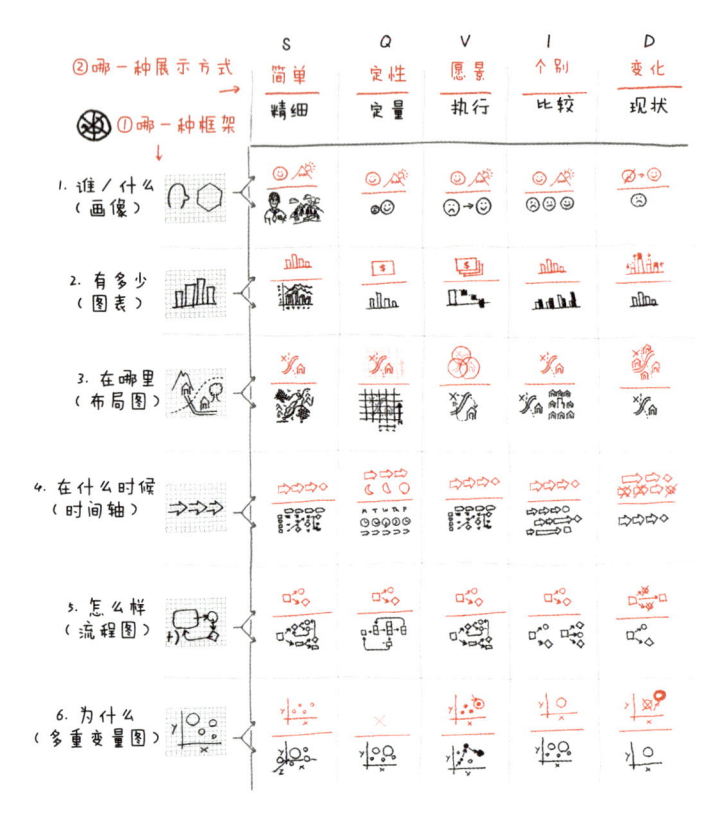

沟通中的轻重缓急，以及一些具体的数据和个人观点。

"视觉化思考宝典"：解决问题的图示专家

为了更好地使用宝典，我们先在纵坐标方向上选择一个适当的框架（比如为了展示"谁"而选用画像，为了展示"在哪里"而选用布局图，等等），接着沿横坐标再选择一种具体的展示方式，这样它们的交点就形成了最佳的展示框架。不过，在某些情况下，横坐标与纵坐标的相交处并不存在对应的图标，这是因为在这种情况下没有合适的展示框架（比如，要用定性的手法来展示"有多少"就根本不可能）。

现在，让我们用这个宝典来处理前面提到过的项目管理的例子。

第一步：我们为了按时完成工作，要将工作计划展示出来。这主要是一个有关"在什么时候"的问题。所以，顺着宝典往下找"在什么时候"这一行。显然，我们需要画一条时间轴。

第二步：因为我们需要向项目团队的负责人汇报一些精确而详细的信息，所以我们在沿着SQVID逐列扫描时就会发现，如果我们把时间轴画得精细一些，着重定量分析，突出执行过程，它就是绝佳的选择，因为它可以把许多分解项目的完成期限详细地列出来，并勾勒出它们之间的相互影响。这就是我们画图的起点。

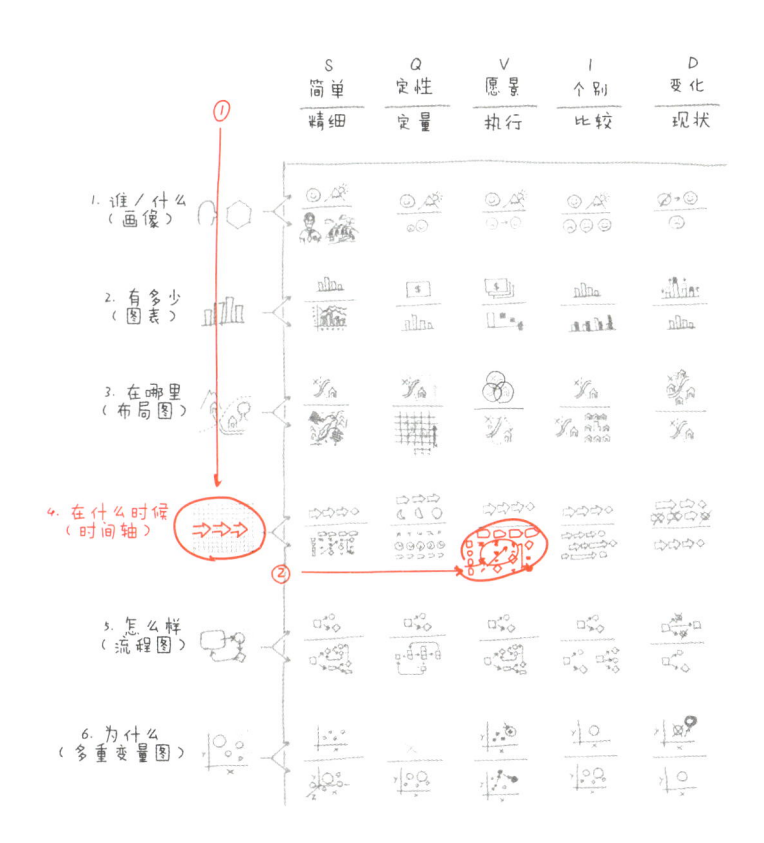

为了再一次检验这个宝典，我们不妨想象一下，自己就是本书第一章已经介绍过的那位在跨国出版公司工作的品牌经理达夫妮，你现在正打算去找公司的 CEO，争取使他支持我们执行新的品牌战略。为了获得他的支持，我们常常需要讲清楚"为什么"：为什么这个计划对我们的发展是至关重要的？为什么我们现在就要执行这个计划？为什么股东和投资者会欣赏这个计划？显然，这个问题比前一个例子中的问题更难回答，而它也需要一种完全不一样的图。

第一步：我们顺着纵坐标往下找，找到"为什么"这一行，它告诉我们需要画一幅多重变量图。天哪！这一类图最难画，也最难讲。的确，没人会觉得从 CEO 那里获得支持是件容易的事。所以，我们还要做点儿工作。

第二步：如果我们能直接从 CEO 的角度看待整个公司的发展，并且让他了解，我们的品牌战略正与他的整体计划完美契合，那么推销我们的计划就会变得容易一些。想到了就要去做，让我们把这种想法画成一幅多重变量图！

第三步：帮助公司改变市场形势，成功地超过竞争对手，正是 CEO 常年挂在嘴边的经营目标。如果画出来的图可以告诉他，我们的计划可以实现这一经营目标，那么它将变得更有说服力。为了画出这种图，宝典告诉我们，多重变量图需要突出最终的愿景，而且需要与其他企业做横向比较。虽然这有点儿棘手，但是却值得我们付出百倍的努力。一旦成功了，这幅图就能搞定一切。

无论是上述哪种情况，在这两个例子里，我们最终都找到了合适的框架和展示方法。在第一个例子里，我们找到了一条时间轴作为"展示"的起点；在第二个例子里，对达夫妮来说，突出愿景并与其他企业进行横向比较的多重变量图才是最佳选择。可以说，宝典确实圆满地完成了它的使命。让我们开始画图吧！

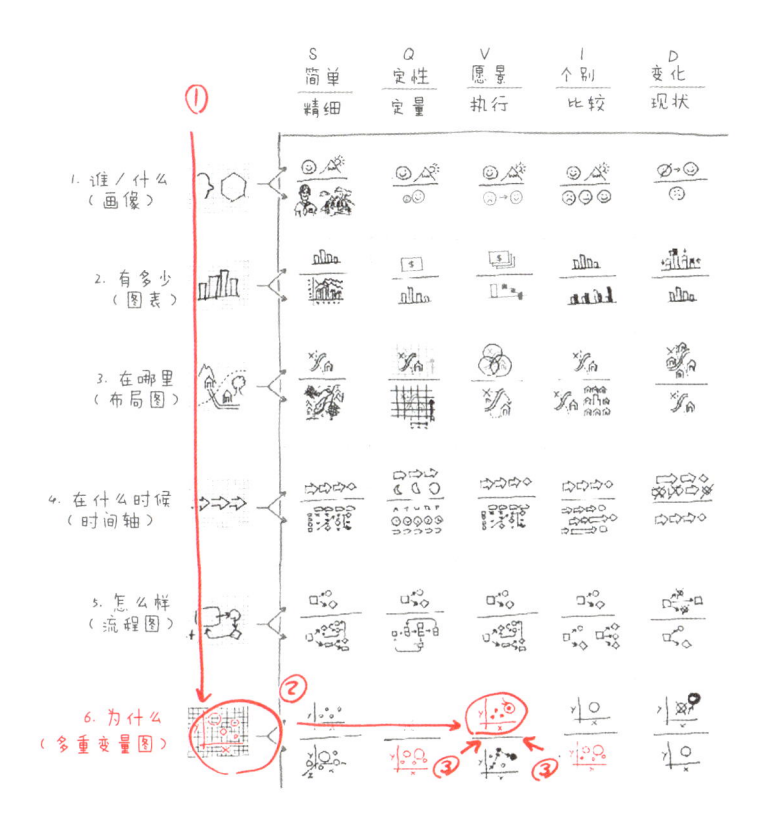

小小的补充:"展示"的框架可以整合在一起

"六六法则"最妙的地方在于,它能为你提供一种非常简单的入门方法(其实,你也可以根据观察世界的六种方式来画图),可以使你更从容地展示自己的创意。

比如,我们可以把"怎么样"和"为什么"这两个问题整合在一起进行展示,但这并不是我们能看到的唯一的一种整合方式。视觉系统相当神奇,为了帮助我们更好地了解周围的环境和事物,它可以连续不断地把各种方式整合到一起。举个例子,我们看到"在

第七章 "展示"你画的图　153

"什么时候"的同时,也可以看到"在哪里";看到"有多少"的同时,也可以看到"谁/什么";等等。把两种基本的"展示"框架结合到一起,就会形成"混合展示"的框架,这在实际展示中非常普遍。在本书接下来的章节里,我们将会逐一研究每一种基本的"展示"框架,以便弄清"展示"的奥秘。

下图中的第一个图是时间序列表,这就是把两种框架整合在一起的结果:把一个反映"有多少"的图表叠加到反映"在什么时候"的时间轴上。在本书第十二章讨论反映"时间"的框架时,我们还会研究这种整合的情况。而下图中的第二幅图是一个价值链模型,它也是把两种框架整合在一起的结果:把一个反映"有多少"的图表叠加到反映"怎么样"的流程图上。在本书第十三章讨论反映"怎么样"的框架时,我们还会进一步研究。

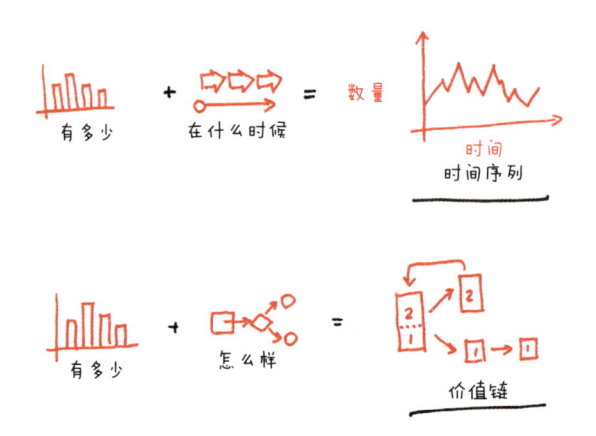

我们常常可以在许多图中看到,只要把两种基本的框架整合在一起,就已经足够解决问题了;在接下来的章节里,我们还会详细地讨论它们

第 三 部 分

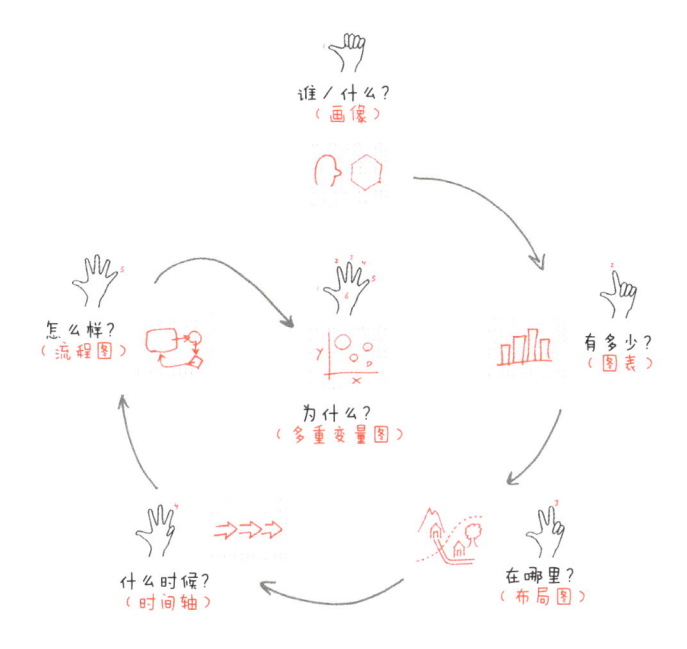

谁/什么？
（画像）

有多少？
（图表）

为什么？
（多重变量图）

怎么样？
（流程图）

什么时候？
（时间轴）

在哪里？
（布局图）

拓展创意

视觉化思考MBA：学以致用

第八章

展示与"视觉化思考MBA"

女士们、先生们，不要袖手旁观了，快点动笔吧！

当我们确定问题的根源，选出了最合适的展示方案，并且用SQVID帮助自己想清楚应该传达的想法之后，接下来就是拿起笔，开始画图了。画画的初期，通常有两种倾向："黑笔类"的人会以为这是世上最简单的事；而"红笔类"的人，则认为这完全不可能实现，我们根本画不出任何值得向别人展示的东西。不过，我想提醒你，这两种想法都错了。你不需要特别期待自己的美术天赋能帮上你的忙，因为实际上你是在强迫自己的大脑处理一些平时并不熟悉的任务。从这个意义上讲，用画图来展示自己的想法有时候还是比较难的。你也不需要全面否定自己，因为我们在不经意间就会挖掘出平时一直没有察觉到

的潜能。从这个意义上说，用画图来展示自己的想法有时候也是比较简单的。要记住，我们已经知道应该如何去做了，那就是用画图的方法来展示自己的想法。毕竟，我们已经仔细观察过所面临的问题，把它看得非常清楚，而且还有根据地展开过想象——最重要的是，我们已经选好了最适合的方案，就等着动笔画画了。

下面就来讲讲我们的具体安排：在画示意图时，每一种展示的框架都会要求一种与众不同的构图和画图方式，那么，在详细介绍每一种展示方式的时候，我们都会举一两个例子，把它画出来给大家看。我想，这也许足以囊括本书已经讨论到的所有问题了，但是也不能完全依赖它。不过，也许这正是视觉化思考真正迷人的地方：只是一些非常简单的框架和规则就可以很轻松地展示各种问题，而为了说明这个问题，根本用不着画很多图。

视觉化思考MBA：把这一切都用到工作中去！

那些在读 MBA 课程的商学院学生和商界精英都非常相信案例研究，他们常想把自己在课堂上学到的理论用到实际工作中去。无论是否真的有某个公司在发展中碰到了麻烦，还是为了说明问题而虚构出某个场景，这些案例研究都是 MBA 课程中最关键的内容，因为它们把原本抽象的理论变成了"活生生"的例子。在本书的第三部分，我们将采取同样的策略：详细研究一些案例，争取充分展现视觉化思考工具的一系列原则。

我们将以假想出来的一个深陷危机的软件公司为例，把刚才讨论过的一切都演练一遍：视觉化思考的过程、SQVID、"六六法则"以及"视觉化思考宝典"。其实，当生意上碰到一些复杂的问题时，视觉化思考能帮助我们更好地弄明白这些问题。为了把这一点原汁原味地展示给大家，我们将会用视觉化思考提供的这一系列工具画很多图，而你在商学院课堂上看到的所有内容都能在这些图里看到。我们将从研究消费者开始，接着会讨论营销与产品管理、财务分析、项目策划，最后还要谈一谈决策制定的有关问题。简而言之，我们要展示很多内容。

进行任何一项严谨的案例研究，我们不是要从宏观上进行探索，就是要深入挖掘每一个细节。也许有些读者会想很快掌握视觉化思考的大概，为了帮助他们，我们会用六个章节来讨论案例研究，每一章都会集中讨论一种视觉化思考框架。如果你主要是对视觉化思考框架本身感兴趣，那么只需要读一读每一章前面两三页的概述内容。我敢保证，仅仅这样你就可以把商业中的大部分问题弄得很明白。

如果你对整个逻辑发展脉络的每一个细节都非常感兴趣，那就让我们从头开始吧！你只要踏踏实实地把接下来的章节读完，就会注意到画出来的每一幅图都是经过精心设计和安排的。这几幅图实际上是一个完整的序列——就像把一套动作逐个分解，我们的目的就是帮助你更真切地看到每一种视觉化思考框架到底是怎么一回事。无论你是要大概浏览一遍，还是要深入发掘细节，你都会发现，通过画图来解决商业问题将在本书接下来的章节里变成现实。

假想的案例研究

假设我们正在为一个会计软件公司工作，它的名字叫"超级会计软件公司"，或者简单一点儿，就叫它"SAX 公司"好了。从 1996 年以来，SAX 公司一直都在设计和销售非常专业的会计软件，它的目标客户都是一些响当当的大公司，其王牌产品一直稳居行业首位。

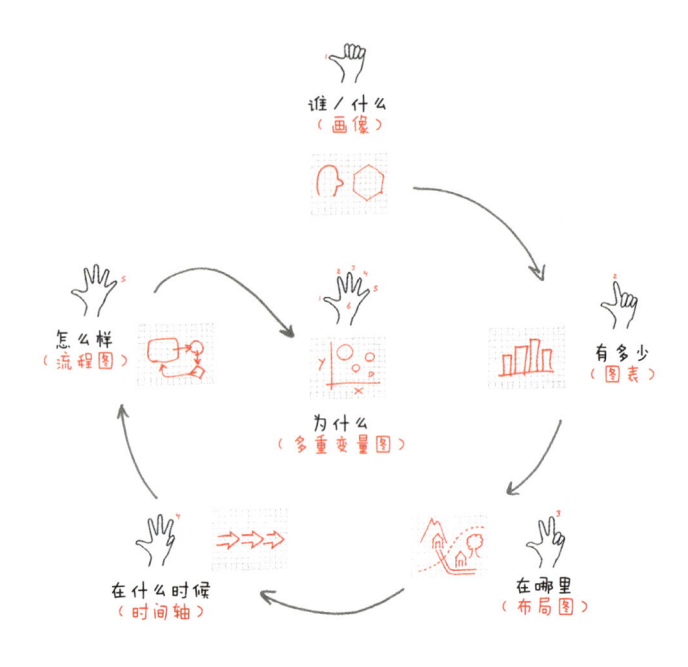

我们不妨从SAX公司面临的一个最基本的问题开始，仔细地按照那六种框架画图，并且用它们帮助自己确定公司所面临的问题，直到完全解决这些问题

在这个很小的行业领域内，主要有 5 家公司在竞争，它们各自都有一套生意经，也都有各自的优势与劣势。这 5 家公司分别是：

- SAX公司（也就是我们）
- SMSoft公司
- Peridocs公司
- Univerce公司
- MoneyFree公司

现在的问题是：在过去两年内，SAX 的销售业绩停滞不前，而其他公司的销售额却在持续上升。一年前，SAX 公司推出的最新产品在当时的确有很多亮点，也使它的软件成为当时最有特色的明星产品。不过现在的情况却是，消费者对它越来越提不起兴趣。SAX 公司的销售代表也抱怨说，在过去的一年里，出现了越来越多的免费软件，这些软件都是开放源代码的，因此想把 SAX 公司开发的昂贵的软件卖出去真是越来越难了。免费软件通常由一些软件爱好者开发，他们没有成本的压力，也不会有股东对他们提出要求，而对于像 SAX 公司这样一定规模的企业，这些都是不可想象的。正是因为这些原因，免费软件对 IT 产业产生了越来越大的冲击。虽然迄今为止，还没有哪个开放源代码的免费软件能够接近 SAX 公司产品的质量，但这种情况应该不会持续太久。我们并不清楚，采取哪些措施才能避免 SAX 公司的市场份额进一步下滑，但我们知道一定不能坐以待毙。让我们赶紧翻到第九章，一切从头开始，从研究我们的消费者开始。

计算机也不是一无是处！

在开始之前，我们还是应该回顾一下本书前面一些章节对于画图的看法，磨刀不误砍柴工嘛！我们要创作的作品都应该用自己的双手去画：在白板上，或者在黄色的便签纸上，或者就是在一张餐巾纸的背面，画在你面前任何可以绘图的东西上。在导言部分，我已经说过，达夫妮的战略决策图是本书的第一幅也是最后一幅用计算机画出来的图。尽管计算机非常棒，能够处理数不清的程序，但我还是认为，它并不能给视觉化思考增加任何新的内容，相反它还会从视觉化思考那里带走很多东西。事实上，正是因为使用计算机，我们应该完成的最基本的任务被掩盖了起来。更重要的是当我们用笔在纸上写写画画时，会有很多不经意的想法冒出来，一旦用了计算机，这些想法也就很难产生了。也就是说，过分依赖计算机，似乎更容易削弱我们视觉化思考的能力，而不是帮助我们把这种能力充分发挥出来。

可是，客观地说，还是应该承认计算机的优点：在绘制和完成一些特别复杂的图时，它能让一切都变得非常简单，而我们用双手来画图就做不到这一点。因此，计算机在绘制一些非常精确的、定量的图方面，确实是不可替代的展示工具和交流手段。我们还为此特别增加了"附录C"——它将为你介绍我发现的一些最有用的软件，帮助你把每一种推销创意的方案都修饰得更加完美，还为你介绍了一些比较简单的软件使用技巧。我相信，如果你决定完全用数字化的方式，而不是用手工的方式来展示自己的创意，这些会非常有帮助。

但就目前而言，还是先来谈谈如何使用你手中的纸和笔吧：也许下一次你就会在机场的酒吧里碰到某个人，想用纸和笔跟他聊聊自己的创意。为什么不现在就练一练呢？这可是个好机会。

第九章

谁才是我们的客户？
画图解决"谁/什么"的问题

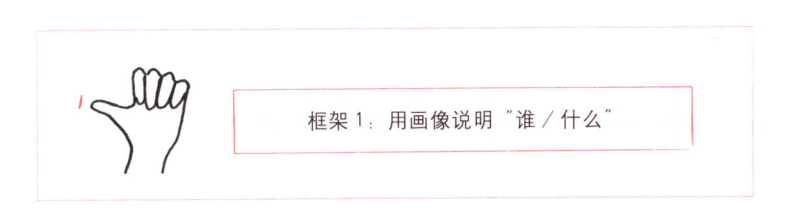

框架1：用画像说明"谁/什么"

让我们先来认识客户！

即便我们并不认识所有的客户，但是为了确定需要寻找和面对的客户类型，我们还是应该画一些画像，只要画出我们想象中客户的样子就可以了。不妨先找来一些客户，再从中总结出他们的共性特征，并画出简单的侧面轮廓作为所有人的代表。我们都知道，客户的标准图像需要包括很多信息。我们需要从许多不同的角度观察他们，并在公司内部和外部反复讨论，才能准确地画出他们。

当然，合适的推销方案可以从"视觉化思考宝典"里面寻找。在这个例子中，我们面临的主要问题与人有关（具体来说，也就是"谁"是我们的客户），所以，按照宝典的指示，我们应该从画一幅画像开始，或者说，应该从一种"定性描绘"开始。

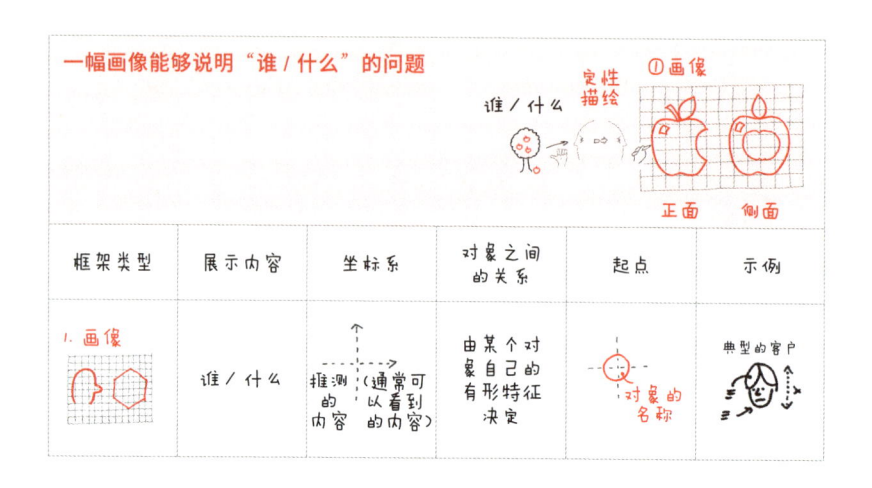

框架类型	展示内容	坐标系	对象之间的关系	起点	示例
1. 画像	谁／什么	推测的内容／（通常可以看到的内容）	由某个对象自己的有形特征决定	对象的名称	典型的客户

一幅画像能够说明"谁／什么"的问题

回想一下我们在看到"谁／什么"时采用的第一种方式，你就会想起我们曾经提到过，我们之所以能够认出曾经看到过的事物，是因为它们有很多非常独特的视觉特征：比如组成要素、外形、比例、大小、颜色、质地等。为了向别人说清楚我们看到的事物，我们需要画一幅画像（或者说是定性描绘），把那些特征中最明显的部分表现出来，尤其是那些一下就能与其他事物区别开来的特征。尽管画像并不能展示出数量、地点、时间和它们之间的相互作用——这些问题有其他专门的方案来处理——但画像却是这些内容的起点，它能帮我们弄清楚到底是"谁／什么"。

画像：基本绘画方法与要求

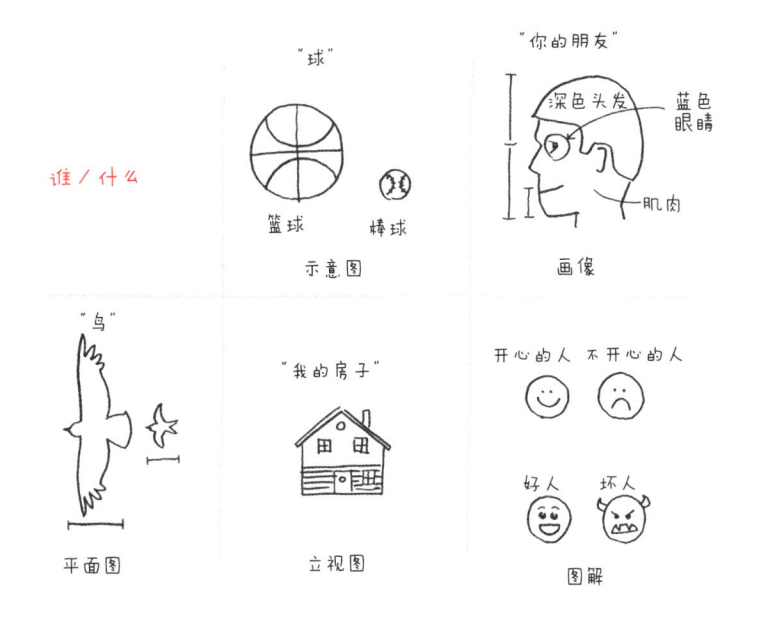

示意图、画像、平面图、立视图、图解：这些都是广义的"画像"，虽然不尽相同，却都展示了相同的内容——一眼就可以看到与其他事物区别开来的特征

1. **构思得简单一点儿**。我们画图的目标不是要成为伦勃朗。过于复杂的图画会把人的目光集中到画作本身，而忘了它所包含的一系列信息，其实这些信息才是精华，或者说是更本质的东西。我们的原则是越简单越好：你只要能把自己的创意展示出来就可以了，大可不必把整幅画的细节都画出来。

2. **丰富你的内容清单**。为商业问题画一些图像，其目的是引发你能联想到却从未仔细想过的内容。当你手脑并用时，这些内容常常会自己跑出来。通过形象化的方式画出某个人或者某样东西（不管是不是惟妙惟肖，也不管能不能面面俱到），图画总能让你眼前一亮。如果你只是把想到的内容列在一张清单上，显然不会有这些效果。

3. **用形象化的方式向别人描述**。在时间紧张的情况下（其实在企业里，时间往往是比较紧张的），用画图的方式来比较不同的内容，其效果往往会比普通的讲述好很多。举例来说，如果要比较不同的画像，完全可以像下图里的一连串笑脸那样简单。哪怕内容非常单薄，只要加上一点儿形象化的说明，都可以让你表述的内容变得更加鲜活，也会给人留下更深刻的印象。

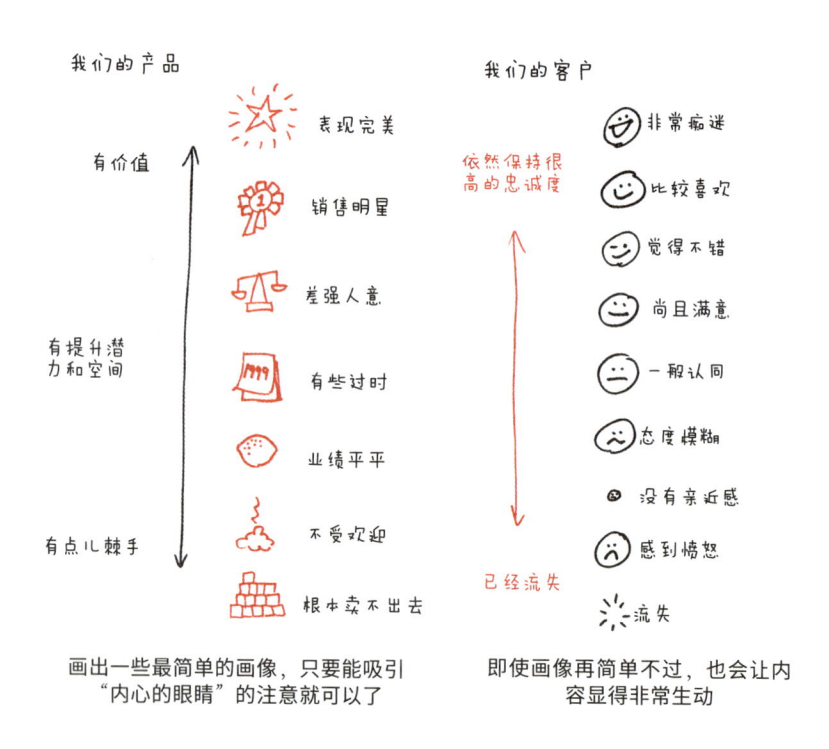

画出一些最简单的画像，只要能吸引"内心的眼睛"的注意就可以了

即使画像再简单不过，也会让内容显得非常生动

既然我们已经弄清楚了这些内容，下面来谈谈给客户画像的问题吧。在选定了用画像的方式来表示客户后，我们就会逐个回答 SQVID 中的 5 个问题。

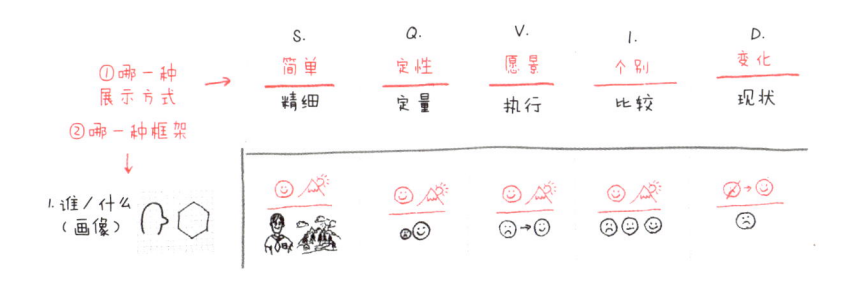

那么，这幅画像是要简单一点儿呢，还是要精细一点儿？既然这是我们第一次用画像的方式表示我们的客户，最好还是先简单一点儿吧。接着来看第二个问题：是把客户的特征大概画出来就行了呢，还是要表达出一些精确的数据？就实际情况来说，这只是一幅画像，又不是数据统计白皮书，完全不需要那些精确值。第三个问题是，这幅画是要突出愿景，还是要突出执行的过程？在这幅画里，我们只是想弄清楚最具代表性的典型客户会是什么样子，不会谈到企业的目标，更不会谈到如何实现这些目标，所以这个问题完全可以忽略。那么，是只画出一个客户的肖像呢，还是把他跟其他人进行比较？因为我们想了解整个客户群的特点，所以还是应该用比较的方式。接着就剩最后一个问题了，是要画出可能存在的一些变化，还是只要画出当下的情况就行了？既然我们希望能通过这幅画像了解客户的典型特征，所以重点还是要画出现在的情况。当然，如果还能有些其他的发现，我们还是希望能在适当的地方展示出某些变化的趋势。总的来说，这是一个

非常简单的框架，非常适合作为敲门砖，也就是针对一些客户类型画出一种简单的、突出形象特征的画像，比如这三种图：愁眉苦脸的☹、面无表情的😐或者是微笑的☺。现在我们才算做好了准备，那就开始吧！

从哪里开始画呢？千万不要感到无所适从、不知所措，在这之前，我想告诉你，虽然第一笔通常都是最难的，但它也是最不重要的。是不是现在感觉好点儿啦？本来就很简单嘛，即使第一笔画不好，我们也可以接着画，接着修改，再不行还可以把整幅画都擦掉重来。最重要的是，只要你画上了第一笔，就意味着你已经开始通过在纸上画图的方式向别人传达自己的创意了，这比根本不知道怎么办要强上百倍。开始画的时候，如果不知道从哪里开始，最好的方法就是先画一个圈，然后给它起个名字。既然我们已经很清楚，自己并不认识所有的客户，也不可能认识他们每一个人，那么要想画出客户的样子，不妨从我们熟悉的人开始——从我们自己开始。

让我们先从画一个简单的圆圈开始，然后再给它起个名字

既然一幅画像的主要目的是帮助我们把某个对象同其他事物区别开，那么，不妨让我们在画像上添加一些其他事物，比如画上我们的写字楼。这样的话，画像中那个写着"我们"二字的圆圈，就能够更清楚地表明它指的是"我们企业里的这些人"。

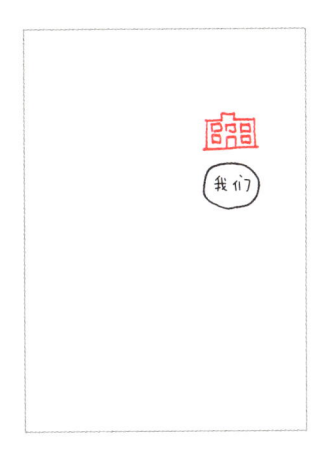

请记住这只是一幅画像,也就是说,我们在画中加上写字楼,
也是为了让"我们"更好辨认

以这种方式画出"我们"是不是能给你带来一点儿启发?你是不是已经想到了如何画出我们的客户?让我们用同样的方式把他们也加上,好吗?

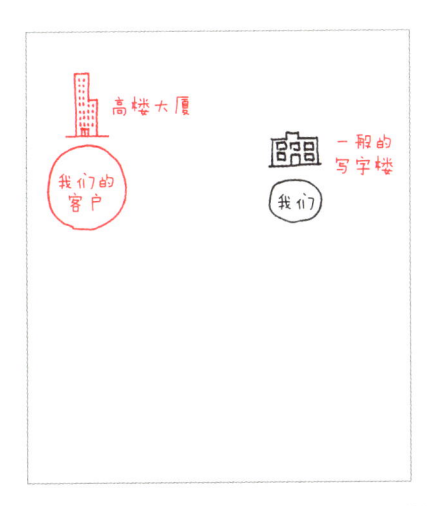

如图所示,我们加上了客户,这幅图也画得越来越好了

第九章 谁才是我们的客户? 画图解决"谁/什么"的问题

即使这幅图非常简单，它也或多或少地将我们和客户之间的关系展示了出来。我们用"内心的眼睛"展开想象，思考如何才能给我们的客户画一幅完美的画像。

从这个角度来说，如果我们想要画的是客户的类型，那为什么不再一次从自己开始呢？仅凭绞尽脑汁地思考客户都有哪些类型，一点儿也不管用。不过，如果先画出"我们"的类型（毕竟我们很了解自己），我们就能很容易发现其中的规律，在考虑客户类型的时候就会有的放矢。

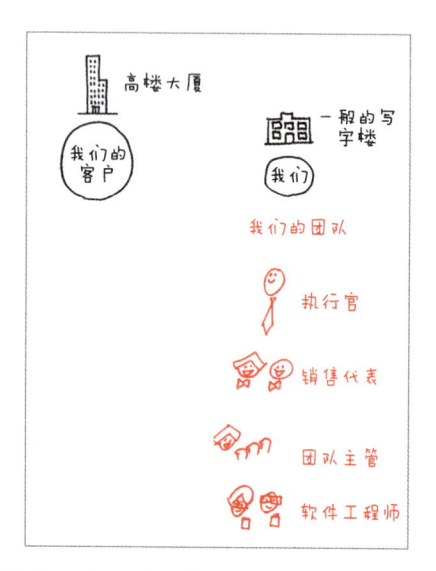

我们先把自己公司里有哪些人画出来：比如，有执行官、销售代表、团队主管、软件工程师

上图画出来的就是我们了。里面的笑脸都是我们刚才提到的那些类型。我们可以非常随意地画出自己或者客户。

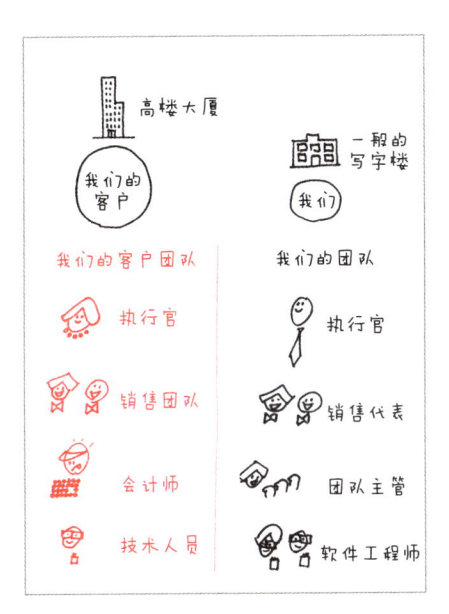

我们可以画出客户团队，我们销售产品的对象就是他们：目标客户的执行官、销售团队、会计师和技术人员

图里画的就是我们的客户团队。非常有趣，不是吗？画出来的客户类型比我们一开始设想的要多得多。仅仅画一幅简单的画像就可以让我们从不同的角度思考我们的客户。到目前为止，我们已经在这幅图上花了很长时间，不过，这完全值得，因为我们已经为目标客户画出了可以参考的画像图组。仅仅画了这样一幅图，我们的脑海里就冒出了许多新的想法，这真的非常神奇。在开始复印这幅图并把它发给其他人之前，我们还要做一件事：那就是将所有的内容进行分类。

说到分类，其实我们一直都会本能地给自己画出来的各种图形起名字。比如，从一开始，我们就给自己画出来的第一个圆圈起了一个名字。随着人物的增加，我们也在不停地对其进行分类。原因在于：

当我们大脑的视觉中心看到许多图时,其他智力加工区域需要知道它们的名称;如果这些名称没有被写出来,我们就会自己给它们起名。所以最好还是先主动地把自己画出来的东西进行分类,并给它们起好名字,以免别人不清楚我们要展示的到底是什么。

同样我们也常常需要给画像起标题,这个标题要能完整而清楚地概括出我们所画的内容。之所以要起标题,是因为可能有人会从完全不同的角度来理解,他们可能完全抓不住我们想要表达的重点。所以,通常每次我们都要把标题写在图的正上方。

一切就是如此简单,当我们再想用类似的图画出客户的类型特征时,刚才的那幅画完全可以当作基本的参考了。举例来说,也许我们已经从以前的市场调查中获知,每一种类型的客户都想从我们公司的会计软件中获得一些他们所需要的特性。比如目标客户的执行官对于使用我们产品带来的一切问题都负有责任,所以他们希望我们的产品既能够让他们的每一个员工都轻易地上手,又可以保障公司商务机密的安全。用一句话来概括,目标客户的执行官需要的是"安全"。不过,销售团队则希望我们的产品能更好地帮助他们推销公司的服务或者

加上标题意味着我们很清楚自己画的是什么,
想给看这幅图的其他人展示什么

产品，所以，他们希望我们的软件有很好的口碑，也就是说，想要一个"畅销"的品牌。会计师则希望软件能够更精确、更稳定，也就是说，他们想要的是"可靠"。最后，技术人员则希望软件能非常方便地兼容其他系统，也能非常方便地更新和维护，也就是说，他们想要的是"灵活"。显然，这样的客户需求单实在有点儿过长了，不过，如果把它们放在刚才的那幅图里，这些需求就易于理解和消化了。

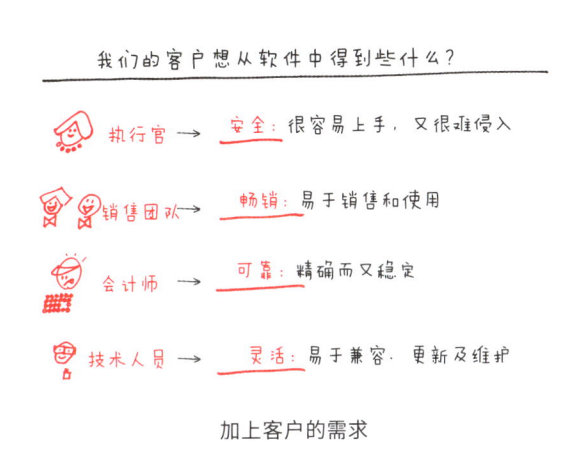

加上客户的需求

现在，我们就有了两幅关于客户的画像：一幅能够告诉别人"到底谁才是我们的客户"，而另一幅则清楚地传达了"他们到底想要什么"。除了这两幅图，我们还能在此基础上画出很多图。在不同的商业领域，或者在不同的环境里，这些看起来差不多的图会有不同的名称，比如示意图、平面图、图解或是立视图等等。不过它们的本质作用其实没有任何区别，都是用形象化的方式刻画某件事物，也就是说，用图画的方式记录下我们到底看到了"谁"，观察到了"什么"。

第九章　谁才是我们的客户？画图解决"谁／什么"的问题

第十章

客户会买多少？
画图解决"有多少"的问题

框架 2：用图表来说明"有多少"

现在让我们也考虑一下数据

我们已经看清楚了客户是谁，也注意到了他们之间的差别，甚至还开始思考他们对我们公司出品的软件有哪些需求。对于提高我们的销售额来说，这些都是非常有用的信息，但这充其量只是开始而已。为了更有针对性，我们需要知道每一种客户类型的具体人数有多少，他们准备在我们的产品上花多少钱，哪怕知道他们准备在类似的产品上花多少钱也行。我们应该尽力量化客户对我们以及产品的评价。

我们现在讨论的不再是"谁 / 什么"的问题了，而是需要看清楚到底"有多少"。"视觉化思考宝典"告诉我们，要回答这个问题，需要借助"图表"，也就是能够说明具体数值、阐明衡量标准、进行数据比较的图示。画像可以不需要任何具体的数字，但图表恰恰相反，它需要一大串的数字、度量单位和数据资料。

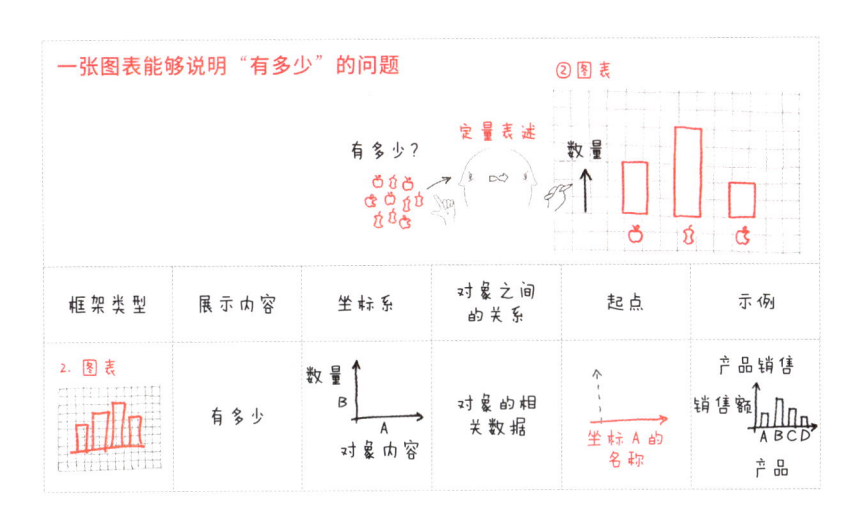

一张图表能够说明"有多少"的问题

框架类型	展示内容	坐标系	对象之间的关系	起点	示例
2.图表	有多少	数量B / A 对象内容	对象的相关数据	坐标A的名称	产品销售 销售额 ABCD 产品

清楚了"谁/什么"的问题之后，我们就应该看看各项内容的具体数量"有多少"了。对于一些比较小的数字，我们还能很快地算出来；但对于一些略大的数字，要想算出来就有点儿难了；对于再大一点儿的数字，我们可能会自言自语地说："太多了吧。"因此，为了清晰表达这些数字，我们需要用到图表（或者可以说是定量表述）。在这些图表里，我们可以把抽象的数字转化成看得见的具体图示，这样就很容易把握各种数量关系了。

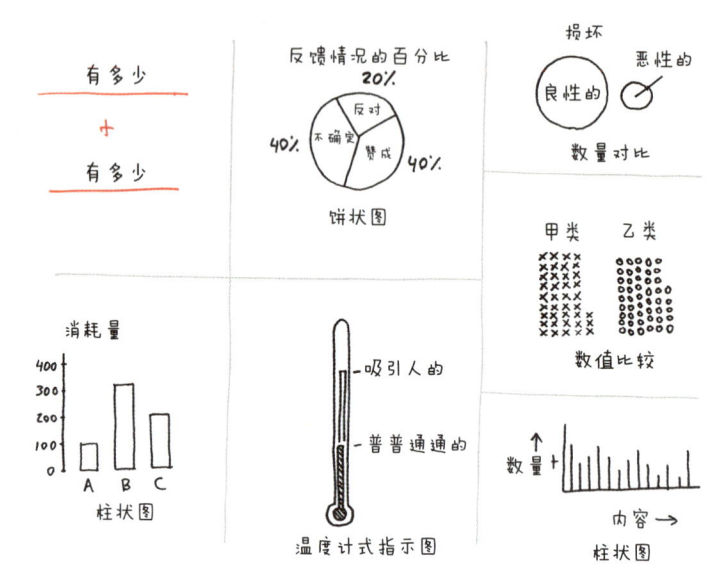

上图包括饼状图、柱状图、数量比较图、曲线图等多种图表。显然，要表示清楚"有多少"的问题，可以借助无数种方式，但是目的只有一个，那就是一定要把数量通过形象化的方式展示出来，要让人们一目了然

图表：基本绘画方法与要求

1. **数据才是最重要的，所以我们要把它清楚地标示出来**。很多人都认为数字很让人头疼，所以我们要用视觉上比较花哨的东西让图表变得活泼起来，至少要让图表显得更加有趣。要记住三点：首先，有内容的数据永远不会让人感到头疼。如果我们展示出来的东西能够引起听众的共鸣（不管是因为这些内容是他们希望看到的，还是因为这些内容大大出乎他们的意料），他们就永远不会昏昏欲睡。其次，在向听众陈述我们的观点时，应该使用尽可能少的图片。可以尽量少

用那些只能表达一个观点的图片，或者尽可能地把许多数据都整合到一两幅多重变量图里（其中的原因下文还会谈到）。最后，在合适的地方，适当增加一点儿不那么生硬的拟人化元素，比如☹、😐或者🙂，这样可以在你和听众之间增加许多引起情感共鸣的因素。换句话说，如果你很在意听演讲的人，那就多向他们展示"人"。

2. 选最简单的图式来陈述自己的观点。今年最流行的电子制表软件①的工具箱里有99种可供选择的图表格式。对于到底使用哪一种图表，我们常常会感到困惑，这一点不足为奇。事实上，它们只是"看起来"有99种而已，本质上却只有4种——柱状图、曲线图、饼状图和泡泡图。软件里那些看起来非常炫的图表实际上都是由这4种图表演变出来的。如果我们能认识到这一点，就不会为选择哪一种图表而发愁了。

- 柱状图：用于比较某件事物的绝对数量（比如有1 000个苹果、800个橙子，还有120个梨，想把它们的数量表示出来，就适合用柱状图）。

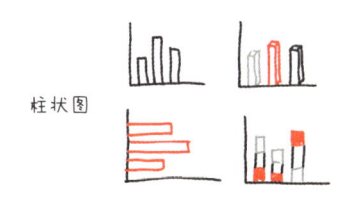

---

① 如果你对如何在众多图表中选择最合适的图表感兴趣，同时也想了解一些非常详细的解释，你可以参考很多非常棒的书，详情请参"附录C：有关视觉化思考的其他参考"。

第十章 客户会买多少？画图解决"有多少"的问题　　177

- 曲线图：可以按照两种不同的标准比较事物的绝对数量，或者比较它们在不同时间的绝对数量（比如制作苹果派用了1 000个苹果和60个梨，却没有用到一个橙子；制作水果馅饼可能用了800个橙子和60个梨，却没有用到一个苹果）。（在本书第十二章讨论和时间有关系的展示框架时，还会提到这种图表。）

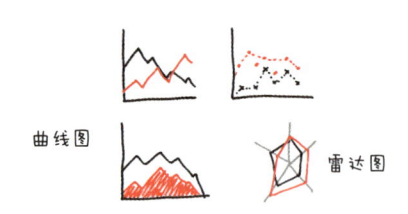

- 饼状图：用于比较不同事物所占的比例，也就是展示它们之间的相对数量（比如在所有的水果中，苹果数量占到了52%，橙子占到了42%，而梨只有6%）。

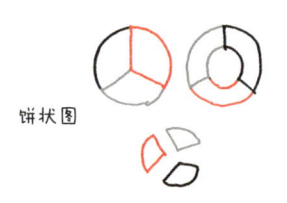

- 泡泡图：当要比较的变量超过两种时，泡泡图就可以派上用场了（我们在本书第十四章讨论"为什么"的问题时，还会再来讨论这种图表）。

3. 你如果开始用了某一种画图模型，就要坚持用下去。 如果我们的图表已经采用了正确的坐标系来分析数据，并且还带有一点儿预见性，那么听众很快就能知道我们想表达的意思。然而，一旦他们学会了如何去理解第一幅图表，就不要硬塞给他们另一套坐标系，这会破坏他们的理解框架。也就是说，在展示了第一幅图表之后，不要再尝试另一种类型，也不要草率地引入另一种思维方式。一定要把给别人展示一系列的图表当作是驾车穿行于美丽的风景之中——转弯的时候一定要平稳，一定要提前准备。突然加速冲出去、准备飞跃悬崖显然是不可取的。

让我们再回过头来看看 SAX 公司吧。当给客户画像的时候，我们会收集关于他们的信息。而现在，我们需要知道具体的数字。通过查看公司的销售记录，我们可以找到这些数字。"职位"在软件注册时是需要登记的调查内容，所以我们记录下了每一种客户类型的人数。如果我们要画一幅图来表示客户及其数量，也许就会画成下面的样子。

销售额会准确地告诉我们，到底有多少客户

单纯从数字来说，没有哪幅图会比这一幅更加精确了。这幅图就像客户都站在停车场中央，我们给他们拍了一张照片。不过撇开精确性不谈，这幅图还有一些比较大的问题：首先，虽然可以很清楚地看出某一位客户究竟是什么职位，但把他们都排在一起很难看清楚整体的情况。其次，在上面那幅图里，你也很难看出每一种客户类型究竟有多少人。也就是说，在这幅图里，我们能看到数量，但不能做到非常精确，也不方便计算。所以，让我们画出坐标轴，在上面写上总数。

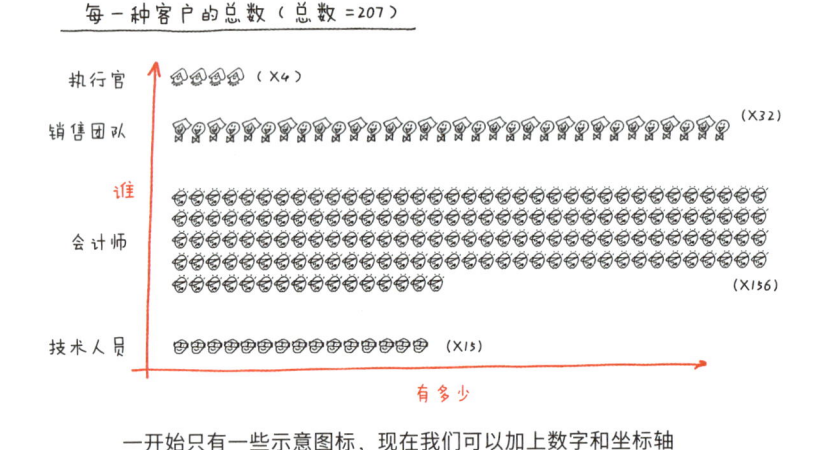

一开始只有一些示意图标，现在我们可以加上数字和坐标轴

这样就好多了。如果用这种方式画图，我们就能把客户分类排列，并进行比较。我们可以很快地发现，会计师的数量比销售团队要多得多，而技术人员的数量大概只有销售团队的一半，至于执行官就更少了。不过，这幅图还是很难画的。其实，我们真正要做的比这个简单，我们只要把数字写出来就可以了，根本不用把每一个人都画出来。让我们来试试吧，把图里面的那些示意图标擦掉，只留下数字怎么样？

每一种客户的总数

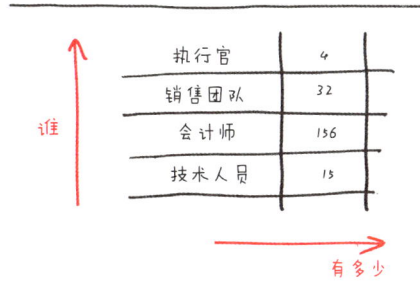

执行官	4
销售团队	32
会计师	156
技术人员	13

谁 ↑　　有多少 →

我们可以把所有的示意图标都擦掉，换成一张表

这幅图可以给我们提供一些精确的数据，但却不如上一张图那么形象，也就是说，你现在需要动动脑筋，逐行逐列地去看每一个单元格。只有通过这样来回比较，你才能看出哪种客户类型最多，哪种最少。此外，单单只是一张表，也不容易勾起我们的任何回忆，不能帮助我们马上想到一些鲜活的视觉形象。如果记不住那些准确的数字，我们在进行分析和研究时，就会发现材料非常有限。所以，我们需要的是集众家之长，也就是要把示意图和表单的要点都结合在一起。那为什么不试试柱状图呢？

好了！在这幅图里，我们很容易看清楚讨论的客户类别和数量，除此之外，我们还标上了精确的数字。而在看到这些数字以前，柱状图已经吸引了我们的眼球，并帮助我们一下子就比较出各类客户的数量；即便我们把具体的数字忘了，也仍然会记得哪一种客户最多、哪一种最少，应该说这种柱状图会给我们留下非常深刻的印象。在这种情况下，事后也许你会说："哦，我已经忘了具体数字是多少了，不过我知道会计师的数量比销售人员要多很多。"非常棒！如果我们只想弄清楚某类事物的总数，那么一幅简单的柱状图就足够了，它才是你的最佳选择。

每一种客户的总数（柱状图）

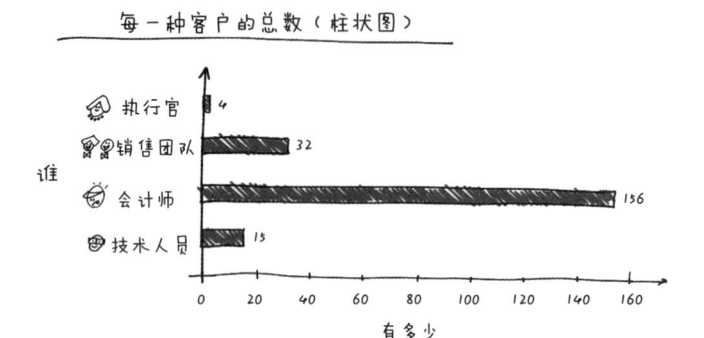

- 执行官 4
- 销售团队 32
- 会计师 136
- 技术人员 13

一幅柱状图就可以帮助我们看清楚图和数字

不过，弄清楚每一种客户的数量只是我们进行市场分析的一部分。我们真正需要知道的是，与会计师、销售团队比起来，使用我们软件的执行官有多少。只有通过这种比较，我们才能弄清楚谁才是我们最重要的目标客户群，毕竟我们固定的营销预算非常有限，必须精打细算。这就好比用一块圆饼来代表我们的营销预算，我们需要弄清楚谁应该得到最大的那块。这就是为什么当我们需要知道各部分所占比例时应该选用饼状图的道理。

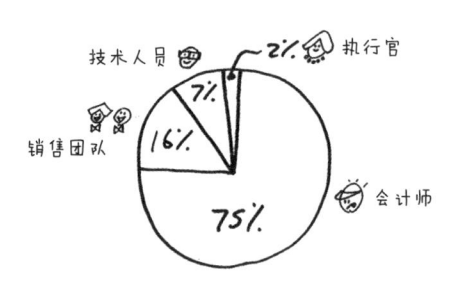

每一种客户的总数（饼状图）

- 技术人员 7%
- 执行官 2%
- 销售团队 16%
- 会计师 75%

我们用饼状图来表示相对量，也就是表示各部分在总体中所占的比重在饼状图里，我们再也看不到总数是多少了，但我们能够看到，和其他种类相比，某一种客户类型到底占多大的比例，到底有多重要。如果每一种类型的客户都愿意买我们的软件，那么我们就应该根据他们所占的比重来分配相应的营销预算。也就是说，我们应该公平地分配营销预算。

围绕饼状图展开的战争

饼状图有一个问题，那就是它常常会成为大家大打出手的焦点。

饼状图带来的大战

在信息系统设计员当中，长久以来一直都存在着一个争论：用饼状图来向别人传达数据，效率到底是高还是低？一方面，有人认为饼状图很不错——如果用一些比较合适的软件，饼状图很容易画，而且一目了然，很容易看懂。另一方面，有人认为，虽然饼状图能通过大小不同的各块区域表示精确的比例关系，但这种展示方式对我们的双眼而言，并不具有亲和力。相反，垂直或水平的柱状图更容易给人留下深刻的印象，所以，我们似乎永远都不应该使用饼状图。

vs

难分高下的两种图表

第十章　客户会买多少？画图解决"有多少"的问题

事实上，也有两全其美的方法。如果你曾经参加过小朋友的生日派对，你就会发现，6岁的孩子在抢圆比萨饼时一定会挑那块最大的。如果他们能看出来哪块最大，我们应该也可以，不是吗？所以，如果你喜欢圆比萨饼，那就不要犹豫了，马上来用饼状图吧。如果你喜欢方比萨饼，我们还有另一套图表供你选择，那就是用分层的方式来表示的百分比图表。它传达出了相同的信息，只不过它将各个不同的部分排成了一条直线而已。

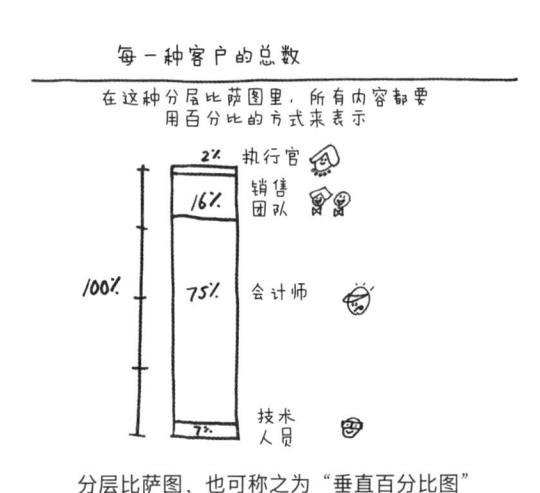

每一种客户的总数

在这种分层比萨图里，所有内容都要用百分比的方式来表示

- 2% 执行官
- 16% 销售团队
- 100% 75% 会计师
- 7% 技术人员

分层比萨图，也可称之为"垂直百分比图"

不过，如果各个部分之间的差别非常细微，小到连肉眼也很难分清的时候，你最好还是不要用这种图，干脆用纯数字的报表吧！

此外，典型的图表虽然能说清楚"有多少"的问题，却仍然存在着一个缺点：它只能表现数量，却忽略了我们对比的各项目之间其他重要的区别。换句话说，虽然我们在图表中能看到一些非常精确的数字，并将它们进行比较，但这些数字还是会误导我们。比如，如果上面的那幅饼状图是评估客户数量的唯一依据，那么在理论上，无疑我会认为应该将75%的营销预算用于会计师。因为在所有注册的用户里，会计师群体占到了75%。不过，也许这幅图根本就不能反映真实的销售情况。

随着我们对销售额的持续关注，我们会找到原始的客户订单。这些订单才真正反映了购买者是谁和购买数量——请注意，这些订单不仅反映了有谁注册过我们的软件，还更直接地反映了谁购买过它们。既然我们是要观察绝对数量，而不是各部分的比例，那么我们不妨用一幅柱状图来表示。在下图中，我们会发现，会计师花了10万美元来购买我们的产品，而销售团队只花了5 000美元。

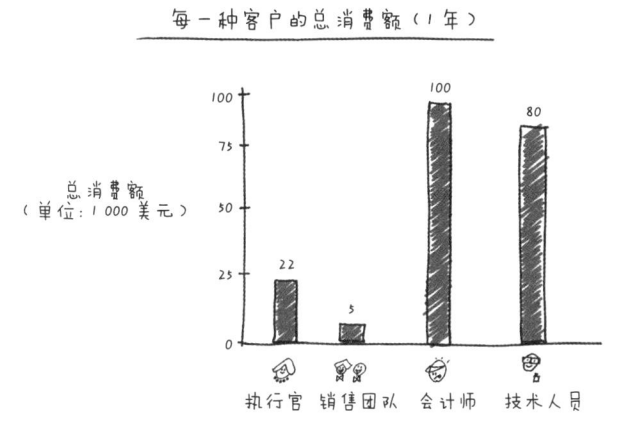

每一种客户的总消费额（1年）

从总消费额来看，会计师是我们的最大客户群

现在，我们就看到了另一种完全不同的景象。尽管在我们所有的注册用户中，会计师占到了3/4，但他们实际购买的软件只比技

术人员稍微多了一点儿，而注册的技术人员的数量在各种注册用户中仅排名倒数第二。这太有趣了。谁能想到技术人员会花这么多的钱来买我们的软件呢？

为了弄清楚原因，我们还需要再看一幅图表。这一次，我们既要考虑每一种类型的客户数量，又要考虑每一种客户的总消费额。如果我们认真算一下，也就是用总消费额除去每一种客户的数量，就会发现：当我们既考虑客户的数量又考虑他们的消费额时，企业的执行官在我们的软件上花费最多，他们平均每人花费 5 500 美元，技术人员的平均消费额是 5 300 美元，而会计师的平均消费额其实只有 640 美元。

哇！看看下页这幅图吧。尽管公司的执行官和技术人员在我们的软件上消费的份额只占到该公司的一半，但他们每个人的平均消费额几乎是会计师消费额的 9 倍。在之前的那些图表里，我们从没有看到过这些内容，也没有任何内容能帮我们想到这些。虽然上面这幅图表并没有告诉我们，这些数字是从哪里冒出来的，但它确实给了我们不少启发。比如，技术人员的平均消费额之所以远远高于会计师，很有可能是因为他们常常帮会计师买软件。如果是这样，那么这些技术人员的消费能力可真是太惊人了。也许这个公司里的 4 名执行官买的软件远比他们自己需要的多得多？从这个角度，这幅图确实给了我们许多新的启发，使我们在研究公司的采购计划时产生了许多新的看法。具体来说，就是这个公司的采购计划不成比例地落在了两类人身上：公司的执行官和技术人员。它也提醒我们，最好能更仔细地研究这两类人的购买心理和采购过程。

处理过的平均消费（1年）

平均消费额
(×1 000)

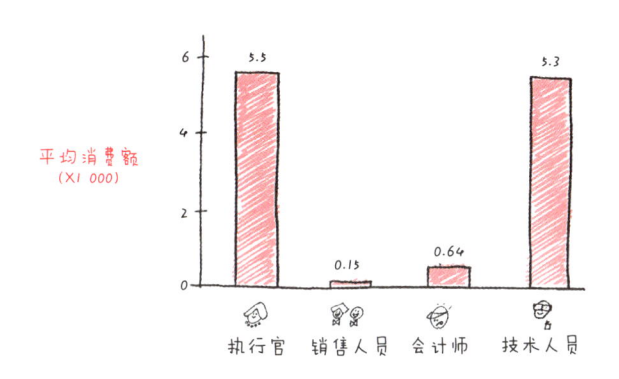

5.5　0.15　0.64　5.3

执行官　销售人员　会计师　技术人员

从个人消费额来看，企业的执行官和技术人员才是我们最大的主顾

这一切都能为我们提供一些暗示，帮我们想清楚在销售中碰到的难题有可能出在哪里，这也正是我们接下来最应该关注的内容——弄清楚"在哪里"的问题，并把它清楚地揭示出来。但在这之前，我们来复习一下本章的内容。本章给大家展示的这些图式——数值比较图、饼状图和柱状图——只是众多方法中非常简单的几种，都能够帮助说清楚"有多少"的问题。当我们弄清楚讨论的对象后，不同的商业领域和问题会要求我们用不同的图表来说明数量。不过，和画像一样，这些图表虽然表现方式各异，但都是为了说明同一个问题：当我们用画像说清楚了到底在讨论"谁/什么"之后，图表可以向我们说清楚他们到底"有多少"。

第十一章

我们的生意到底在哪里？
画图解决"在哪里"的问题

框架3：用布局图说明"在哪里"的问题

玩转布局图

在上一章里，我们已经通过图表读到了很多具体的数字，它告诉我们：在各种类型的客户当中，公司的执行官和技术人员在购买产品方面表现得相当突出，其消费额与人数不成正比。这一点非常有趣，也有点儿出乎我们的意料，因为我们原先一直以为会计师是我们的最大买家，事实上，也只有他们才会经常使用我们的软件。观念上产生的这种转变促使我们非常想知道，我们是否真的了解客户公司里的种种规则与秩序？从现在的情况看，技术人员在公司采购方面的作用与影响似乎比我们预想的要大得多。

因此，现在我们要考虑的就是"在哪里"的问题。这里所说的"在哪里"并非地理学意义上的问题，也就是说，并不是要弄清楚某个人在某栋大厦或者是某座城市的什么地方，它其实更多地在强调结构的重要性。具体来说，我们想知道的是，与这个公司里的会计师、销售团队以及执行官相比，现在看来如此重要的技术人员到底在公司的决策中占据了怎样的地位？这个时候，我们需要的其实就是一幅"布局图"，它能将企业的组织架构刻画得非常清楚。虽然这种图并不是真正的地图，不能帮你解决什么地理问题，但我们不妨仍然按照地图的要求先画一幅试试。

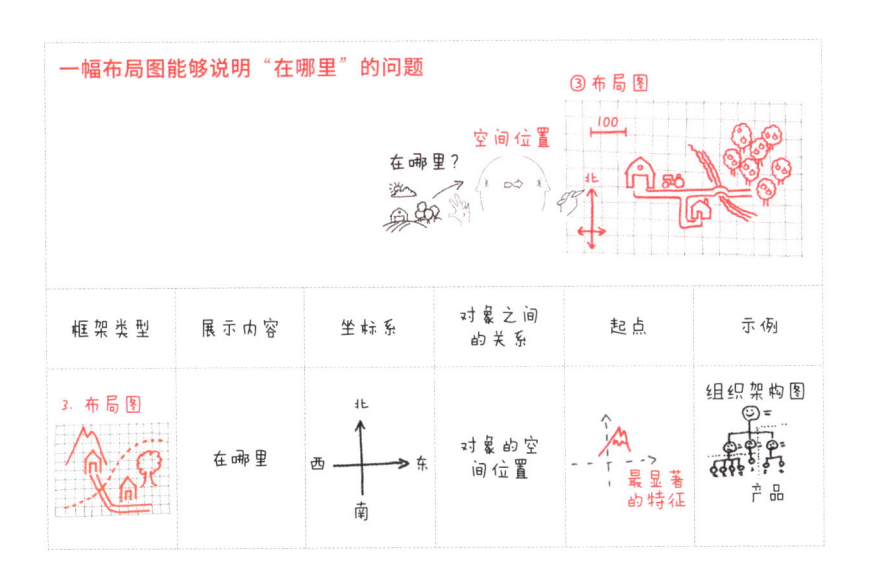

一幅布局图能够说明"在哪里"的问题

框架类型	展示内容	坐标系	对象之间的关系	起点	示例
3.布局图	在哪里	北西东南	对象的空间位置	最显著的特征	组织架构图 产品

在研究清楚"有多少"的问题之后，接下来，我们就应该看看各要素之间的组织关系究竟是怎么一回事。我们会注意到它们的

位置、相对方位和彼此之间的距离。为了能向别人展示清楚这些内容，我们该使用布局图来说明位置：比如是毗邻的，还是相隔很远的？是重叠的，还是泾渭分明的？当然，还有就是它们的朝向如何？不过，我们要记住的是，布局图里的一切都不是为了解决什么"地理大发现"的问题，而是为了把我们的研究对象之间的空间关系阐释清楚。

正是因为布局图的应用范围非常广泛，所以它在六种框架中是最为灵活便利的，这就意味着，不同的布局图看起来也不太一样。其实，虽然许多布局图看起来千差万别，但本质却相同。我们画它们的方法大同小异，且画图的目的都是为了说明各种要素之间的位置关系。不管我们要画的"风景"是大山，还是普通的人，甚至是某个想法，只要从他们最显著的特征着手，并且确定一个非常清楚的坐标系，接下来的问题都会显得相对轻松。只要这儿添一笔那儿添一笔就行了。不过，要注意画出最典型的特征和细节，还要在上面补充一些详细的说明性内容：包括各部分的界限在哪里，它们之间相差多远，彼此之间有什么联系，又有什么共同的特征，等等。

像这样的布局图也许是我们最熟悉的形象化的展示方案了：不仅包括组织架构图（几乎每个人都知道该怎么画），还包括众人皆知的维恩图[①]和那些价值连城的非常古老的藏宝图（每个人都渴望看上一眼，哪怕只是一眼）。

[①] 维恩图是集合论数学分支中使用的一种图解，用于展示在不同的事物群组（集合）之间的数学或逻辑联系。——译者注

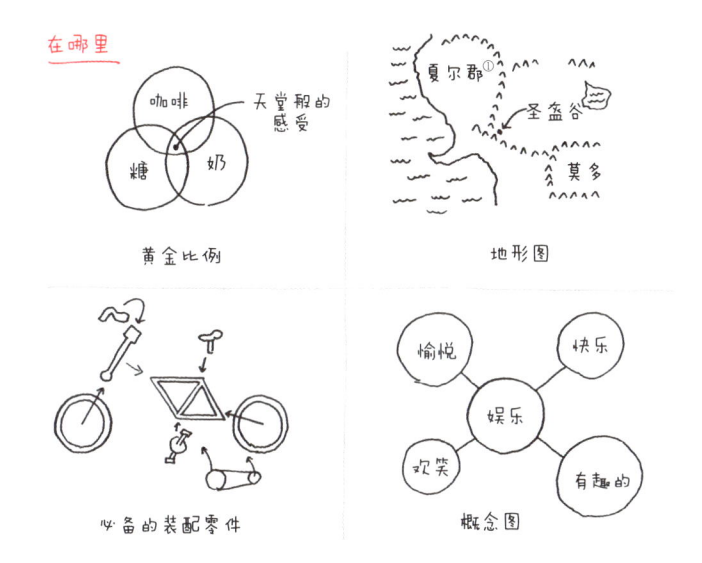

这里所说的"布局图"包括维恩图、图表、地形图、脑海地图等等：不管它们看起来如何不同，画图方法都差不多，关键是它们都展示了同样的内容——也就是各种要素之间的关系

布局图：基本绘画方法与要求

1. **每个事物都有自己的脉络**。所有事物都由许多独特的要素构成，它们都可以用"布局图"表现出来，哪怕构成它们的要素有些是城市和河流，有些是概念和创意。因此，用眼睛来思考的人应该问问自己："如果这些创意（名目、概念、元素、成分等等）是一

---

① 这里的夏尔郡、圣盔谷和莫多都是英国语言学家、作家约翰·罗纳德·瑞尔·托尔金在其风靡全球的魔幻小说《魔戒》里想象出来的"中土世界"的地名。——译者注

个个独立的国家，那么它们之间的国界在哪里，又有哪些道路能把它们连接起来？"

  2."**坐标**"**就是创意驰骋的国度**。我们已经习惯了用"上北下南、左西右东"的坐标系来看地图。在这些地图上，我们可以按照它们的相对位置把每一个地点、每一个事物都标注出来。其实，我们也能用一组组相对的概念把大多数事物的布局图画出来：比如"好—差""昂贵—低廉""高—低""成功—失败"等等。事实上，大多数布局图面临的唯一挑战就是没有找到一个很有意义的坐标系，一旦能把坐标系确定下来，其他的要求就会成为一个个"地标"，想要画出来整幅图就很容易了。

  3. **突破显而易见的等级结构，你会看到更多**。传统的组织架构图往往都强调等级，它的确是一种非常有效的工具，能清楚地画出企业的运作流程，并告诉我们在一个企业里，命令和决策是如何下达的，每个人的职责又是什么。不过，在企业里，确实还存在另一种行政关系，虽然不那么突出，但通常会更有影响力，这就需要用另一种图来展示——一些用泡泡或是放射线创作出来的图表。在某些时候，这种图反而会更有效。在绘制这种图的时候，数据常常会更难收集，但是，当它给企业的内部运作带来许多新意时，你就会看到回报。

有点儿用处　　　　　　　非常有用

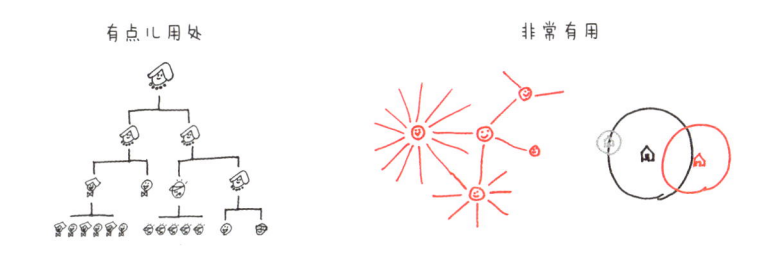

让我们再回过头去谈谈 SAX 公司吧。我们已经从"六六法则"中知道,要解决"在哪里"的问题,需要画布局图。而当用 SQVID 帮助自己思考的时候,我们应该充分考虑图表的样式、描绘的方法和突出的重点。如果考虑清楚了,我们就会知道自己需要画的是一种介于"概念图"和"藏宝图"之间的那种"布局图",而它的重点是要把公司的结构清楚地展示出来。

我们知道,开始画图的时候,最好在第一笔就画出最突出的特征。在 SAX 公司的例子里,这个突出特征就是重量级的财务部门,从某种程度来说,它就像整个企业的"厂房"。

现在,我们知道,除了会计师,我们还有其他新的目标客户。也就是说,即便所有的会计师都坐在财务部里,其他地方也会有我们的客户。所以,我们还是应该从财务部出发,扩展范围,再画上一些其他部门。

用图画来展示SAX公司的企业结构时,我们要画出它最突出的特征:企业内部重量级的财务部门

第十一章　我们的生意到底在哪里?画图解决"在哪里"的问题　　193

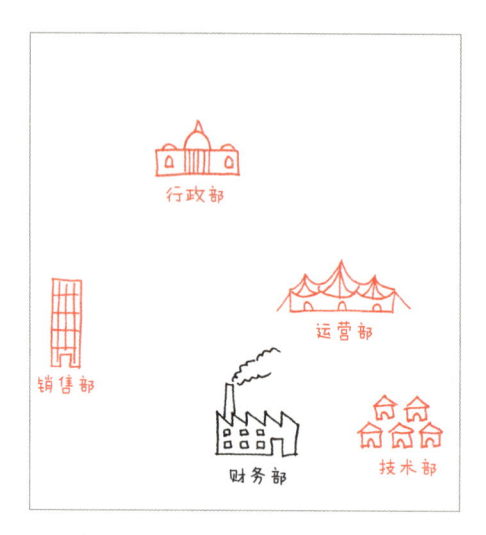

在作为企业"厂房"的财务部周围，还有许多其他部门，比如行政部、销售部、技术部等等

同样，我们也知道，上述部门在运作的时候都像一个个独立的小王国。所以，我们还应该画上一些界线，这样才能看清楚哪些部门之间有交集，而哪些部门之间根本没有什么联系。

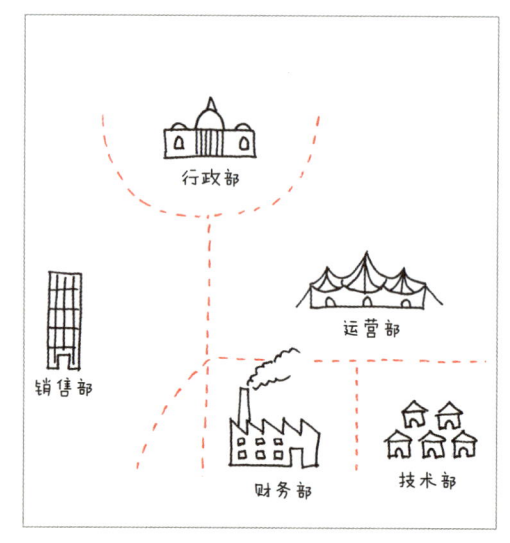

加上各个部门之间的界线之后，我们就会发现，销售部是一个较为独立的王国，有自己的一套规则，而运营部、财务部和技术部在很多业务上都有接触

在现实世界里，相邻的国家之间会用道路连接在一起，而这种情况在我们的客户 SAX 公司中也同样存在。让我们请一名对公司内部运作了如指掌的销售人员帮我们画出各个部门之间的具体联系。

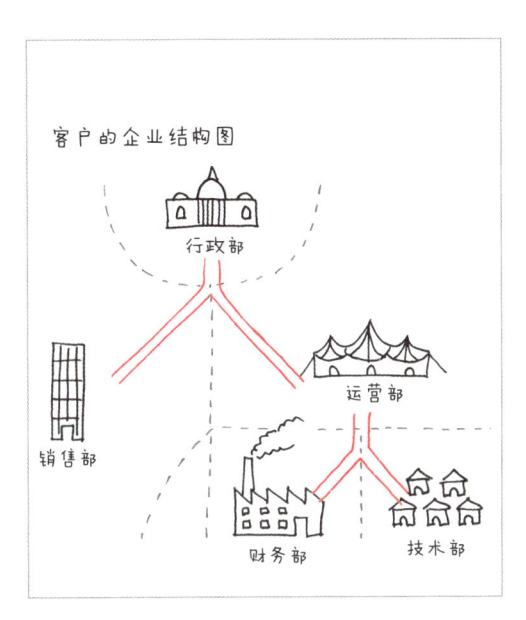

根据销售人员掌握的情况，我们画出了该公司内各个部门之间的联系

你会发现销售部和财务部之间没有任何通道。没有任何直接的联系，意味着不管你怎么挖空心思也无法找到这两个部门之间相互影响的证据。也就是说，在采购方面，这两个部门之间不太可能相互影响。太棒了，我们已经画好了想要的"布局图"。让我们好好找找宝藏到底在哪里吧！

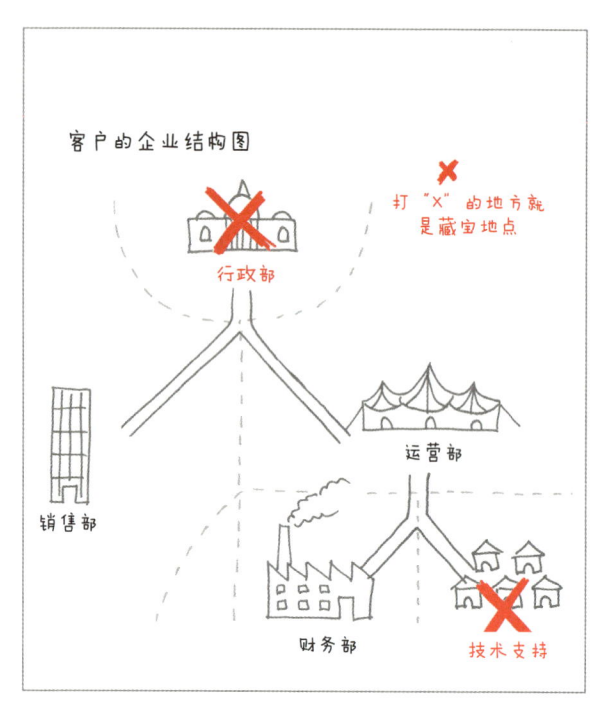

打"X"的地方就是埋有宝藏（也就是会购买我们软件的客户）的地方

画一幅布局图，要从内部脉络中最突出的要素着手，所以不妨从公司的CEO开始

现在，我们就能搞清楚客户的内部结构了。不过，虽然这幅图能给我们提供一个非常有用的宏观视角，但当仔细研究它的时候，我们就会发现，我们真正需要看清楚的是这些部门之间的等级关系：比如，哪个部门做出了决策，有哪些决定，哪些部门会影响到其他部门，等等。所以，我们再画一幅图。虽然还是要弄清楚布局排序的问题，但这次，

一张餐巾纸，搞定所有难题　　196

我们要把目光集中在真正掌握"权力"的那些客户身上。为了一步步地来回答这个问题，我们还是要采取同样的策略，从最突出的要素着手：在这个例子里，我们就从公司的 CEO 玛吉开始。

既然我们要以玛吉为基点，画出和她有关系的每一个人，那么我们就要围绕她建立一个坐标系，并在这上面画上重要性排在次位的其他客户：比如，负责销售的玛丽和负责运营的米尔德里德。

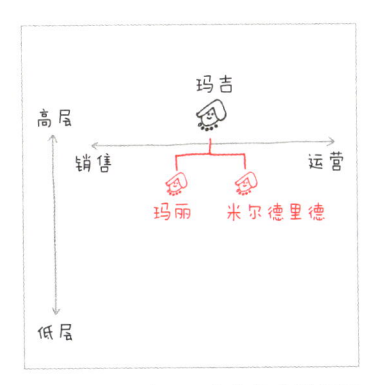

仅用两条线就可以建立起我们想要的坐标系，接下来就可以把其他人画进去了

赶快动手吧！接下来我们依次画上中层管理人员——摩根、汤姆、迪克，还有贝丝——他们才是企业各个领域内名副其实的监管人。画好之后，我们决定擦掉坐标系，因为它们会把事情弄得更复杂，使画面看起来很杂乱。不用担心，每个人都知道该怎么画一幅组织架构图。

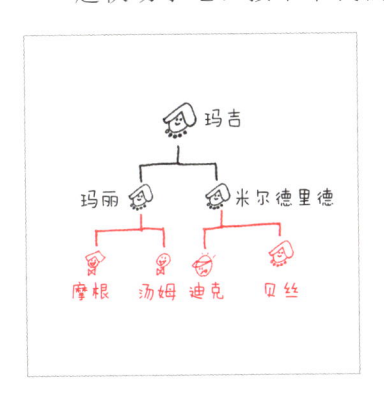

在图中加上了企业的中层管理者

接下来我们要画上普通职员。这真是太神奇了。我们差不多已经画上了公司里的大部分人，但却还没有见到技术人员的身影，要知道他们在我们客户中的消费份额占半数之多啊。

最终，最后一个层级出现了。技术人员位于最低层，相距玛吉和其他中层领导都很远，而且也找不到他们和销售团队之间的明显关联。但不管怎么说，我们还是很有成就的，只要再加上一个标

第十一章　我们的生意到底在哪里？　画图解决"在哪里"的问题　　197

题，这就是客户的组织架构图了，我们可以很容易看到各个部门群体之间的等级关系。

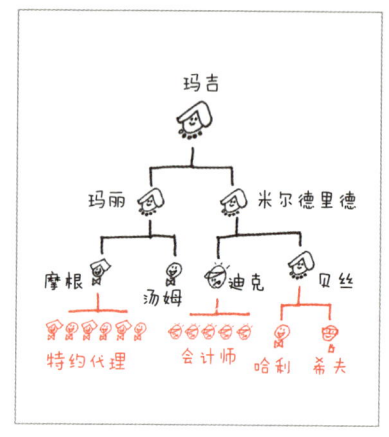

虽然已经把公司里四个层级的人都画了出来，但我们仍然没有看到技术人员

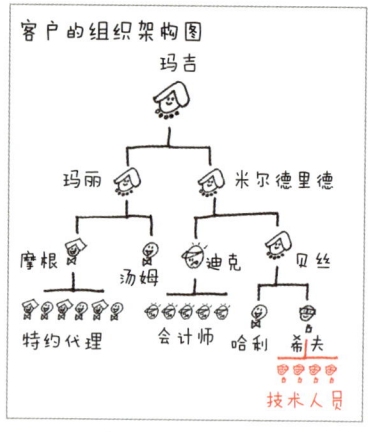

大功告成：完整的客户内部组织架构图

企业在解决"在哪里"的问题时常常用到组织架构图，上图就是一个很好的例子：只要能画出这样一幅图，你就会发现，用非常清楚的方式来说明多个要素之间的空间联系竟如此简单，效果也更好。正因为如此，商界中几乎每一个人都知道该如何绘制组织架构图（其中还包括那些自称没有任何绘画天赋的人）。事实上，如果有人要求我们画出公司的运作方式时，我们应该画的第一幅图（极有可能也是唯一的一幅图）往往就是突出等级结构、自上而下的组织架构图。

我们都已经看过组织架构图了，并且很熟悉它。我要说的是，无论我们对自己在组织架构图里的位置是否满意，我们都很乐于看到自己和其他人出现在这幅图里，哪怕它并不是以一种平等的方式反映我们的相对位置。组织架构图会让我们感到坦然，它似乎能给我们提供一种信心，让我们相信这个世界存在着严密的秩序，所以，我们才深信这些图准确地反映了人与人之间相互影响的组织关系。其实，这里面有一个信念的问题。一方面，组织架构图确实能真实地反映一些情况，所以才会在商界长盛不衰。另一方面，由于人们对它深信不疑，组织架构图也被许多人误解了。事实上，在很多时候，组织架构图中最精彩的内容恰恰没有表现出来。所以，为了看清这部分内容，我们必须转换视角，用另一种眼光和思路来看这幅图。

这里就不卖关子了，我的意思是，我们如果再回过头去看这些图，就会发现它其实是不规则的。根据我们统计出的数字，执行官和技术人员才是大买家。但在企业的结构里，这两类人却很少有交集——在我们刚刚画出来的企业结构图里，这两类人之间根本没有相互连接的"通路"。

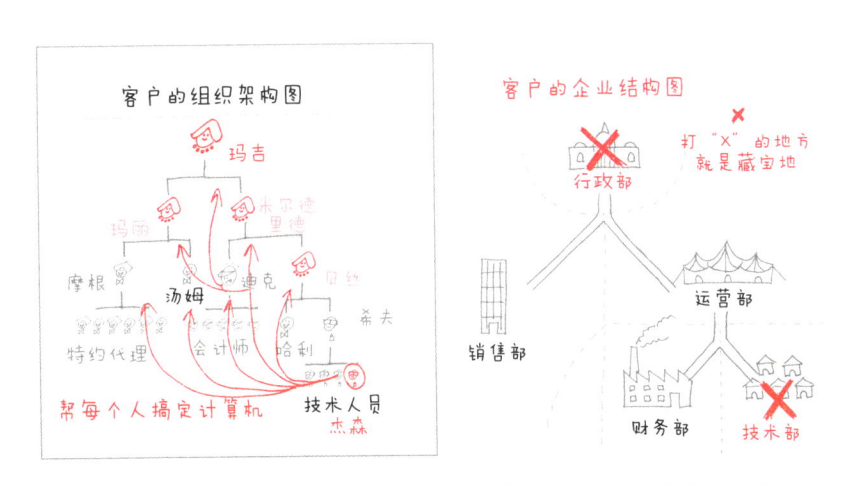

这两幅图都没有表现出执行官和技术人员之间的联系——这是为什么呢？

我们当然可以简单地说，这种情况只是因为在同一个客户公司里有两类不同的销售目标，它需要我们采取不同的市场策略，但我们最好还是搞清楚这两个群体之间的联系。也许更好地理解他们之间的联系后，我们才能提出一套统一的、投资回报率更高的市场营销策略。这就像是一团乱麻，看起来很棘手，但只要你找到了线头，下面就轻松了。所以，"磨刀不误砍柴工"可算是至理名言，还是好好找找执行官和技术人员之间的联系吧。

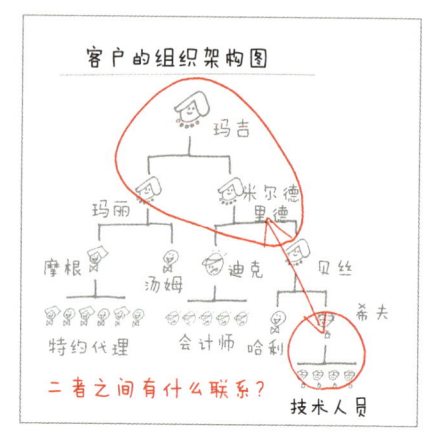

企业的执行官和技术人员之间到底有什么重要的联系？

公司的销售人员（只有他们才真正了解客户公司是如何运作的）给我们讲起了客户公司中的一名技术天才——杰森。据说杰森在工学院读了两年后就毕业了，在SAX公司做技术是他的第一份工作，他最擅长的就是解决笔记本电脑所出现的问题。杰森在公司里非常有名，只要碰到计算机问题，几乎所有人都会请他来帮忙。他为运营部主管米尔德里德解决过很多技术问题，所以只要是和技术相关的问题，米尔德里德都想听听他的意见。也许杰森就是最关键的连接点。虽然他在整个公司的组

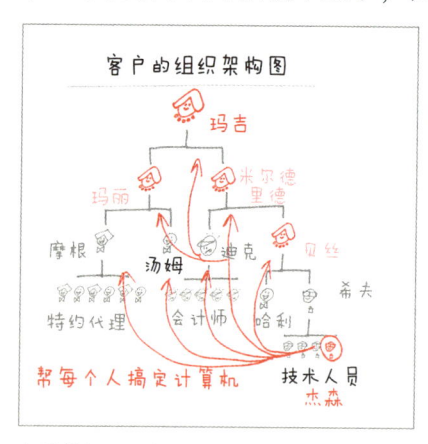

在计算机罢工的时候，公司里的所有人都会打电话叫杰森——这个在公司最底层的技术人员来帮忙

织结构中处于最低层,但他却是整个公司曝光率最高的技术人员。

到目前为止,我们已经看到了传统的组织架构图的优缺点。具体来说,它只能够展示出形式上的结构,却不能勾勒人与人之间具体的联系,其实往往后者才会发挥出更大的作用。不过,话又说回来了,只要画出了组织架构图,它就能为我们提供坚强的支持,帮助我们看清楚每个人真正的影响范围。

范围大小是最为形象的信号,在画图的时候我们应该毫不犹豫地使用它。所以,如果我们准备在刚才画的那幅组织结构图上加上一些阴影来表示新的内容,最好就用范围大小来直观地表示杰森在公司里的真正影响力。下面,就让我们在那幅组织结构图上画出一些大小不同的圆圈,用来表示杰森的技术对其他人产生的影响力。请看下图。

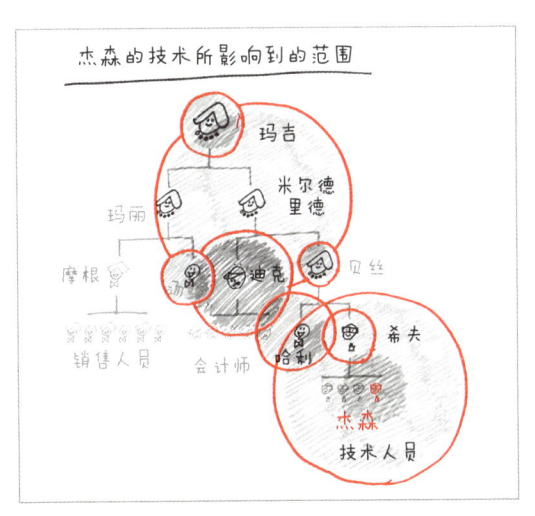

当用大小不同的圆圈来表示杰森在技术方面产生的影响时,我们就会发现他的影响力甚至覆盖了整个中间管理层和公司的执行官,而他真正的作用也变得更加形象化

这样，我们就发现了刚才一直都没有找到的那个最为关键的连接点：杰森。如果整个公司的决策者都愿意听他的话，那么在公司做出技术采购的决策时，他的影响力无疑最大。也就是说，无论杰森是否直接参与采购软件，他都会影响到公司的采购决策——不仅会影响到技术人员和会计师（他们的消费额占比最大），也会影响到公司的执行官（他们的平均消费额是全公司最高的）。既然杰森有这么大的影响力，弄清楚他对某个软件包的评价就变得尤为重要。

第一步，我们回头看看以前画过的那幅图吧，它已经很清楚地说明了我们的每一类客户在选择软件时追求的是什么。不过这一次，我们要做的是尽量画出他们之间的联系，也许这样就能让我们看到杰森广受欢迎的原因。不妨就从公司的高层开始吧，我们应该还记得，企业的执行官最想要的是信息安全。

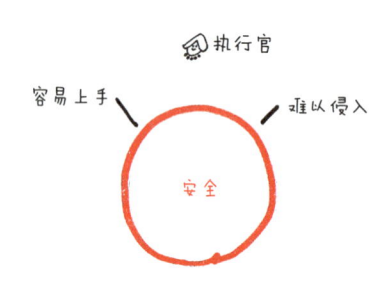

在企业执行官的眼里，软件的安全性比什么都重要

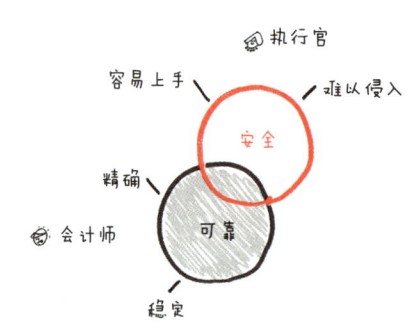

会计师追求的是可靠，这和执行官追求的东西有一些重合的地方

同样，我们也应该记得会计师最关心的是可靠，这和安全性就有一点儿交集了。

杰森在整个公司忙碌不休，他当然知道最好的软件不能仅仅满足自己追求的标准——灵活（也就是易于兼容、更新和维护），还要能满足公司执行官和会计师的需要。另外，他也确实知道执行官和会计师需要的是什么，因为每次计算机出故障时，他总得听他们抱怨。这就意味着，在整个公司里，既清楚需要哪种软件又能够影响到采购决策的人竟然是一个几乎不可能画出组织架构图的家伙。

下图就是著名的维恩图了，它可以用来表示任意几种事物之间的交集，甚至是概念之间的交集。它是一种广义的"概念图"，看起来既不像"藏宝图"，也不像我们刚才画出来的那种组织结构图。不过它们的实际效果却是一样的：反映的是一种看问题的方式，也就是要看到"在哪里"；它们都有相同的坐标系；创作方式也大同小异（都要从最关键的要素开始，围绕它一步步添加其他要素）；最重要的是，都表达了同样的内容——不同的几个对象在空间里的相对位置。

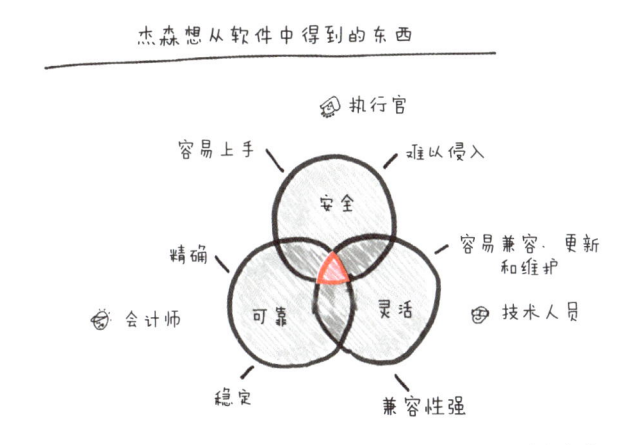

杰森对软件的看法与公司执行官以及会计师对软件的看法都有交叉

既然维恩图在这里能够为我们清楚地解释杰森想要的会计软件，那就让我们用相似却更复杂一点儿的概念图来模拟我们的软件产品"超级经管师"所必备的要素。这幅图将帮助我们看清已开发的软件系统中需要改进的地方，以满足杰森对会计软件的要求：安全、可靠和灵活。

  和所有视觉化思考面临的挑战一样，我们首先要解决"怎么看"的问题。在这里我们整理出了一个统计表，表中详细列出了"超级经管师"这款软件必备的一些基本要素。虽然这个表中的各个要素都已经被分门别类地整理出来，但要想看清各个要素之间的关系还是不太可能。

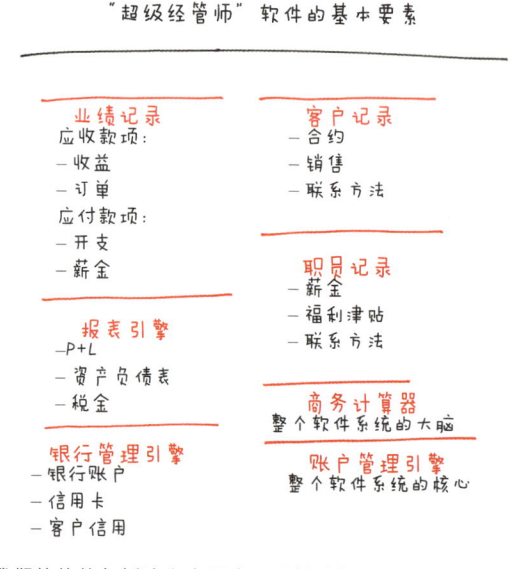

"超级经管师"软件的基本要素

业绩记录
应收款项：
— 收益
— 订单
应付款项：
— 开支
— 薪金

报表引擎
— P+L
— 资产负债表
— 税金

银行管理引擎
— 银行账户
— 信用卡
— 客户信用

客户记录
— 合约
— 销售
— 联系方法

职员记录
— 薪金
— 福利津贴
— 联系方法

商务计算器
整个软件系统的大脑

账户管理引擎
整个软件系统的核心

我们的软件包括这么多要素，虽然我们可以用一个完整的表格把它们列出来，但却不可能看清楚它们之间的关系

  让我们从最突出的要素开始画这幅图。上述表格中最后一个要素"账户管理引擎"往往被看作"整个软件系统的核心"。因此，如果你也认可这个说法，请把它画在图的正中央。

从系统的核心着手

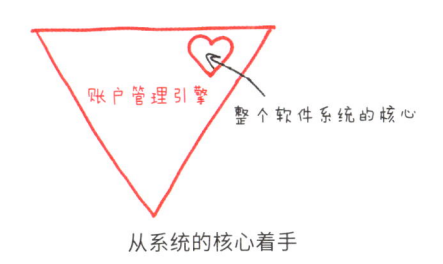

任何一个系统的核心都与该系统的各个主要元素紧密相连，所以我们也要围绕这个核心画出每一个类别。职员记录和客户记录处于对等的位置，因此，我们在图里把它们画在同一层，简称为"职员"和"客户"。"报表引擎"和"银行管理引擎"也可照此办理，只要将它们的名字简化为"书记员"和"银行家"。

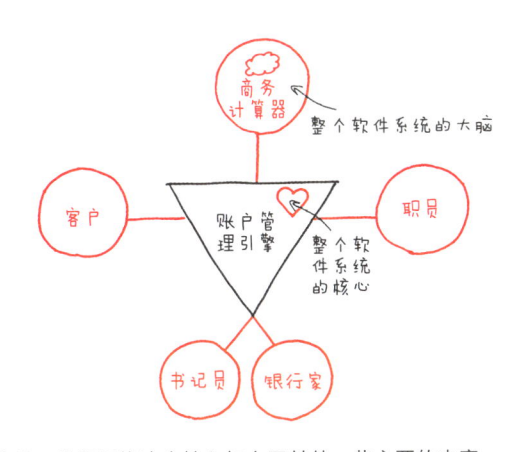

接着，我们围绕这个核心加上了其他一些主要的内容

好了，这就是我们观察这个软件的基本要素时可以采取的一种视角。它看起来很像标准的维恩图，只不过它里面的内容要更多

第十一章　我们的生意到底在哪里？　画图解决"在哪里"的问题　　205

一些，而且没有那么多相互重合的区域。画出了主要内容之后，我们可以再加上次一级的其他要素，把它们画在那些主要内容的旁边。这样，原先表格里根本看不到的要素之间的联系，就会逐渐变得清晰。

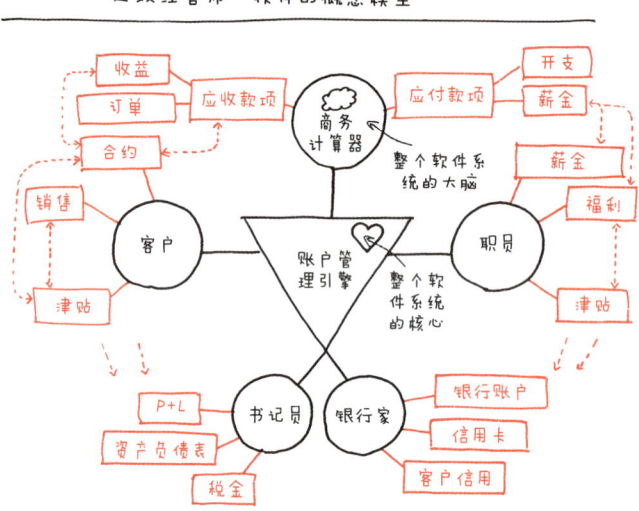

"超级经管师"软件的概念模型

加上次一级的要素之后，我们就得到了一幅完整的示意图。而前面统计表中不见踪影的各要素之间的联系也逐渐显露出来

既然我们已经找到了一种方法可以好好研究尚待开发的软件包，接下来，我们就要在图内圈定需要改善的环节，以满足客户日益挑剔的需求。首先，如果要提高软件的安全性，我们就需要加强对关键区域的保护。所谓的关键区域显然是指进出系统的信息量占到最大比例的区域，也就是"银行家"和"书记员"。"银行家"这部分可以连接到其他独立的系统，也可以连接到银行。而"书记员"这部分则会把一些信息发布到网页上，当然这些网页是有密码保护的。

"超级经管师"软件的概念模型

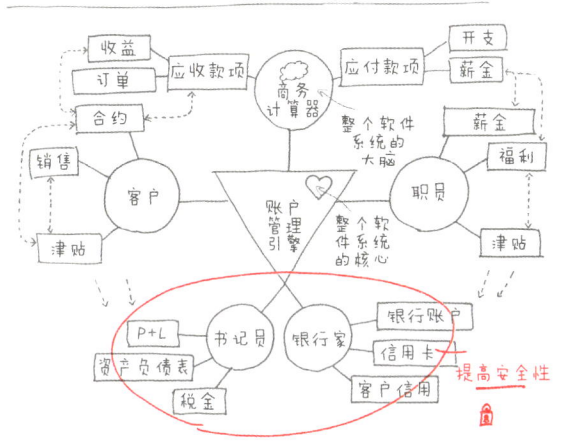

为了满足公司执行官对更高安全性的要求，我们需要修改应用程序中的两个板块，也就是"银行家"和"书记员"这两部分

与此类似，现在我们也能很清楚地指出，要提高软件的可靠性，我们需要修改的两个板块就是"商务计算器"和"账户管理引擎"。

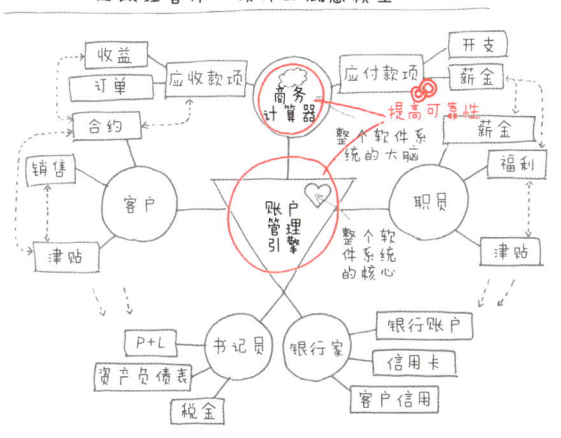

"超级经管师"软件的概念模型

为了满足会计师提高可靠性的要求，我们需要修改"商务计算器"和"账户管理引擎"这两个板块

第十一章 我们的生意到底在哪里？画图解决"在哪里"的问题

最重要的是，我们也能用这幅软件概念图来确定还应该改善哪些环节，以满足杰森对灵活性的更高要求。正如我们看到的那样，这幅图里的很多地方错综复杂，不同的要素之间相互影响。但正是在这些地方，我们才能做出巨大的改变。

这就是我们的成果了！我们如果想对软件做一点儿改进，就应该想到从这些地方开始。这些图不仅告诉我们要改进软件的哪些部分，也向我们展示了整合系统的过程是多么复杂。为了完善软件，我们要推进一项重要的计划，这也许会花几个月的时间。到下一章讨论时间轴时，我们就会看到这项计划会花费我们多长的时间，而完成每一步计划的具体期限大约又在什么时候。

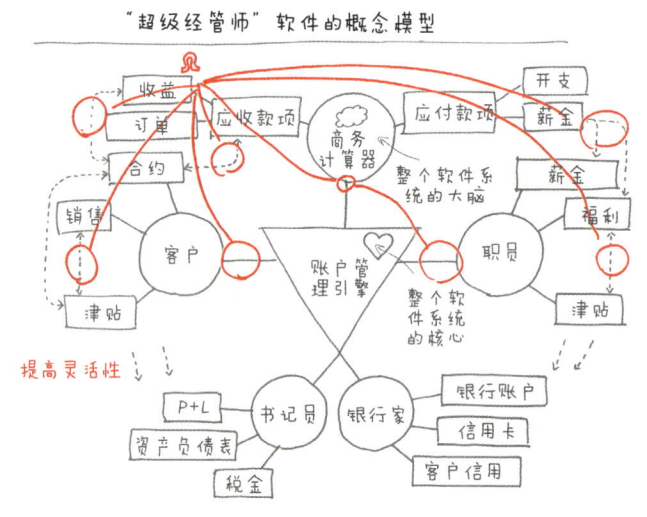

这就是杰森最希望我们改善的地方：只要将软件系统里的各个要素之间的联系变得更加简便、更加符合标准化的要求，就可以提高软件的灵活性

第十二章

我们什么时候解决问题？
画图解决"在什么时候"的问题

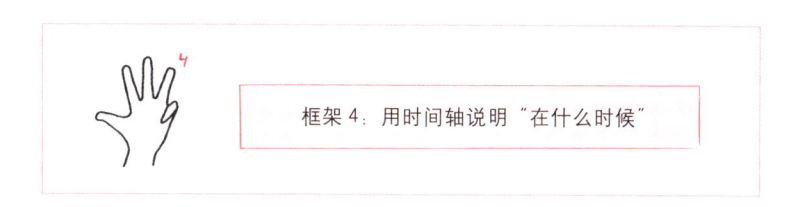

框架4：用时间轴说明"在什么时候"

做事要一步一步走

现在我们已经知道客户需要我们在哪里对软件产品做出修改。假设我们确信改善经营方式可以提高销售额（这是个很大胆的假设，我们会在"为什么"的框架部分处理这个假设），接下来的问题是"它需要多少时间"。进行这些升级会用几周、几个月，还是一年甚至几年？显然，我们面临的是"在什么时候"的问题。此时，"视觉化思考宝典"告诉我们：用时间轴吧。

时间轴展示"在什么时候"

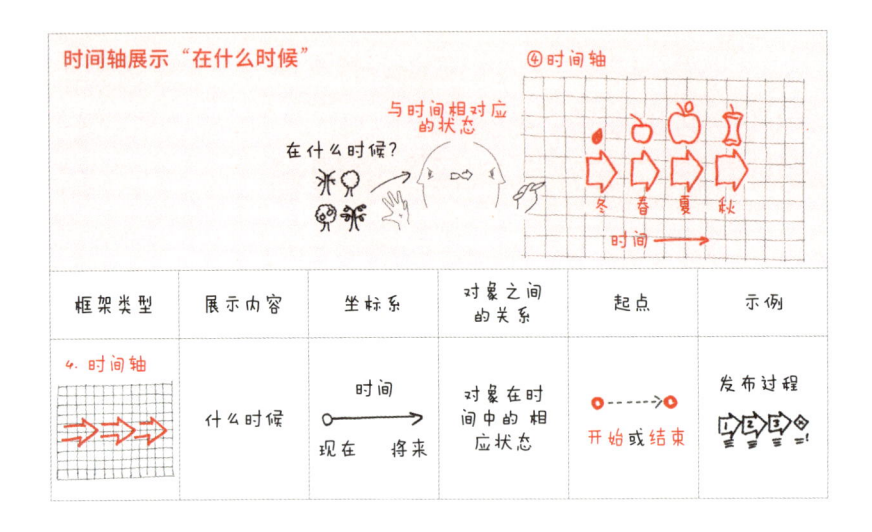

④ 时间轴

框架类型	展示内容	坐标系	对象之间的关系	起点	示例
4.时间轴	什么时候	时间 现在　将来	对象在时间中的相应状态	开始或结束	发布过程

在我们看到"在哪里"之后，随着时间的推移，我们也看到了对象会在质和量方面发生变化。为了向别人展示这些变化，我们用一条时间轴来描绘它们在不同时间里的各种状况，或者描述随着时间的推移而变化的对象关系。

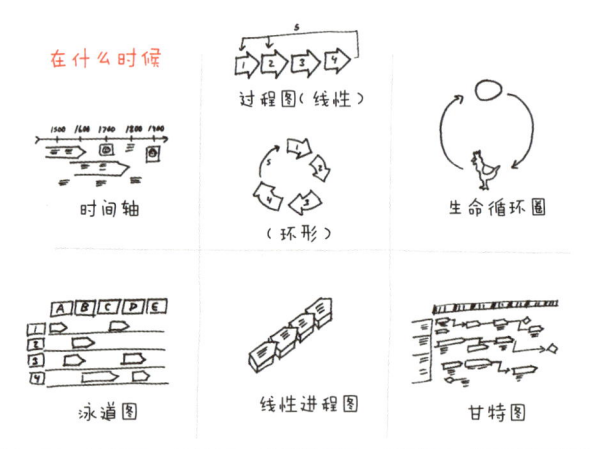

在什么时候

时间轴　　过程图（线性）　　生命循环图
（环形）
泳道图　　线性进程图　　甘特图

生命循环圈、过程图、甘特图、线性进程图、泳道图：时间轴可以以多种形式出现，但它们都显示了一项活动在什么时候与另一项活动产生关系

时间轴：基本绘画方法与要求

1. **时间是条单行道**。尽管大家对于第四维度[①]和时间本性的讨论十分感兴趣，但它们与商务中的时间问题无关。对我们来说，我们将把时间看成一条从昨天到明天、由左至右的直线。第四维度的说法也许并不一定符合那些满世界飞、整天倒时差的商务人士，时间呈直线性的理论又是一个先入为主的偏见，但这二者都是非常有用的。

2. **重复的时间轴形成生命循环**。鸡生蛋，蛋生鸡。上上下下的市场循环周期，日复一日、月复一月、年复一年，时间轴一遍遍地重复。当它们这样重复时，我们就称它们为"生命循环"，可以用无尽的圆圈表示，或者在时间轴末尾加上一个"回到开头"的箭头。对我们来说，无论时间轴重复与否，我们创建它的方式总是一样的。我们如果不能确定起点，就可以顺着生命循环圈，在任何一个地方立上一块里程碑作为起点。

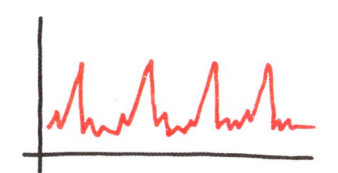

3. **环形 vs 线性**。时钟和直尺都是由一条单线构成的，只是时钟恰好头尾相连。循环性的时间轴在很多方面都可以更精确地表示重复的生命循环圈。它不仅容易画（尤其当每个步骤都伴有具体的文字说明时），而且也更好认读。如果你的重点是要强调某个特定循环圈的重复性，循环性的时间轴和日

[①] 所谓第四维度，源于爱因斯坦相对论中提及的四维时空概念，在三维空间的长、宽、高三条轴之外又加了一条虚数值的时间轴，构成了所谓的"四维空间"。——译者注

历（就像阿兹特克人[①]和现代占星学家所使用的那样）就是再好不过的工具。但即便在这种情况下，我也建议你创建一个直线式的时间轴，这样你可以加上很多细节。

要做一个 SAX 公司的项目时间轴，我们需要从画一个坐标系开始。一条时间轴可以展示处于时间推移中的事物的关系，这很简单。从现在开始，我们在时间轴上往右移一段距离，就意味着经过了一段时间。我们了解在 SAX 公司研发软件产品的全程，因此知道时间轴应该从何时开始，让我们从最初的那一刻开始。

在 SAX 公司，每个项目都是从确定我们需要注意的基本问题开始的，我们称其为"发现"阶段。而且我们已经沿着这条路一路走了下来：想办法让我们的软件产品能够更吸引杰森。

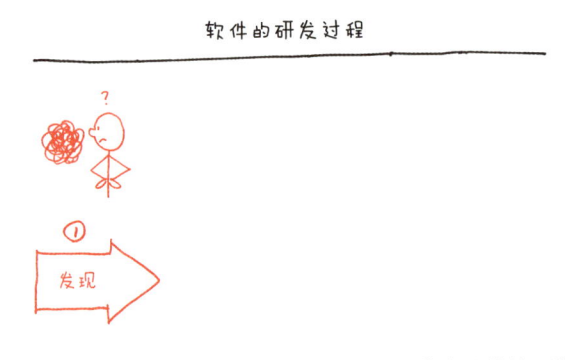

当我们敲定了需要攻克的难题，我们就可以"发现"每个软件研发的项目

[①] 阿兹特克文明是古老印第安文明的一部分，能找到比较确切史料记载的历史开始于 12 世纪中叶。——译者注

一旦我们对难题有了较为明确的认识，就可以提出可能的解决方法，我们称之为"概念设计"。此时我们就要确定将要诞生在我们手里的这个软件具有哪些方面的特性。

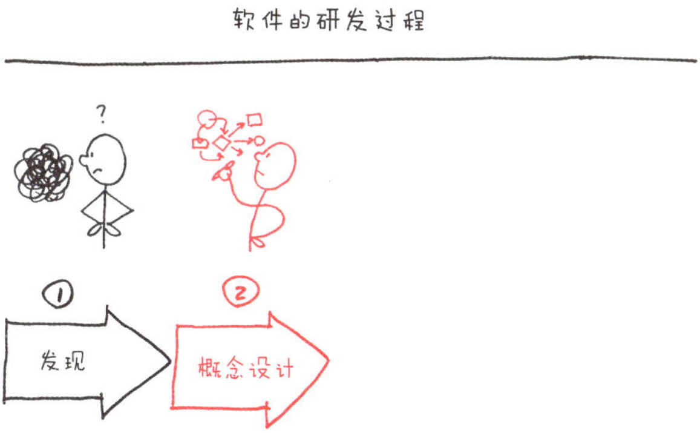

软件的研发过程

① 发现　② 概念设计

在"概念设计"这步，我们会想出解决方法，并使之成形

解决概念设计后，我们就要开始实施了。这时我们进入的阶段是"研发"：为所有的个人软件组件和整个应用程序编写代码。

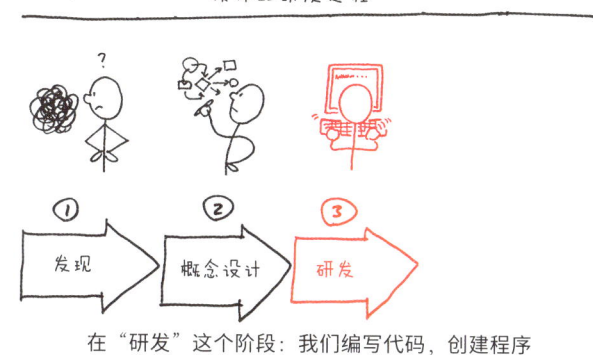

软件的研发过程

① 发现　② 概念设计　③ 研发

在"研发"这个阶段：我们编写代码，创建程序

第十二章　我们什么时候解决问题？画图解决"在什么时候"的问题

一旦全部写完，就得开始进行"测试"了。这一阶段的测试包括漏洞测试、第一轮测试、在一小群消费者中进行测试和最后在人数更多的一组消费者中进行"用户接受度"测试。

软件的研发过程

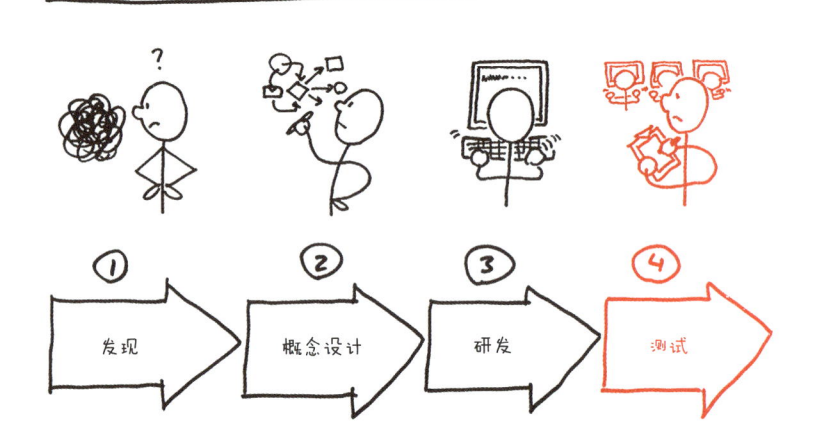

① 发现　② 概念设计　③ 研发　④ 测试

在第四个阶段里，我们不断地测试，确保我们的应用程序能够被认可

当测试完成后，所有的漏洞和错误都得到了处理，我们就做好了销售的准备，我们称最后这步为"发放"。这时我们会把软件打包，送到需要使用它的消费者手里。我们也会在这时将应用程序传到用户支持组那里，以便我们能够收集反馈信息，研究软件的下一个版本。

软件的研发过程

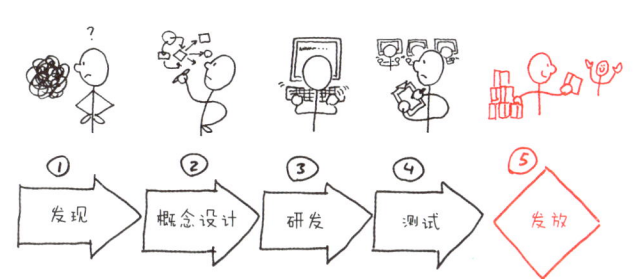

① 发现 ② 概念设计 ③ 研发 ④ 测试 ⑤ 发放

"发放"意味着我们开始向消费者销售软件，并把一切都移交给用户支持组。我们的研发过程就此完成

　　这就是我们的软件研发时间轴。它是一个简单的、高品质的、以执行为导向的、单张的图。正如 SQVID 告诉我们的那样，如果听众初涉软件行业，并且对这些重要步骤很感兴趣，那么我们就应该创建这样的图。这是一个有用的开始，一旦实施起来，我们就需要更详尽的信息。把这个图看成起点，再重新画图，然后再加入更多细化的信息。我们从同样的时间轴开始，但目的已经和刚才不同了。

　　上一个时间轴没有精确地反映出时间。它展示了时间推移的过程，但没有展示这5个阶段各自需要多少时间。所以现在要做的第一件事就是把每个阶段的箭头拉长，以此来表示相应的持续时间。我们可以根据之前的经验来推算各阶段的时间。

SAX 公司软件发布项目计划

阶段 → 发现 概念设计 研发 测试 发放

分别完成这5个阶段所需要的时间不一样，"研发"所需的时间是其他阶段的两倍多

第十二章　我们什么时候解决问题？画图解决"在什么时候"的问题　　215

过去的经验让我们可以较好地估计每个阶段实际所需要的时间，所以我们可以把日程添加进去：

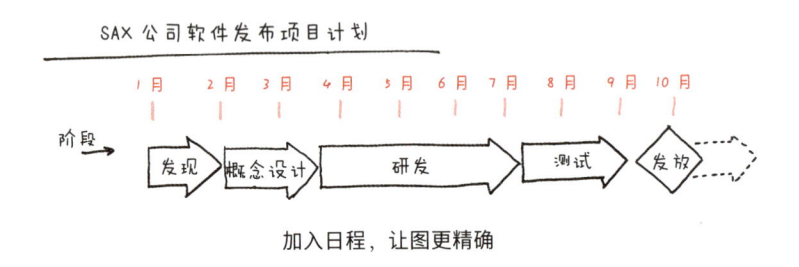

SAX公司软件发布项目计划

阶段：发现 → 概念设计 → 研发 → 测试 → 发放

（1月 2月 3月 4月 5月 6月 7月 8月 9月 10月）

加入日程，让图更精确

会有许多人共同为这个项目工作，所以我们在图的一侧列了一个项目团队的清单，可以在图中标注出他们在每个阶段各自进行的活动和工作。

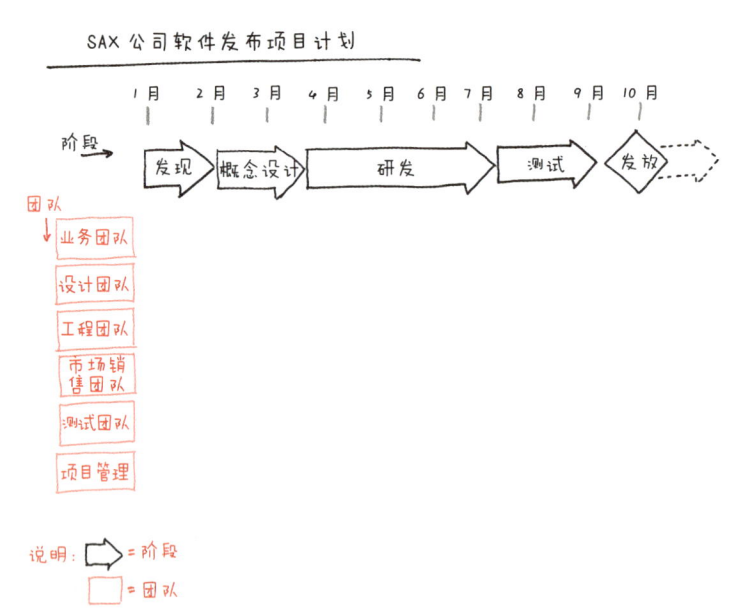

SAX公司软件发布项目计划

阶段：发现 → 概念设计 → 研发 → 测试 → 发放

团队：
- 业务团队
- 设计团队
- 工程团队
- 市场销售团队
- 测试团队
- 项目管理

说明：➡ = 阶段　▢ = 团队

我们在一侧加入项目团队，这样我们就能在图中标出他们在每个阶段各自进行的活动

一张餐巾纸，搞定所有难题　216

现在我们设置了两个坐标，和我们之前画的图类似，但这次我们在同一个区域里展示的是两类不同的信息："谁"（团队）和"在什么时候"（时间轴）。有了这两个坐标，我们就可以开始标出"什么"。这些里程碑式的标注标志着一个阶段的结束和另一个阶段的开始。

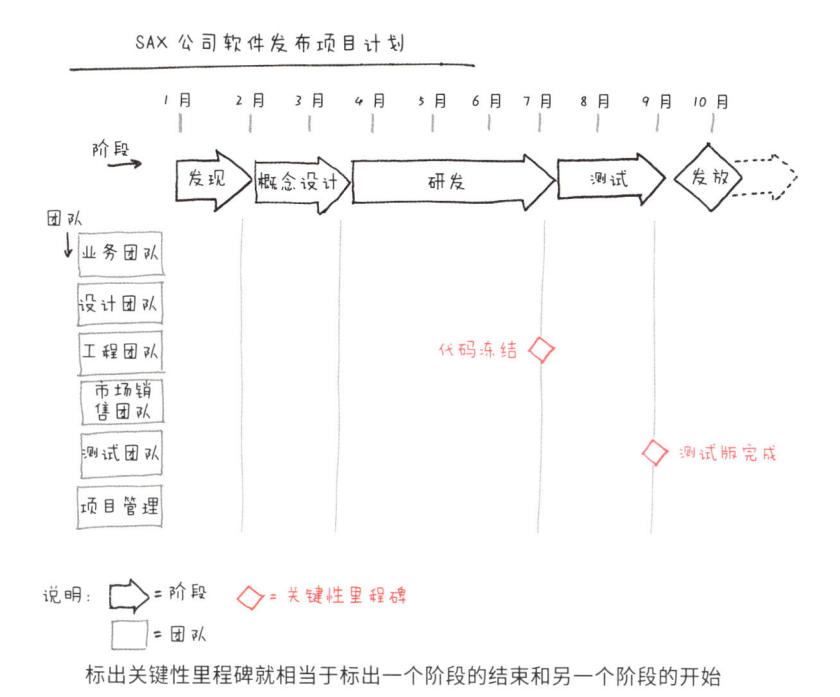

标出关键性里程碑就相当于标出一个阶段的结束和另一个阶段的开始

我们怎么知道每个团队的工作在什么时候进行到了什么阶段呢？当然，里程碑并非真的存在，它只是在时间上预设的某些时刻。要知道我们的项目能否成功，就得衡量一下我们实际已经做了什么，哪些事务是可以延续到下一个项目中去的。比如，一旦业务团队完成了它的"商业基础研究"，设计团队完成了"用户需求研究",市场销售团队完成了"市场研究",我们就可以开始概念设计了。

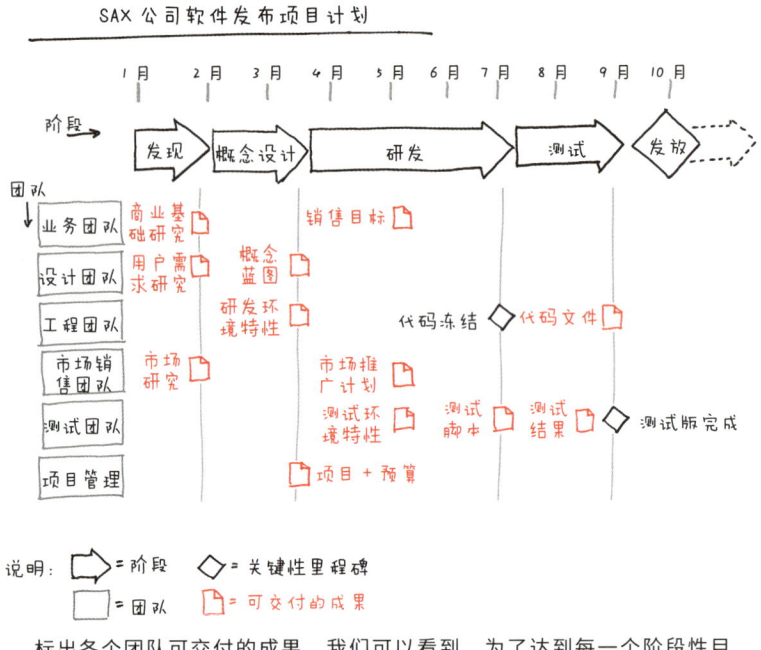

SAX 公司软件发布项目计划

阶段时间轴：1月 2月 3月 4月 5月 6月 7月 8月 9月 10月

阶段：发现 → 概念设计 → 研发 → 测试 → 发放

团队：
- 业务团队：商业基础研究、销售目标
- 设计团队：用户需求研究、概念蓝图
- 工程团队：研发环境特性、代码冻结、代码文件
- 市场销售团队：市场研究、市场推广计划
- 测试团队：测试环境特性、测试脚本、测试结果、测试版完成
- 项目管理：项目+预算

说明：➡ = 阶段　◇ = 关键性里程碑　□ = 团队　📄 = 可交付的成果

标出各个团队可交付的成果,我们可以看到,为了达到每一个阶段性目标,我们在实际中需要完成哪些工作。交付了这些成果就表示一个阶段已经结束,下一个阶段也已准备好开始

　　这些可交付成果的内容十分重要,它们是所有重要问题的结果。不过,什么时候能完成这些可交付成果对于整个计划也是非常关键的,同时,我们还需要了解完成它们需要哪些条件。此时我们就需要加入工作流程：它们是一系列任务清单,每个团队的工作都需要按照清单来,以便知道完成这些重要文件需要依次做哪些工作。加入工作流程后,这幅更详尽的时间图就完成了,我们也能随之了解这个项目会耗费多长时间。

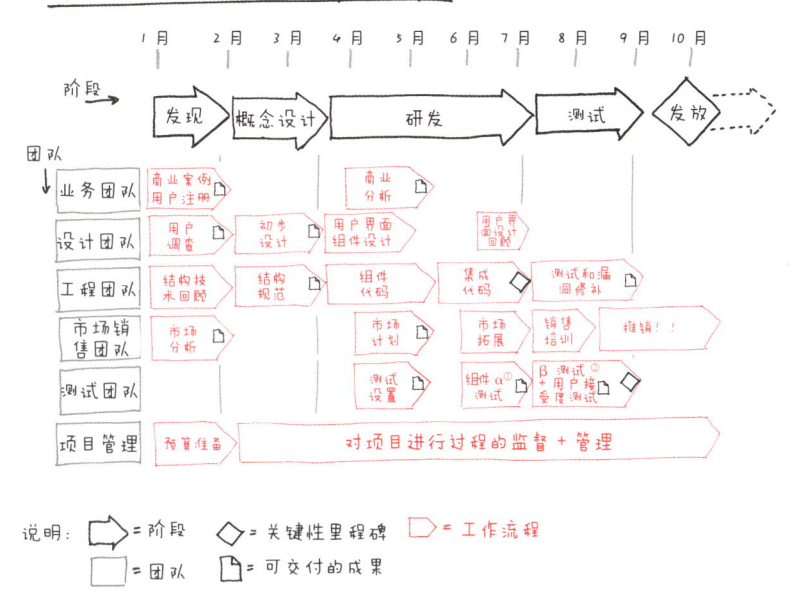

通过加入每个团队的工作流程，我们终于能看清要完成项目必须要做的事情以及需要耗费的9个月的时间

　　从项目方案通过到把新的软件产品送到消费者手里需要 9 个月的时间：我们现在可以看到，要完成程序升级，时间上的安排是多么的重要。每个月在项目推进上需要花费 900 万美元。对于我们这样规模的公司，这不算个小数字，所以在我们去找执行官前，得把这 900 万美元和以往研发周期的花费进行比较。

　　为了做到这一点，我们会用到第一个混合框架——时间序列图。

---

① 即前文提到的在一小群消费者中的软件测试。——译者注
② 即前文提到的在人数更多的一组消费者中进行的测试。——译者注

第十二章　我们什么时候解决问题？画图解决"在什么时候"的问题　　219

虽然我们还没看到过这样的图，但其实我们对它已经很熟悉了——它只是在一张"在什么时候"的图上叠加了一张"有多少"的图，这两个框架我们都很熟悉。简单地说，时间序列图可以表示出某个事物随着时间的推移在数量上的变化。

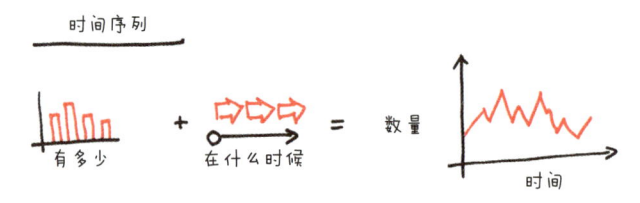

时间序列图是在一张典型的"有多少"的图上叠加一根时间轴：这显示了某个事物随着时间的推移在数量上的变化

为了显示价格、比率、数字和温度等因素的升落，这个框架合并了两个基本框架的坐标系。我们可以在不同的时间点衡量同一个事物的变化。

创建时间序列图可以让我们清楚地知道，和过去相比，现在完成一个完整的软件研发周期需要花费多少资金。如果需要900万美元，那么我们最好先将它与以往的花费比较一下。如果减少了，我们拿到这笔钱就相对容易；如果增多了，我们就得再为这个项目多方考虑一下。

像其他的时间轴一样，我们将横坐标设为时间，将纵坐标设为数量。坐标系确定后就可以加入前些年的产品研发支出了。我们可以从前些年的项目管理文件中找到这些数据。1996年，SAX公司以第一版"超级经管师"软件向市场打出第一炮，那么我们就从这一年开始吧。第一年，创建第一版"超级经管师"用了不到50万美元，这是一个10人团队在一年内夜以继日工作的劳动成果。两年之后第二版推出，花了4倍的钱，达到了200万美元。原因很简单：这个团队增至40个人，成本也就相应增加了。到了2000年，公司发布第三版"超级经管师"，花了600万美元，这个版本也使得SAX公司成为行业的领头羊。

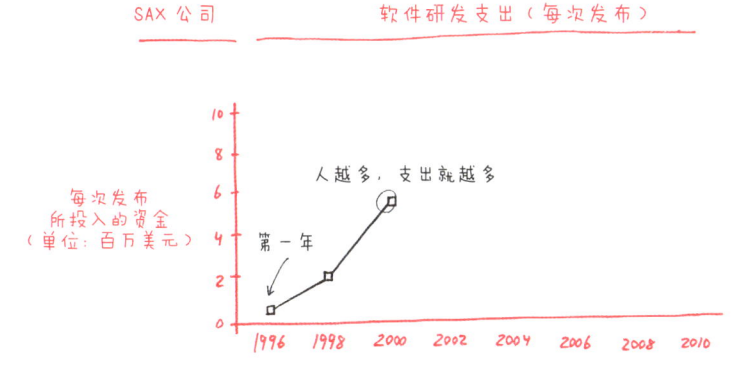

SAX 公司　　　软件研发支出（每次发布）

每次发布所投入的资金（单位：百万美元）

人越多，支出就越多
第一年

这个时间序列图比较了每两年一次的发布周期所投入的研发资金。1996年SAX公司起步时，它用了50万美元创建了最初的应用程序。两年后，它的支出是1996年的4倍，而到了2000年，开支继续攀升，达到600万美元

随后，噩运来了。2001年底，公司的整体市场份额下滑，不得不裁员以避免负债的危险。相应的成本下降了，因为团队人员越来越少，整个公司对于发布新的版本也不再那么充满热情。

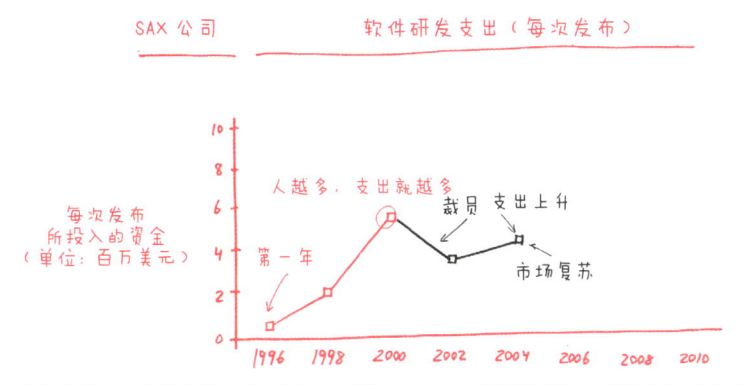

SAX 公司　　　软件研发支出（每次发布）

每次发布所投入的资金（单位：百万美元）

人越多，支出就越多　裁员　支出上升
第一年
市场复苏

随着市场不景气和裁员，研发投入下降。2004年市场复苏时，研发投入又有所上升

第十二章　我们什么时候解决问题？画图解决"在什么时候"的问题　　221

从 2004 年开始，软件的研发支出逐年递增。2006 年第六版"超级经管师"投入的研发资金为 600 万美元，再次达到了 2000 年创下的最高纪录。按照这种趋势，我们将来的投入将会达到 900 万美元。

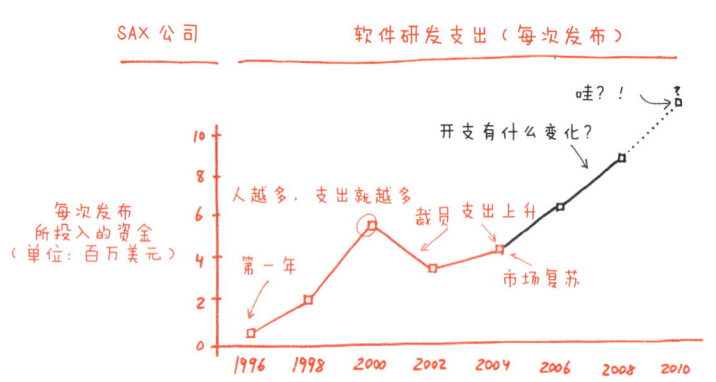

从2004年起，研发支出逐年递增。所以如果我们现在花900万美元来升级新的版本，也是沿着这个轨道发展

但这并不能说明一切。尽管我们非常想从执行官那里得到 900 万美元，并且想用这幅时间序列图证明投入是值得的，但我们也很清楚，执行官会想知道我们还没有想到的一点：投入这些开支后怎么才能让公司的总体收支保持平衡？

为了回答这个问题，我们会再创建一个时间序列图，横坐标不变，纵坐标反映公司的总体收益，坐标的最高值从 1 000 万美元的投入资金（我们所听过的在软件发布上投入最多的资金额）变为 4 000 万美元的年度收益。我们仍然从 1996 年公司总体收益达到约 100 万美元时开始标注，4 年过后，收益飙升至 2 100 万美元。

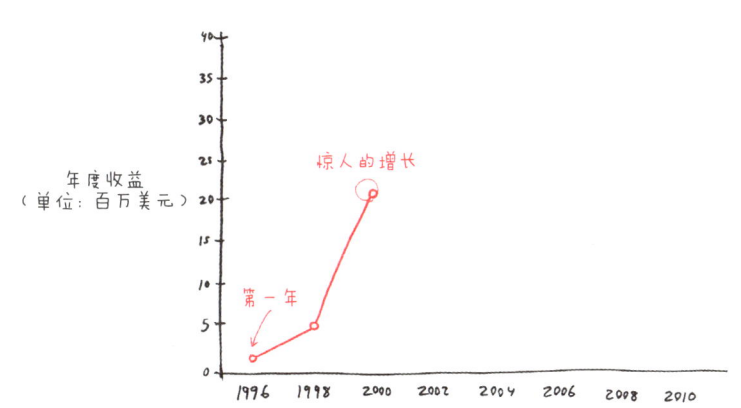

[图：SAX 公司年度总体收益 —— 年度收益（单位：百万美元），纵坐标 0–40，横坐标 1996–2010，标注"第一年""惊人的增长"]

重新创建一个相同的时间序列图，不过这次把纵坐标换成公司的收益，最高的坐标值为 4 000 万美元

好景不长，2001 年后的两年里，公司的收益跌了一半以上，甚至市场复苏后，我们的收益仍然抑制不住地下滑。

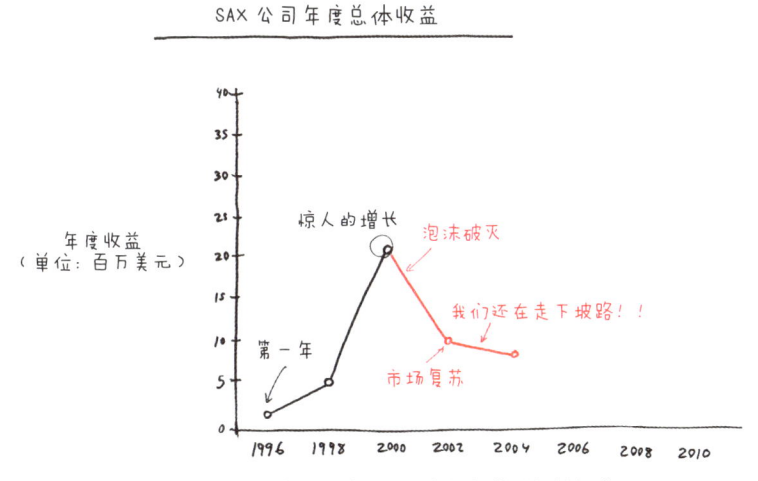

[图：SAX 公司年度总体收益 —— 标注"第一年""惊人的增长""泡沫破灭""市场复苏""我们还在走下坡路！！"]

2001 年，收益抑制不住地下滑，市场复苏后仍然如此

第十二章　我们什么时候解决问题？画图解决"在什么时候"的问题

2004年后,收益反弹了,两年里上升到了3 000万美元。然后就停在那里了:销售额平平,收益平平。这种状况让我们又回到了最初的问题,它让我们开始建立"谁/什么"的框架。

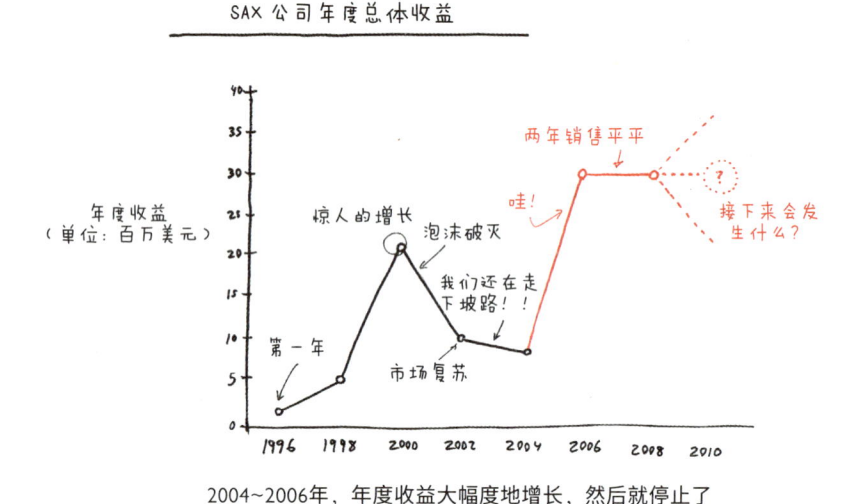

SAX 公司年度总体收益

[图表:年度收益(单位:百万美元),横轴1996—2010年。标注:第一年、惊人的增长、泡沫破灭、我们还在走下坡路!!、市场复苏、哇!、两年销售平平、接下来会发生什么?]

2004~2006年,年度收益大幅度地增长,然后就停止了

单独来看,这两幅图告诉我们两件事:第一幅图显示,研发支出似乎是以某种较为稳定的比例上升的;第二幅图显示,收益(尽管还是很高)已经不再往上走了。但此刻我们把两幅图放到一起,想法和问题也会由此产生。为了把两幅图放到一起,我们不得不把支出图移下来,对好相应的坐标值。

将坐标值一一对应后,我们就可以开始同类比较了,由此可以看到与收益相比较的研发支出是怎么变化的。

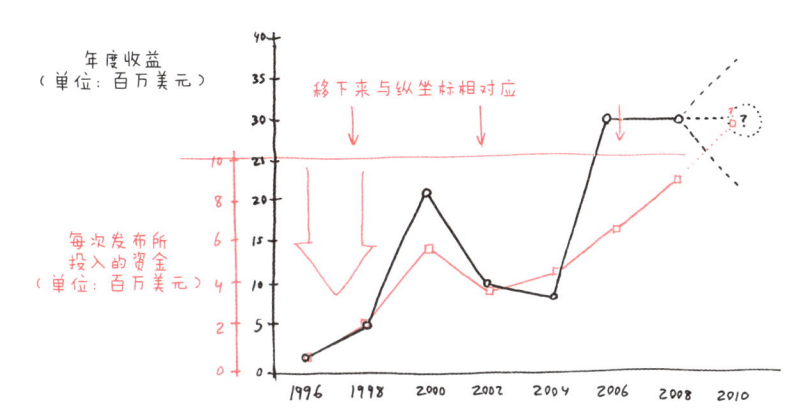

当我们把第一幅图叠加到第二幅图上时，我们就得把两幅图的纵坐标对应起来

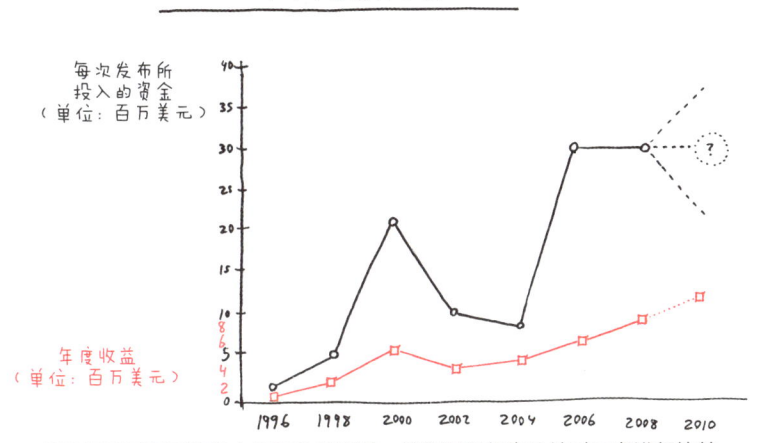

一幅图同时展现了研发支出和收益情况，我们可以很容易地对二者进行比较

我们看到执行官对 900 万美元的反应了：如果 4 年前，在研发支出上增加 30% 就能带来约 300% 的收益增长，而两年前，增加 30% 支出的结果却是收益平平，那么，现在再增加 30% 的研发支

第十二章　我们什么时候解决问题？画图解决"在什么时候"的问题　　225

出，如何保证让收益有所增加呢？

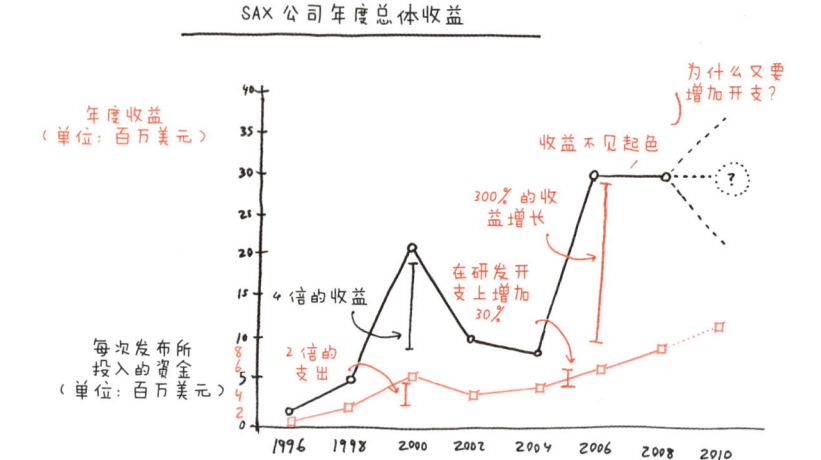

SAX 公司年度总体收益

年度收益
（单位：百万美元）

每次发布所投入的资金
（单位：百万美元）

4 倍的收益
2 倍的支出
300% 的收益增长
在研发开支上增加 30%
收益不见起色
为什么又要增加开支？

问得好：收益不见起色，为什么还要增加开支？

我们看到了需要回答的问题，现在我们就来考虑怎么回答它。

第十三章

我们如何改善经营？
画图解决"怎么办"的问题

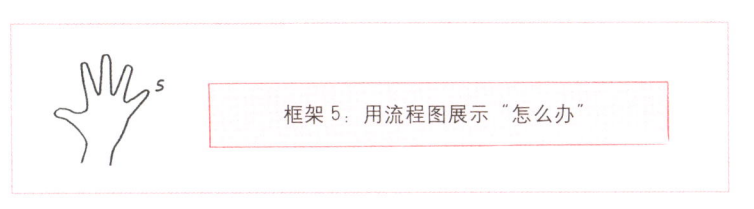

框架 5：用流程图展示"怎么办"

我们怎么用流程图改善经营？

  我们还面临着一个新的问题：应该怎么去说服执行官（还有，怎么说服我们自己），告诉他们花上 900 万美元改进我们的软件产品能够提高销售额？我们得承认：从组织架构图里处于最底层的杰森的喜好马上跳到 900 万美元的支出，这的确是个大的跳跃，不是吗？

  这么说，也确实有几分道理。不过，说的方式倒不一定对。事实上，先别急着说，我们先来看看结论如何得出。

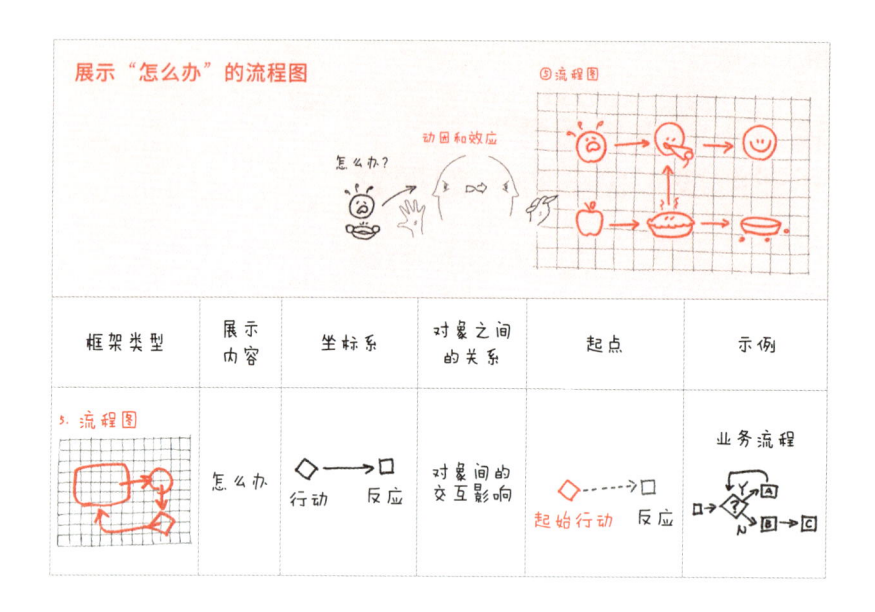

框架类型	展示内容	坐标系	对象之间的关系	起点	示例
3.流程图	怎么办	行动→反应	对象间的交互影响	起始行动--→反应	业务流程

当我们看到对象随着时间推移发生交互——质、量或位置上的改变，看到它们对彼此的影响时，我们看到了动因和效应，看到了事情是如何进行的。视觉化思考宝典告诉我们，当我们需要展示这样的动因和效应时，我们就要创建一幅流程图。

流程图：基本绘画方法与要求

要从视觉上将杰森关于软件的需求和重建软件平台相联系，我们需要一幅详尽的流程图。不过，我们不从这幅详尽的图开始。我们先从简单的（但也同样有用的）事情入手。让我们看看执行官怎么处理这样一个关于大额投资的决策问题。

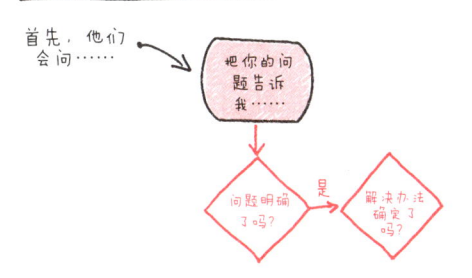

第一部分：执行官会让我们说明问题是什么

框架图告诉我们从行动到反应的过程。当我们带着电子表格出现在执行官面前时，他们首先会问我们："问题明确了吗？"然后他们会接着问，"你已经想到可能的解决办法了吗？"

我们知道，如果对这两个问题之中的任何一个说"没有"，我们马上就会被拒之门外。所以我们必须明确问题并提出可能的解决办法。

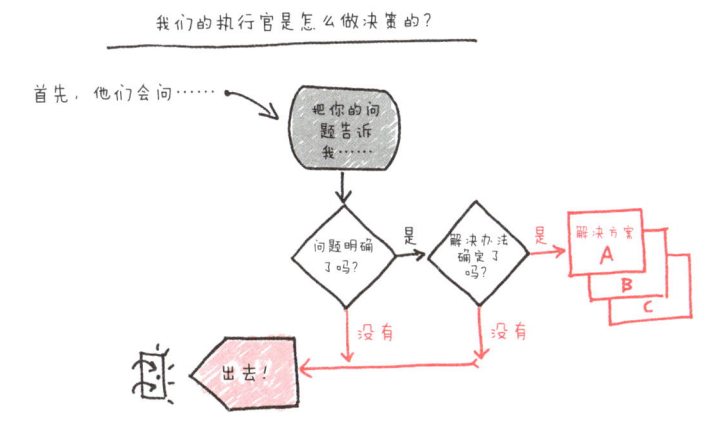

第二部分：如果问题或者预设的解决方案都没有明确，那么谈话到此结束。而如果我们已想到了可能的解决方法，那么执行官会专心听我们讲

第十三章 我们如何改善经营？画图解决"怎么办"的问题　229

然后就是关于解决方案的讨论：从技术角度来讲这是否可行？如果答案是肯定的，那么从资金角度来看是否可行？不行的话，就要重新考虑。但如果可行，就要开始一个结论性测试：胆识的考验。我们的执行官在软件行业摸爬滚打多年，对于真正解决燃眉之急和纸上谈兵的方案有着准确的直觉。于是他们会问自己："我现在看到的这些真的可以解决问题吗？"随后他们便会开始真正的思考。

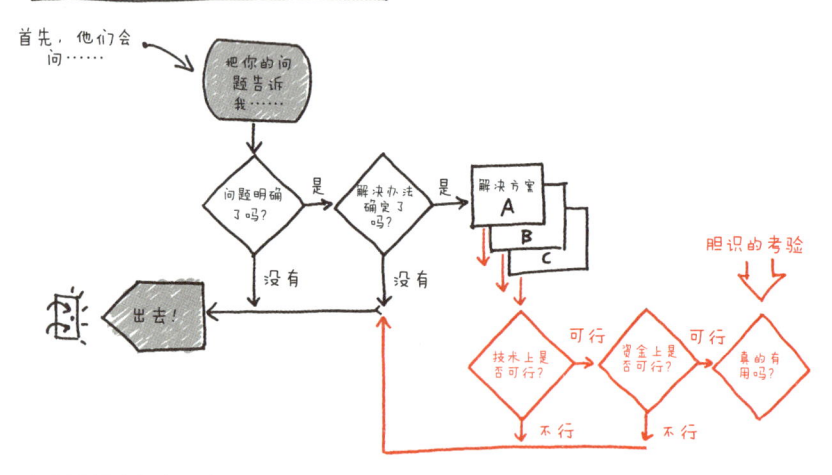

如果预设的解决方法在技术方面和资金方面都不可行，执行官自然会放弃。但如果可行，执行官就将面临胆识的考验

如果执行官有胆识相信，成功的概率至少有75%，并且亮出绿灯，我们就可以安全地离开了。

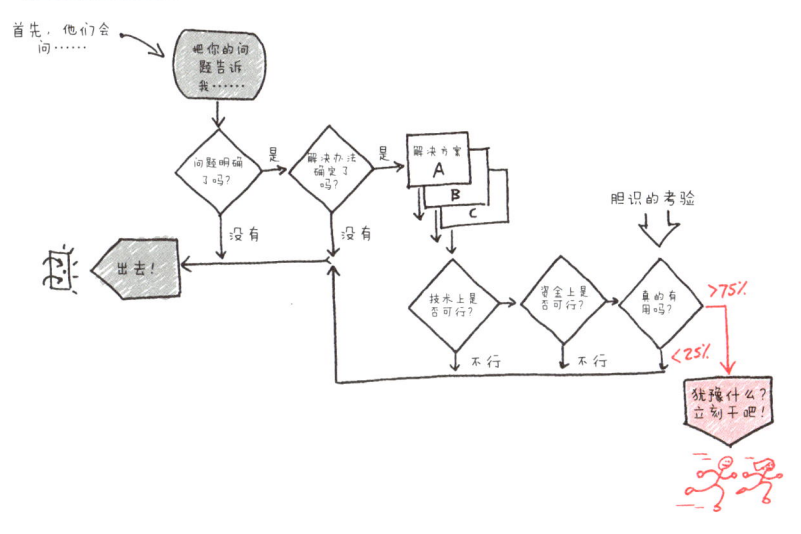

如果感觉解决办法的成功概率至少有75%，我们就可以安全离开。否则，我们最好想点儿别的办法

　　现在我们知道走进会议室进行游说时要面对什么了。首先，我们需要明确问题，提出相应的解决办法。我们需要用同样的流程图来说明对最初问题的理解。但这次事情更复杂，我们甚至要从一个坏消息开始：销售陷入停滞。

　　至于销售为什么陷入停滞，我们最少能找到3个可能的原因：第一，我们的客户群本身没有增长（事实并非如此，在过去的两年里，客户数量每年以至少20%的速度增长）；第二，客户

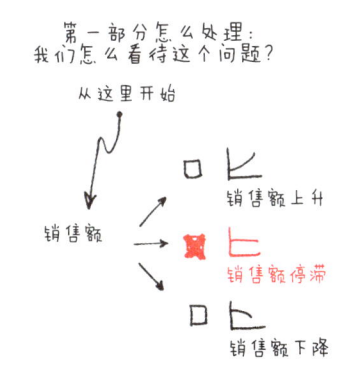

我们必须明确问题。在这里，最显著的问题是：销售额没有上升，也没有下降——它只是停滞了

第十三章　我们如何改善经营？　画图解决"怎么办"的问题　　231

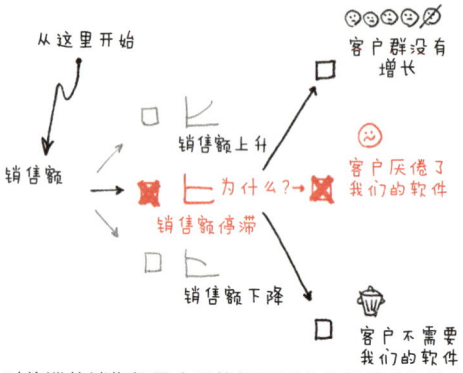

第一部分怎么处理：我们怎么看待这个问题？

对停滞的销售额最合理的解释是客户觉得我们的产品不再有吸引力

不再需要我们的软件了（但是我们的产品在这个新兴行业里是最全面的，任何竞争对手要提供类似的全套服务至少需要一年的时间）。唯一可能的原因就是第三个，客户觉得我们的产品不再有吸引力。

客户厌倦我们产品的原因可能有两个：要么是因为我们的软件让他们用起来很不满意，要么是因为我们对目标客户群的定位是错误的。这两者都有可能。有趣的是，它们引发的要求是一样的——需要我们更好地理解谁是我们的客户，以及他们究竟需要什么。

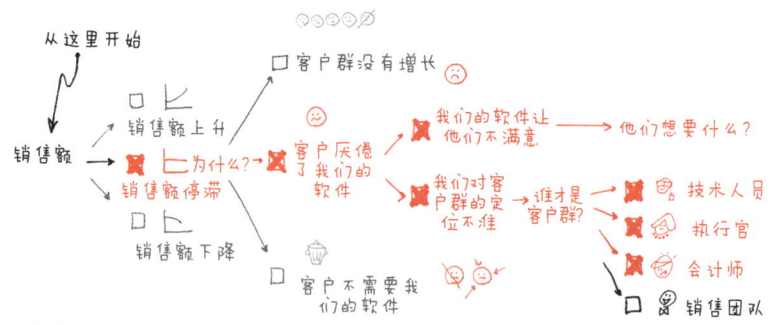

第一部分怎么处理：我们怎么看待这个问题？

我们的产品不再让客户满意，而且我们也没有正确地定位目标客户群。更好地理解"谁是我们的客户"可以让我们对客户需求有更多的了解正因为如此，我们创建了客户群，因此知道了谁是我们真正的客户（技术人员，尤其是杰森，还有执行官、会计师），而且也确定了他们想从会计软件那里获取什么：灵活性、安全性和可靠性。这就有了一个可能的解决办法：如果我们的软件改进了上述三种特性中的任何一种——尤其是灵活性，既然杰森对它那么感兴趣——我们就应该能提高销售额。

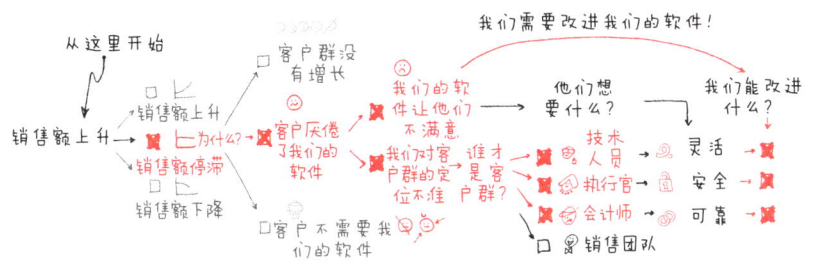

第一部分怎么处理：我们怎么看待这个问题？

我们已经有了可能的解决办法：如果改进软件的灵活性，我们应该可以促使杰森买更多的软件

我们说服执行官的第一步就完成了：我们清楚地阐明了问题的所在，并拿出了可能的解决办法。唯一的麻烦就是这个办法需要花费 900 万美元。现在我们就得让执行官相信这笔钱的投入是值得的。

第十四章

我们何苦如此费心？
画图解决"为什么"的问题

框架6：用一个多重变量图展示"为什么"

为什么要花这笔钱？

花900万美元来重建软件平台就能提升销售额，对此我们是很有信心的。只有从基础做起，才会使得软件的改进适应客户的需求。但是，我们也可以通过对已有平台进行改进来节省大笔开支。我们的执行官近期紧盯着财务报表上的盈亏数字，因此他们最可能采取后面这种办法。

为了明确我们的支出原因，我们不得不纵观一下整个行业的情况：谁是我们的竞争对手？他们的成长速度有多快？消费者和销售趋向是如何变化的？平台技术的变化会如何影响收益？只有将这些信息都整合起来，我们需要的图才会诞生。但我们怎么去整合这些信息呢？要把这么多信息有效地融入一幅图里，可能吗？

"视觉化思考宝典"告诉我们，一个多重变量图的坐标系是由3个以上的变量组成的。这里我们有五六个可能有用的变量，所以我们看看将它们叠加到一幅图中会发生什么。画一幅详尽的、定量的、描画愿景的、有比较性的、既描述现状又展望未来的图，它是本行业"闭盒"的一扇窗。如果我们能够打开这扇窗，就可以为现在的投入提供有说服力的可视化论证。

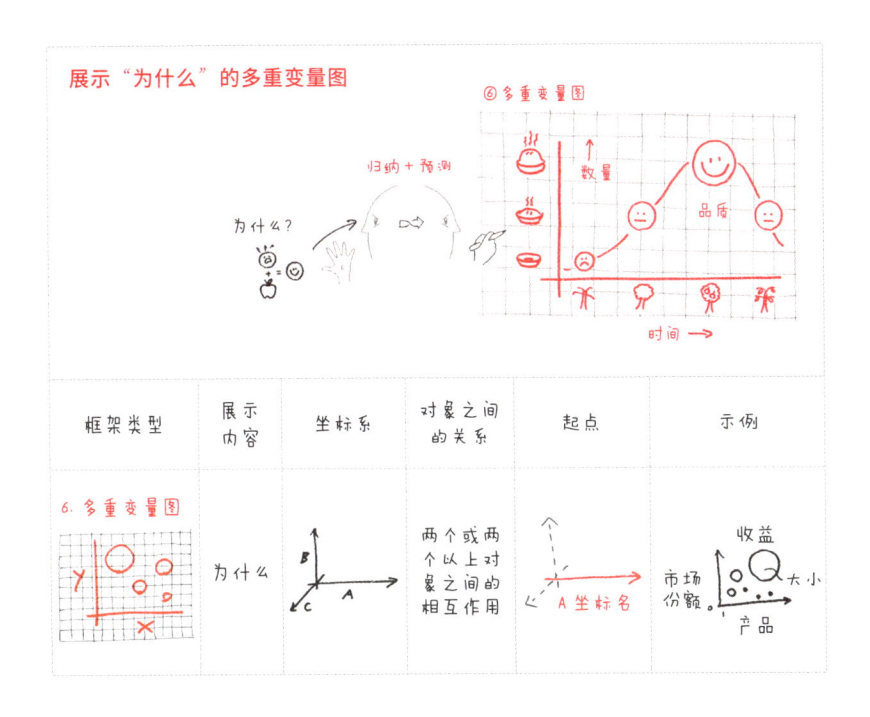

当看到了"谁/什么""有多少""在哪里""在什么时候"和

"怎么办"这些框架时，变量（或者不止一个的变量）就会慢慢地浮现出来。我们越是注意它们的交互作用、因果链，就越能理解为什么它们会以这种方式运作。为了把原因告诉别人，并且开始对事情进展进行预测，我们创建了多重变量图。

第五章告诉我们，当我们"内心的眼睛"将"观察"的其他方式整合到一起时，我们就会看到"为什么"。在创建多重变量图时也是一样，只是这次是把它们整合到一张纸上。我们从"谁／什么"开始，经过"有多少"，转向"在哪里"，然后把"在什么时候"添加上。因为在前面的部分我们已经画过类似的草图，创建这幅多重变量图就像是复习，但有两点不同：第一，我们将把一切都叠加到一幅图里；第二，我们在讨论"谁/什么"时是从竞争对象开始的，而非客户。

多重变量图：基本绘画方法与要求

1.**多重变量图做起来并不难，但的确要求耐性和实践，还有最重要的是重点突出**。在六种框架和上百种图示中，考虑周详、标画清晰的多重变量图是我们创建的最有用、最富洞察力的图表（对于这点，我们会在下文中加以解释）。尽管如此，我还是想不起来在哪本商务书里介绍过多重变量图的画法。我的建议是：先从一个简单的"x-y"坐标系开始，只要有足够的数据支持，任何两个用于定性的变量都可以是坐标（记住，如果它们看上去没什么用，你可以替换它们）。在坐标系的第一象限里用相应大小的泡泡标出所有用于定量的变量，从一个时间点开始。然后，再在下个时间点加上另一堆表示同样变量的泡泡。你需要完成的工作是：要么将一张多重变量图作为最终图样来完成；要么将其作为初始的记事本，在上面增加越来越多的变量。

  2. 这碗汤要稠稀适度。一幅多重变量图真正要做的是创建整体业务范围或者商业难题的标度模型。一旦创建好，我们希望做的就是确定业务（或难题）中有限的几个方面。也许它们彼此之间会产生很大的影响，但我们只需要看清这几个方面就足够了，并不需要认清其他所有变量。变量太少，我们可以画出一幅简单的柱状图——在很多事上它是有用的，但不足以让我们发掘出问题的关键；变量太多，我们就回到了起点。要考虑的事情太多，最后一件也完不成。再次强调，要想知道"真正准确"的数字，唯一的方法就是开始画图，然后看有用的想法什么时候会出现。

  3. 任何东西都可以叠加在别的东西上，但是……多重变量图的最大危险就在于它要求叠加许多种类的数据，很容易让人误以为发现了某些变量之间的联系，事实上并非如此。这是关于统计学甚至更基础的学科的挑战：将"关联"（即不同变量的相似趋向这种假象）与"因果作用"（一个变量对另一个变量的直接影响）区别开。尽管在《海滩游侠》[①]的重播频率上标出全球温度的波动是个很诱人的想法——而且二者很可能有某种关联——但这并不意味着后者必然导致前者。

  回到 SAX 公司的例子上。我们面临的行内竞争对手有两类：资深派（SMSoft、Peridocs 等公司，我们和它们的竞争持续 10 年）和新锐派（Univerce 和 MoneyFree，它们几年前才出现）。

[①] 《海滩游侠》，美国电视剧，故事情节围绕海滩护卫队员营救的故事展开，几乎涉及美国人生活的各个方面。——译者注

SAX 公司也是资深派。这两派由于采用的标准不同而存在很大差别："三巨头"在行内已有至少 10 年的历史，都在私人编码和平台上创建了各自的软件产品，都提供功能繁多的软件，而且都是通过销售软件产品获得收益，并免费提供升级包和服务支持。而 Univerce 和 MoneyFree 这两家小公司则用开放源代码创建软件产品，功能也很有限，只是通过技术支持合同取得收益，不过他们免费发布软件，然后向客户有偿地提供升级包和服务支持。

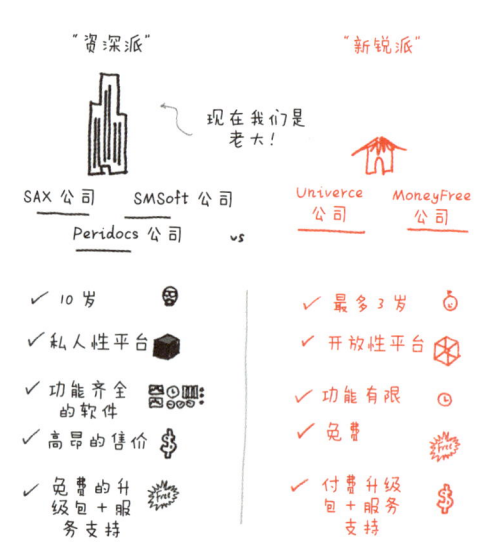

这是我们的竞争模型，表示的是以年龄和不同市场进行区分的两个组

5 家公司，两个不同的平台，两种商业模式。现在，我们通过简单的数字比较，进而了解去年这些公司各自的收益情况。由于我们是根据规模的大小标注这些公司（用相应比例的泡泡来表示

收益），另一个特点也随之出现：资深派去年占据大的市场份额，而新锐派则是刚有点儿收益。SAX 公司以 2 500 万美元的收益名列第一，然后是收益为 2 000 万美元的 SMSoft 和 1 800 万美元的 Peridocs。而 Univerce 的收益为 300 万美元，MoneyFree 则只赚了 25 万美元。

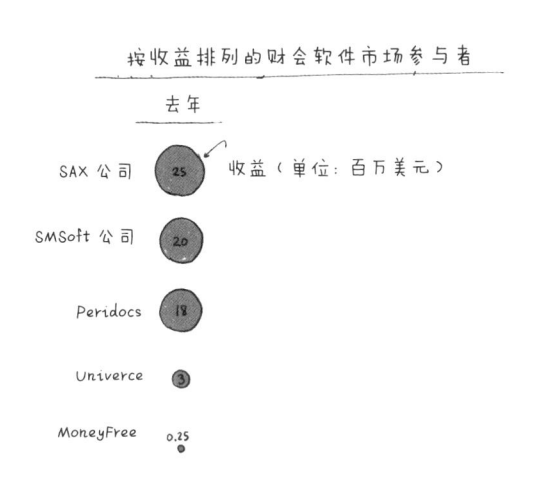

按收益排列的财会软件市场参与者

去年

SAX 公司   25   收益（单位：百万美元）
SMSoft 公司   20
Peridocs   18
Univerce   3
MoneyFree   0.25

我们来展望一下未来。利用分析报告、华尔街预测和业内传闻，我们可以预测明年年底这些公司的收益如何。我们知道 SAX 的销售额已经停滞，但还有新消息：SMSoft 正在商议收购 Peridocs，也就是说即将产生一个组合后的新公司，其预期收益为 4 000 万美元。除此之外，分析员预测 Univerce 这个 3 年前还不存在的公司，其收益将超过我们公司 3 000 万美元的预期收益，而且超出部分在 100 万美元以上，从而将我们从第一位踢到第三位。甚至连小小的 MoneyFree 也很可能会赚到 1 800 万美元。什么？！

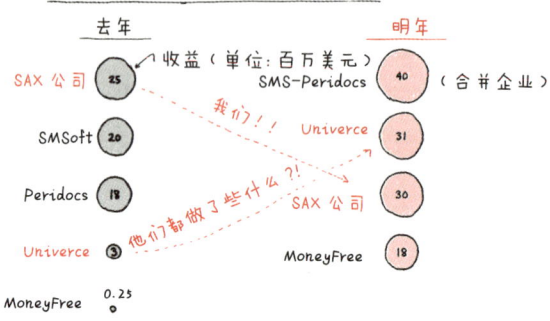

按收益排列的财会软件市场参与者

去年	明年
SAX 公司 25	SMS-Peridocs 40 （合并企业）
收益（单位：百万美元）
SMSoft 20	Univerce 31
我们！！
Peridocs 18	SAX 公司 30
他们都做了些什么？！
Univerce 3	MoneyFree 18
MoneyFree 0.25

明年年底，我们公司和竞争对手的预期收益

　　这是一个在短期内发生的行业变化。除了新的崛起者，还发生了什么？很明显，在这个简单的"有多少"的示意图后面还有很多值得思考的东西。我们不仅需要看到这些公司的规模有多大，还需要根据客户、平台、技术——这些我们在模型里确定的变量——去琢磨它们在彼此的关系中处于什么位置。

　　让我们试试看，把不同的信息组合到一起是否会呈现出某种联系。放到一起的特定信息是我们已经知道的：竞争对手名单、平台类型、软件功能范围、收益和时间。要记住，一幅多重变量图会覆盖3个及3个以上的不同标准，但为了便于开始，我们只能先画出一条或两条坐标轴并为之命名。比如，私人式标准/开放式标准，以及功能完善/功能有限。

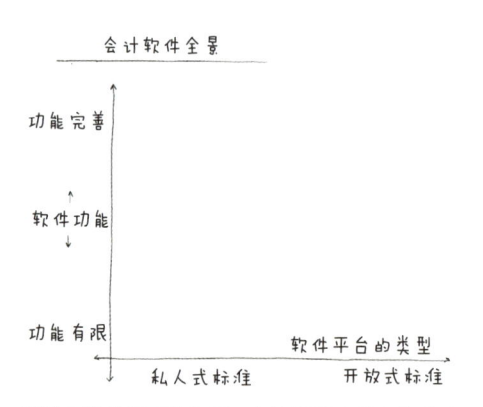

会计软件全景

纵轴：功能完善 ↑ 软件功能 ↓ 功能有限
横轴：私人式标准 —— 开放式标准（软件平台的类型）

我们从横坐标开始作图，在这幅图中横坐标代表软件平台的类型，然后加上纵向的软件功能轴

一张餐巾纸，搞定所有难题

因为我们已经确定了一个基本坐标系，这幅图也就成了一种景观图，我们所要做的只是将其他要素添加进去。既然我们已经准备好了表示去年收益（第三个变量）的泡泡，那么把它们放到坐标系的空白区域中去吧！比如，SAX、SMSoft、Peridocs 滑向私人式标准一侧，而其他的都滑向开放式标准一侧。从纵轴来看，所有泡泡都是按照功能齐全程度来安排的（首先是 SAX，其次是 SMSoft 等）。

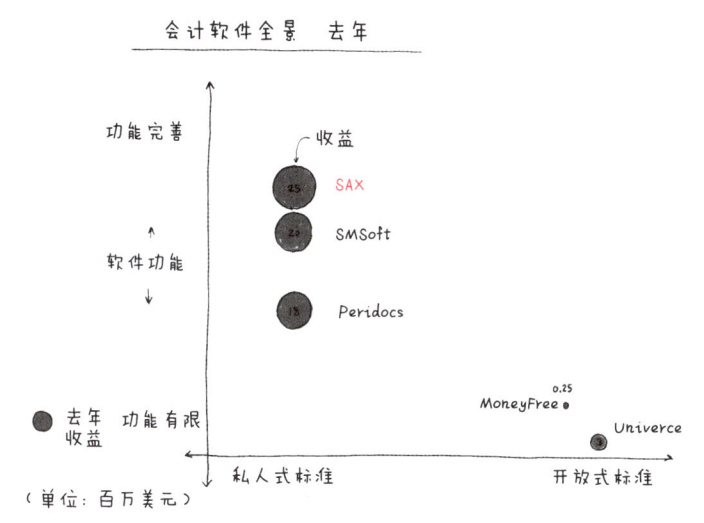

标出了坐标，我们就加入要素：这就是我们和竞争对手的相对空间位置

到目前为止，我们"内心的眼睛"没有漏掉任何东西：去年，大泡泡（更多的收益）有更多的功能，并且基于私人性平台。我们并不需要图来告诉我们。但当我们画出明年的推算数据，这就有趣了。

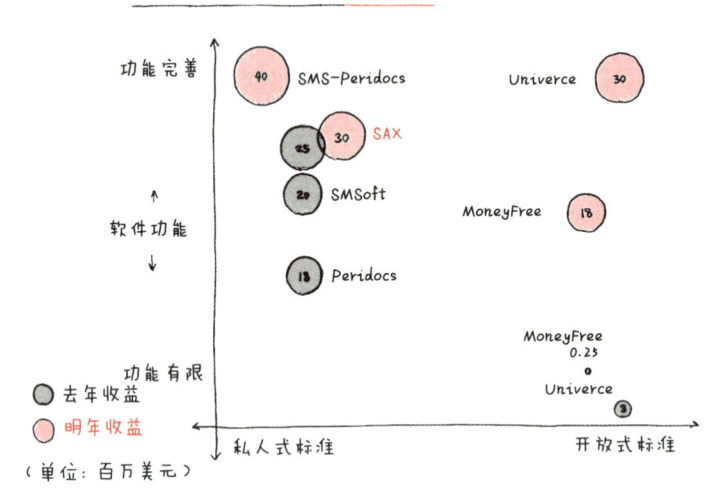

会计软件全景　明年

```
功能完善
        40  SMS-Peridocs          Univerce  30
              30  SAX
           25
           20  SMSoft
↑
软件功能
↓          13  Peridocs
                                MoneyFree  18

                              MoneyFree
                                0.25
                               Univerce  3
功能有限
  ○ 去年收益
  ● 明年收益
（单位：百万美元）    私人式标准        开放式标准
```

我们将明年的推算收益叠加进去，所有的泡泡都往上跳了

　　现在我们的图里已经有 5 个变量了：公司名、平台、功能、去年的收益、明年的收益。在加入更多的变量前，看看我们能观察到什么。第一，组合后的 SMS-Peridocs 的收益超过了我们（泡泡变大了），功能上也超过了我们（泡泡往上移了）。同时，两家公司的合并会迫使它们整合两种私人性平台，这使得它们的平台还不如以前开放（泡泡往左移了）。而在这期间，我们的收益只增加了一点儿（泡泡变大了），功能方面我们也费力地稍往上推了一点儿（我们的泡泡往上移了）。假设我们对现有平台的功能改进一下，也许我们的平台会更开放一些（我们的泡泡会向右挪点儿）。

　　同时，我们看看图中开放式标准的一侧。资深派在收益的增长和功能的升级上都没给我们留下什么特别印象。据推算，到明年年底，Univerce 不仅会在收益上超过我们，还会在功能方面给我们重击。这怎么可能？

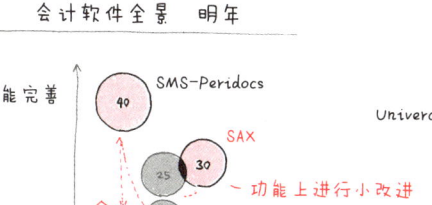

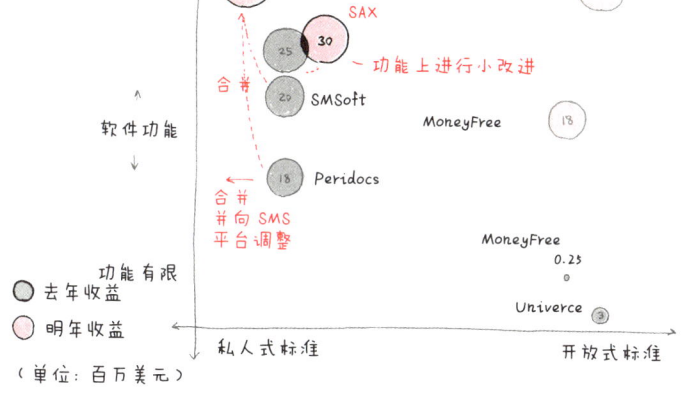

会计软件全景　明年

功能完善

- SMS-Peridocs 40
- SAX 30 ← 功能上进行小改进
- 25 合并
- SMSoft 20
- Peridocs 18
- Univerce 30
- MoneyFree 18
- MoneyFree 0.25
- Univerce 3

← 合并并向SMS平台调整

软件功能

功能有限

○ 去年收益
● 明年收益

私人式标准　　开放式标准

（单位：百万美元）

后来合并的SMS-Peridocs在收益和功能上都会超过我们，但平台变得更封闭、更私人化了，而我们在功能上稍有提高，也略微开放了平台

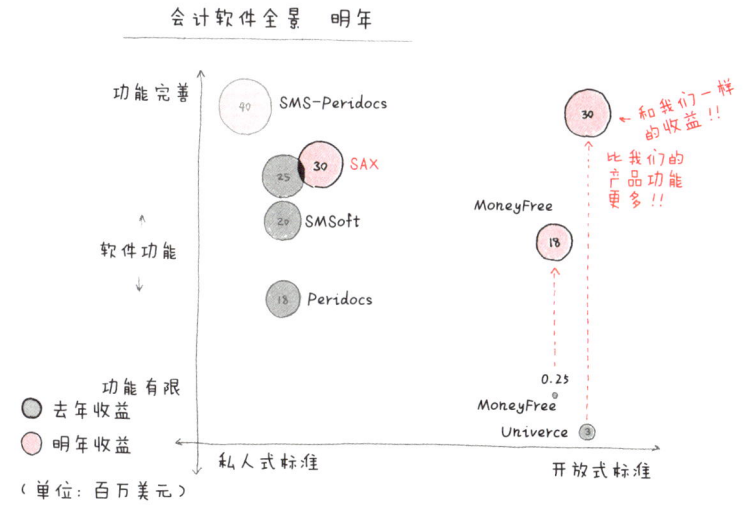

会计软件全景　明年

功能完善

- SMS-Peridocs 40
- SAX 30
- 25
- SMSoft 20
- Peridocs 18
- MoneyFree 30 ← 和我们一样的收益!!
- MoneyFree 18 ← 比我们的产品功能更多!!
- MoneyFree 0.25
- Univerce 3

软件功能

功能有限

○ 去年收益
● 明年收益

私人式标准　　开放式标准

（单位：百万美元）

明年资深派与新锐派的增长情况对比。好像一夜之间，它们竟在收益和功能方面有了我们不曾经历过的飞跃性提高

第十四章　我们何苦如此费心？画图解决"为什么"的问题　　243

为了搞清楚是怎么回事，我们需要再加入一组数据。但在这之前，我们还需要在图中腾点儿地方出来。让我们擦去图中累积添加的一些细节，回忆杰森对我们产品提出的改进要求：灵活性、安全性和可靠性。过去，我们采用的私人性平台比开放性平台安全，但灵活性略差。为了表示出这点，我们可以把图从中间垂直分为两部分：资深派一边更安全、更可靠（左侧）；新锐派一边则更灵活（右侧）。

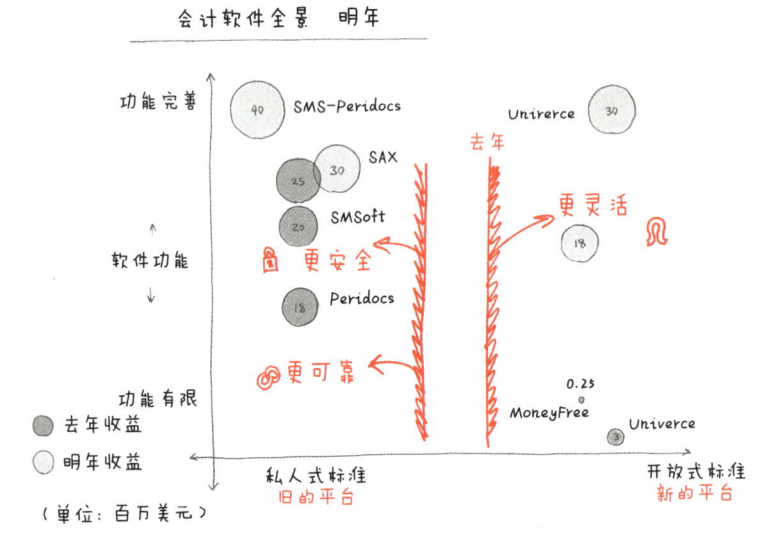

在过去几年里，私人性平台更安全、更可靠，而开发性平台普遍更灵活

这就是为什么我们的平台在灵活性上有任何的提高，就会降低安全性和可靠性（我们的泡泡会向右移）。但接下来的几年，人们预期开放性平台会有极大的进步，而且会愈加完善，可以变得和我们现在的系统一样安全、可靠，并且灵活性也丝毫不减。换句话说，以开放性平台为基础的公司不仅会为消费者提供更好的灵活性，还能提供封闭性平台所拥有的安全性和可靠性。

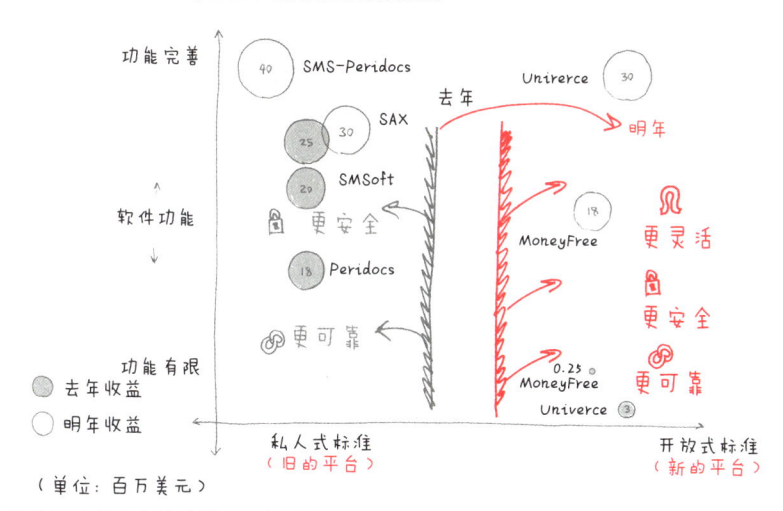

随着开放性平台的改进，明年整个图景会有很大变化。新锐派会提供封闭性平台所拥有的安全性和可靠性，同时兼具它们历来在灵活性上的优点

我们终于能够看清在行业里发生了什么。最迟在明年，新锐派公司给消费者提供的服务就能与我们这些资深派公司平分秋色，甚至会更好。这也让我们回到了最初的问题：我们既然可以用较少的开支对已有平台进行适度改进，为什么还要花900万美元去创建新的开放性平台呢？

不管你是否相信，我们现在收集的信息和分析的结果足以告诉我们原因。本章是从一个简单的假设开始的：更多地了解我们的客户会告诉我们为什么销售额停滞不前。运用视觉化思考的六种框架，我们不仅回答了这个问题（是的，我们让杰森感到不怎么满意），也确实看到了怎样才能让我们的客户满意（改进安全性、可靠性和灵活性），以及怎样才能稳住我们行业老大的位置（转向开放性平台）。但这个转变要花掉900万美元，这就意味着我们还有一件事要做：让执行官了解原因，让他们自己看到"为什么"。

在接下来的部分，我们将根据这些图进行一场简短的演示。通过这样做，我们将回答有关视觉化思考的两个重要问题——每次我一谈到用画图的办法解决问题，这两个问题就会被提出：有效展示一幅图的最佳方式是什么？一幅解决难题的好图是否不需要特定的解释？

第 四 部 分

推销创意

"秀"的时刻到了!

第十五章

关于商业的一切已有知识，
我都是在展示与讲述中了解的

关于视觉化思考，还有两个大问题，每次我讲到通过画图来解决问题时它们都会被问到。这两个问题很棘手，都是关于当我们需要和他人分享创作的图画时，应该如何推销我们的想法的。第一个问题与作为展示者的我们相关：怎样才能更好地口头描述所创作的图画？第二个问题则与我们的作品本身相关：如果它们需要解释说明，是否表示它们是不完美的？

在展示与讲述中了解商业

想象一下你走进幼儿园的一个班里，(征得老师的同意后)让会唱歌的6岁孩子举手，所有孩子都会举手。有多少人会跳舞呢？所有孩子都举手。有多少人会画画？仍然是所有的孩子都举了手。再问有多少孩子识字。有一些孩子会举手。然后走进十年级的教室，问16岁的孩子同样的问题：有多少人会唱歌？也许半空中会有一两只手。有多少人会跳舞？有几个。有多少人会画画？两三个。再问有多少人识字,这下所有人都举手了。

别误会:学习读书识字是毋庸置疑的。但是,唱歌、跳舞和画画呢?我们相信我们曾经知道怎么去做这些事。事实上,孩提时的我们每天都会很快乐地做着这些事情。那么,为什么10年以后,如此多的人却忘了我们曾经会做的事?我们天生就拥有解决问题的能力,其中一些基本能力对在商业世界里打拼的我们是极为有用的,但我们是不是把它们弄丢了?

快到本书的尾声了,我还有最后一个故事与大家分享。对于如何去展示"解题图",这是个绝好的例子。故事有点儿吓人,而且听上去还有损于我们书中所倡导的观点,至少它发生的时候我是这么认为的。经过反思,我才意识到,这个故事实际上更有力地支持了视觉化思考,尤其是当我被迫去回顾视觉化思考的方式时。

一年前,我受雇加入了一个商业咨询团队并接手了一个很重要的项目——为一个庞大的技术工程进行销售解说。每个团队成员都经过了严格的遴选,他们都曾在世界各地从事销售工作,并且成功地完成了各个项目。当我第一次走进会议室和他们见面时,我立刻被震住了。如果你计划在一个全新的技术系统项目上投入1亿美元,他们就是你需要的人,你一眼就能知道。

尽管我只在图表制作上帮了些忙,但和这个团队的合作还是让我感到很愉快,我甚至还说服他们相信在销售演示中用图画说明取代要点列表分析的重要性。他们见过太多人在要点列表翻到第二页时便去会周公了,因此,他们都很赞成采用画图的方法。在一起工作了三周以后,我们都惊讶于工作的出色成果。我们一起成功地将数百页材料浓缩成六张纸和几十张幻灯片,却没有漏掉任何要点,也没有偏离提案的大纲。

我们最终展示的是一幅多重变量图，和我们为 SAX 公司创建的图很相似。它将一些变量（竞争对手名单、市场份额、产业流程、不同时间段的销售量）在同一幅图中标出，展示了客户产业的各个方面。观众对每个变量都很熟悉，但从来没有见过它们出现在同一幅图中。这样一张包含了许多重要见解的图，不仅展示了彼此不相联系的变量在商业模式中的产业流程变化；展示了客户在其中两个步骤上领先，在其他步骤上却相对落后；还展示了最大的竞争对手只重点关注一个步骤；等等。换句话说，这幅图能够引发奇妙的对话，无论是对客户的决策过程还是对我们这个团队准备进行的工作来说，这些对话都很重要。

负责制作图表的我在展示那天没有任务，所以我接受了一个并不熟悉的角色——坐在听众席后面，这样更方便判断观众的反应，随时记录。当我们的团队走进听众席发表演讲时，我已经做好了惊讶的准备。我的确惊讶了，一切都出乎我的想象。

项目组长劳伦做了一个很精彩的开场白。她是个很出色的演说家——既迷人又可爱，说话很大声。她以一个有趣的小故事开头，引得在座的客户经理、技术人员和财务人员一阵哄笑。再没有比这更好的开始了！

随后她点击了"下一张幻灯片"，并看向那幅多重变量图。这幅图整合了视觉信息、前认知属性、直觉坐标系……接着，她愣在那里了。

我好像在看一部卡通片：劳伦大张着嘴却什么也说不出来，她的目光扫过 15 英寸的投影屏，但好像什么也没看到。她站在那里，维持着开始的手势，动也不动。屋子里所有人都屏住了呼吸，等着她解释呈现在他们眼前的东西是什么、要表达什么意思、为什么值得关注。但是她仍然没有发出任何声音。我在座位上局促不安地

第十五章　关于商业的一切已有知识，我都是在展示与讲述中了解的　　251

扭动着，只差喊出来了："劳伦！就说说这图上有什么，指一指就行了！"

感谢上帝，我抑制住了自己，没有叫出声。而劳伦——这位老练的咨询专家——没有被图中一堆五颜六色的泡泡打断太久。她深深地吸了一口气，恢复了冷静，说："我们创建这幅图的目的是展示你们在这个行业所处的位置。请放下一张幻灯片。"

最终，我们没有赢得这个项目。

汇报时，我们对所发生的一切达成了共识：尽管劳伦和整个团队已经知道如何创建解决问题的图，但我们从来没有讨论过怎么去说明这幅图。当劳伦在台上准备演讲时，她满以为身后的幻灯片会显示文字，那些她已经说过很多遍的文字。但是当她转过身，看到那些彩色的泡泡、线条和箭头连接的零星文字时，她的脑子一片空白。该从哪里开始？应该说什么呢？除了标题和坐标，没有可以说的东西：没有要点、小结和说明性文字。

那时，我已经知道自己在用图解决问题上遇到了挑战：尽管我们知道如何"看""观察""想象"和"展示"，但从没有人告诉我们该如何讲述看到的东西。就好像唱歌、跳舞、画画，曾经我们不用提纲就知道怎么展示和讲述，但现在我们没法这样了。

我一度绝望了：难道除了简单的表格、维恩图和柱状图，就没有别的展示工具了吗？我都已经研究了这么久，也亲眼看见了画图的奇妙，我怎么可能相信展示工具就没有别的未来呢？此时我想起了那顿英式早餐，想起了我与6个国家的不同公司合作时创作的图，想起了那些由一时的灵感得来的、迅速让CEO理解的草图，想起了那些只有温习了绘制详尽的甘特图才知道应该做什么的项目团队。不，我想，问题不在于图。问题在于，我们必须记住，展示和讲述是不同的。

我突然想道：其实我们早就知道这一点了。不过，就像视觉化思考本身一样，我们在运用它时毫不自知。事实上，"看图说话"的过程就是视觉化思考的过程。我会解释这一点。让我们暂时回到 SAX 公司的例子，在执行官面前进行最后那场 900 万美元的解说。

看—观察—想象—展示：用图来推销创意的四步

快速地回忆一下：我们创建了一系列的图来帮助我们解决 SAX 公司销售额停止增长的问题。这些图带给我们解决问题的一种可能方案：花 900 万美元彻底重建一个软件平台。好极了，这个问题解决了。但另一个问题又来了。如何说服执行官在销售停滞的情况下往一个大项目上投 900 万美元？为了说明这个问题，我们又创建了一系列图。我们绘制出执行官的决策过程，用流程图展示动因和效应，最终确定什么是需要展示的，然后我们准备了一张详尽的、定量的、表现愿景的、有对比性的和超前思考的图来说明我们的整个打算。

想象一下，我们安排了一次会议来说明自己的想法。我们提前半个小时到了会议室，等待执行官的到来。别担心。我们所做的一切和画图的步骤完全一致：看看饱含信息的图，看到其中最要紧的部分，思考它们是什么意思，然后展示出结果。唯一的不同是此次图已经成形，我们早已知道想要展示的要点了。

等待中，我们没有去开启电脑，安装无线网或者投影仪，但这并不表示我们没什么可展示。我们没有在每个座位前堆放一摞

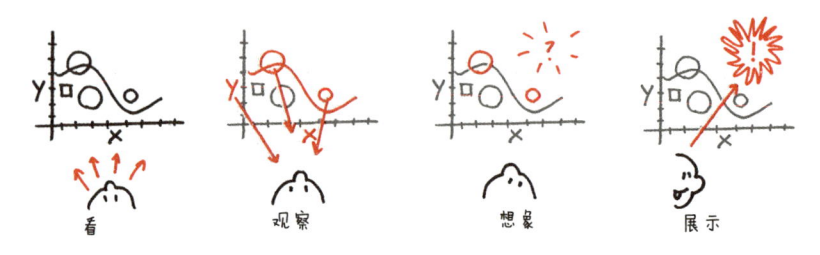

看—观察—想象—展示。我们以前就是这样做的，现在不妨再做一次

花花绿绿的资料，但这并不表示我们不会在适当的时候向听众展示相关的图表、数据。我们所做的就是在白板上画出已经绘制好的图，而且画得尽可能大。我们大致勾勒出坐标系，标出四个变量（竞争对手、平台、功能、去年的收益），将这些变量融入一个相互作用的、现场即兴的（但不是毫无准备的）、重视基础（但不是将问题过分简单化）的视觉化思考讨论会。我们准备以此来说服执行官。

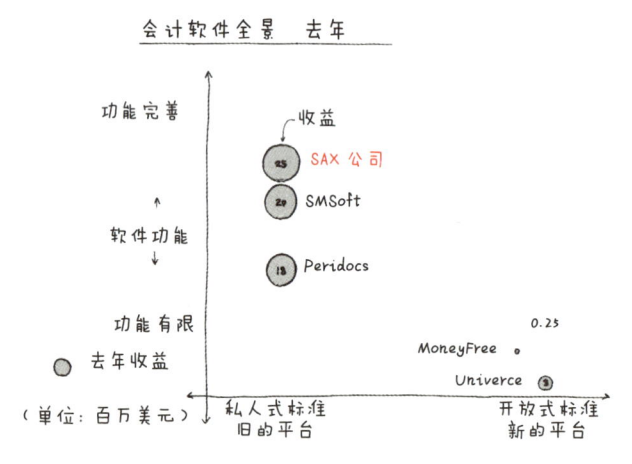

这就是执行官进入会议室前我们在白板上画的图，包含标题、坐标、说明和首要的变量

画好后，我们坐下来，深吸了一口气。执行官准时到场了。他们最近不太喜欢闲聊，我们马上站了起来，随后请他们将注意力放到白板上。

"大家都知道，我们需要解决一个大问题。SAX 面临着销售额停滞不前的难题，如果我们不能在明年取得良好的销售业绩，那么我们将会失去目前第一的市场份额。我们相信已经找到了一种解决方法，希望能通过对市场的视觉化评点与你们分享这一想法。"

简单的开场白。我们在白板上画的详尽的图已经开始帮我们的忙了。执行官看出我们颇有想法，但又不能完全理解白板上的东西，因此很迫切地想听我们会说些什么。他们甚至可能会格外"开恩"，给我们一些时间来切入主题。此时，我们开始出声地"看"图了。

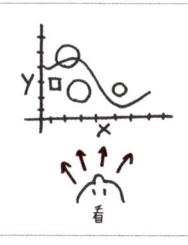

开始出声地"看"

看：这张图是关于什么的？里面包括了哪些内容？没有哪些内容？坐标和方位是什么？

出声地"看"意味着我们不会将执行官抛到"保龄球馆"中央。我们会牵着他们的手，引领他们走到那里，边走边指出所在的坐标和方位，留出一定的时间让他们能够搞清楚我们"在哪里"，应该做什么。

我们边想边开始了我们的讲述："我们创建这张图的目标是想根据一些关键性因素建立我们产业的基线，从平台到功能设置再到收益。我们相信，这样综合性地看我们的业务，可以从新的角

第十五章　关于商业的一切已有知识，我都是在展示与讲述中了解的

度审视我们的问题，无形中也会激发一些新的、出乎意料的解决方法。"

"这里的信息很多，而且会越来越多，所以让我快速地阐明要点。第一，无论是在私人式系统方面还是在开放式系统方面，我们都有竞争对手。我们在图的底端标出了他们的类别。"我们指向了横向坐标轴。

"接着，我们要问这些公司的软件产品分别提供了什么功能，是全套的还是部分的。我们在旁边也标出来了。"我们指向了纵向坐标轴。

"然后我们在恰当的象限内用相应大小的泡泡加进了去年的收益。大家看，我们去年以 2 500 万美元位列上方，而且在私人式标准平台上具备了完善的功能。而看看右下方的免费软件公司，它们属于开放式标准平台，功能欠缺，几乎没有收益。"我们指着刻度尽头的那个小泡泡。

执行官点着头，到目前为止他们一直能跟上我们的节奏。是时候放开我们的手退后一步了：我们马上就要丢出一颗炸弹。

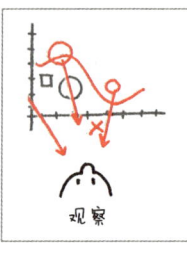

出声地"观察"

观察：图中所突出的、最重要的三个东西是什么？它们彼此之间有什么关系？是否会因此产生某种模式？是否还有我们没注意到的重要信息？

"观察"就是指出图中最重要的信息，甚至是那些我们没有画进去的信息。当我们说"这是那些公司计划的明年收益"时，我们以象限为起点加进了明年的泡泡，同时对 SMSoft 和 Peridocs 的合并加以说明，然后又补充了 Univerce 和 MoneyFree 的情况。

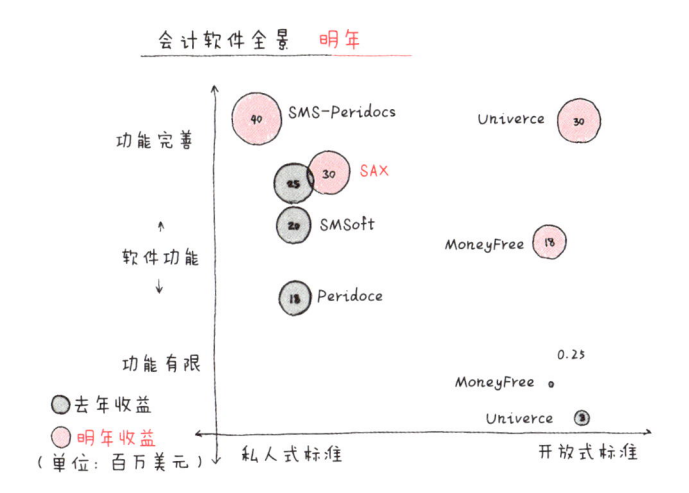

会计软件全景　明年

我们逐次加进了明年的泡泡，从我们公司所处的
左上角开始，到 Univerce 所处的右下角结束

"Univerce 的软件不仅有可能取得 10 倍于去年的收益，还很可能在功能上超越我们，在产品及其规模上将我们踢到第三位。"炸弹就这样炸开了。

现在我们的执行官了解到重点了，问题也随之产生。有些人对此表示质疑，比如："不对不对。你是从哪里得到这些数据的？"有些人则盛气凌人，比如："Univerce 的软件到底是干什么的？"有些人则是试探性的，比如："嗯……那么我们能做些什么呢？"

我们精准地回答了第一个问题，因为我们的确知道数据的来源，而且正要在这个时候把我们研究画图时创建的详细的数据表格发放给大家；第二个问题嘛，我们也回答了，通过阐述明年开放式标准平台在安全性和可靠性方面的预期提高及其对开放性软件销售的影响；至于第三个问题，我们也做了相应准备。"谢谢您的问题，它也引出了我们下面的内容。"我们回答,"下面我们会介绍我们发现的两个可选的方案。"

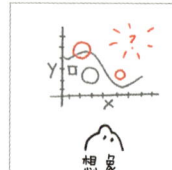

> **继续出声地"想象"**
> 想象:我们如何处理或利用图中出现的模式?是否存在某种机遇?这里还隐藏着什么信息?我们在哪里曾经见过这个?

出声地想象指的是讨论图中展现的选择,并让空白的部分生动起来。选择一就像给自己贴了一张廉价的创可贴。停留在同一个平台上,我们产品的服务和功能或许会略有改进。我们也可能会在一段时间内领先于合并后的 SMS-Peridocs。

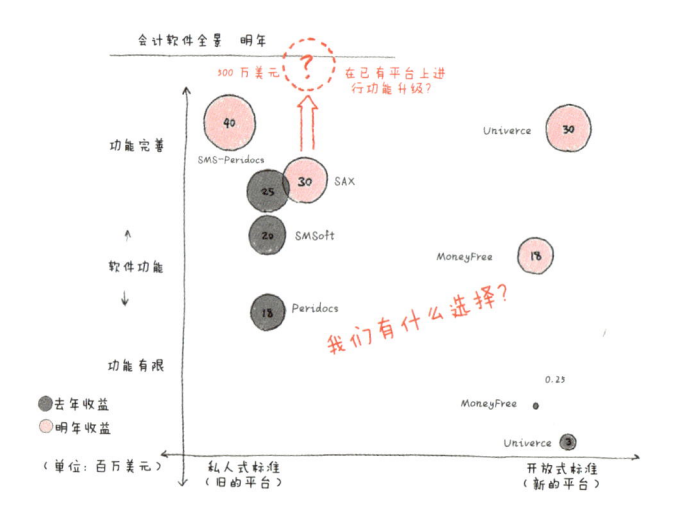

选择一:在已有平台升级上投入较少的资金有可能帮我们在功能产品方面重新成为"领头羊",但是对于提高产品整体的安全性、可靠性和灵活性则作用有限

接下来是选择二，投入 900 万美元重新设计平台，我们的产品会因此在各方面得到改进，我们也会在崛起的开放式标准平台的大军中成为"领头羊"——通过加入它们来击败它们。

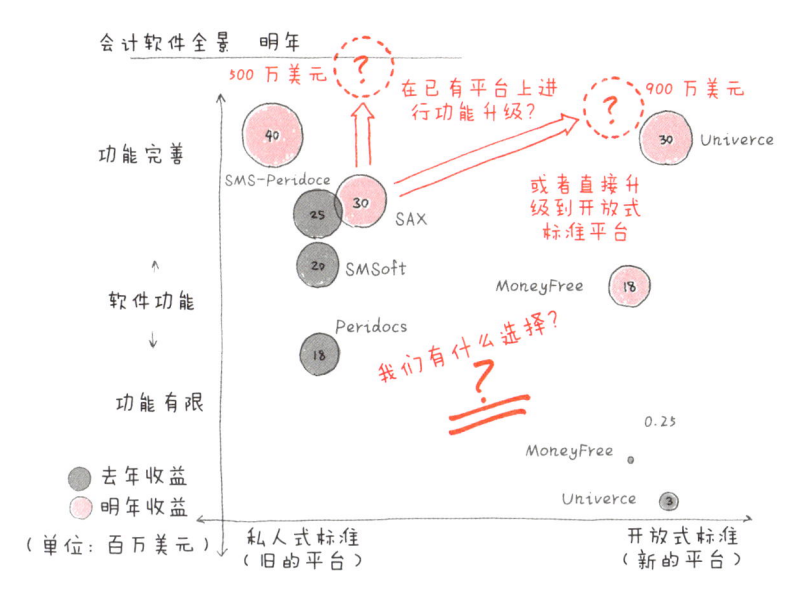

会计软件全景　明年

300 万美元　在已有平台上进行功能升级？　900 万美元

功能完善
40 SMS-Peridoce
25 / 30 SAX
或者直接升级到开放式标准平台
20 SMSoft
MoneyFree 18
30 Univerce

软件功能

功能有限
Peridocs 18
我们有什么选择？

0.25
MoneyFree
Univerce 3

● 去年收益
● 明年收益
（单位：百万美元）

私人式标准　　　　　　　　开放式标准
（旧的平台）　　　　　　　（新的平台）

选择二：用 900 万美元重建平台，以及加入开放式标准平台
将让我们成为在图中增长最快的一方

现在，执行官产生了一个更大的疑问。"好的，"他们说，"你们在这幅图上花了很多时间，你们认为我们应该怎样做？"

以出声地"展示"作为结束

展示：我们讲完了我们认为应该讲到的。你也是这么看的吗？我们觉得这些就是我们的选择。你是否同意呢？

终于，我们要来说，为什么应该按"选择二"来做，花掉这一大笔钱了。不管我们今天在市场上的地位如何，凭现在的平台，未来几年里我们无法在灵活性、可靠性和安全性上与别人竞争。开放式平台会很轻易地击败我们。过去10年里，我们一直是行业的领军人物，接下来我们只有一条路：用开放式标准重新设计我们的产品。就目前来看，这一点毋庸置疑。

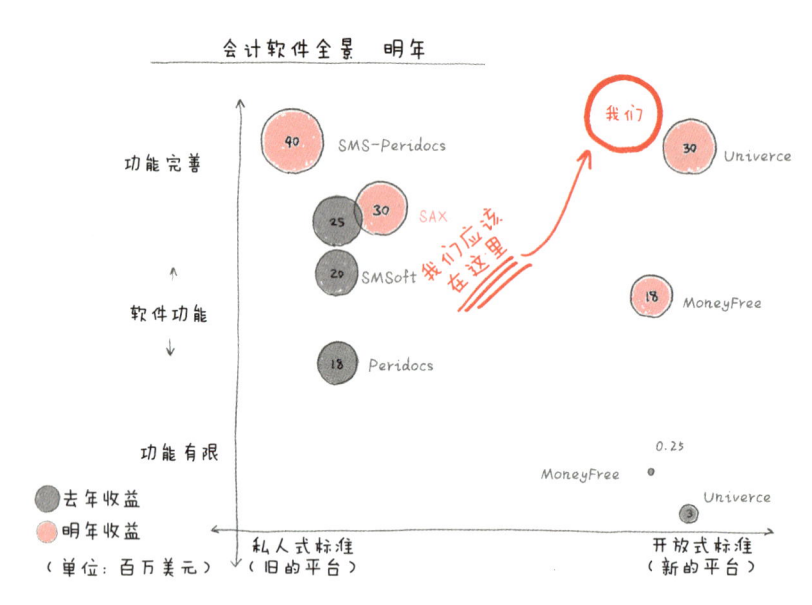

会计软件全景　明年

功能完善

SMS-Peridocs 40

SAX 30

25

SMSoft 20

我们 30 Univerce

我们应该在这里

软件功能

MoneyFree 18

功能有限

Peridocs 13

MoneyFree 0.25

Univerce 3

去年收益
明年收益
（单位：百万美元）

私人式标准（旧的平台）　　　开放式标准（新的平台）

如果我们想在一手创立的行业中保持"领头羊"地位，
除了重建一个新的开放式标准平台，我们别无选择

我们完成了论证。会议却远远没有结束，但我们的图完成了它的使命。它比单纯用文字和大段的论述更快地引入了更多的概念，并且让这些概念清晰可见，易于理解和记忆。它还提供了一个可视框架，我们和执行官可以在其中添加更多的箭头，在接下来的议程中添加更多的选择。重大的决策就要诞生了。让我们诚实地面对我

们画的内容吧！

有时候一个比萨足够了，有时候则不然

劳伦在销售演示时展示的方法和刚才我们在 SAX 公司会议室里展示的方法在风格上有很多不同点。归结到一点就是：我们如果要用一幅图去推销，就得做好向他人讲解这幅图的准备。

现在，我们面临的是本书最后一个问题，也就是，如果一个图示需要相应的解释说明，它是否不完美？"一图道千言"不是告诉我们好的展示本身就能说明一切吗？

其实不是。所有好的展示都不一定是意义自明的，但它们应该是可解释的。能够意义明确、传达有效信息、激发深刻见解，甚至连一个图注都没有的解题图是极为罕见的。当然，基本的肖像、柱状图或者简单的时间轴可以马上被理解，但当我们想要更具体、更富洞察力的图示，并想展示"在什么时候""在哪里""怎么办"和"为什么"之间的复杂关系时，重点不在于用图取代文字，而在于用图更有效地传达信息，方便人们从视觉上理解和记忆。

我用比萨来说明这个问题吧。更确切地说，真正需要我们考虑

的是：什么时候比萨是招待客人的理想食物，什么时候人们更适合坐下来享用三道菜的大餐。我的意思是，在大多数的日常商务会议上，我们的参与意识是很低的。与会者彼此都认识，也知道各自一般都会说什么，而且我们开会时很可能在做其他各种各样的事。我管这种会议叫作"比萨大会"：就像叫了一群邻居过来看电视转播的比赛，而不是盛装打扮一起去享用饕餮大餐。不管是哪一种情况，大家都要吃饱。不过在"比萨大会"上，人们对用餐的期待只是：馅多、汁浓、好吃、打扫残局方便。

大多数商务图表都是比萨：简单且易消化。这些"比萨图"不需要太多解释。它们的存在只是让会议可以顺利推进，让所有人尽可能快、尽可能满意地得到信息。收集了更多的消费者数据？太好了。做成柱状图交给我们。哦，这个项目又添加了新的工作流程和最后期限？好。合并后的时间轴呢？这个？好，谢谢，我先看看。

于是又一次，大量的会议包含着完全不同的预期。想象一下，我们是新老板，召集所有员工传达前3个月令人印象深刻的成果；想象一下，我们刚接手一个新公司，需要向公司的高管说明我们的商业模式将如何改变；想象一下，我们正面对着一个客户，要进行公司有史以来最重要的一次销售展示。这些会议的客人希望被打动，希望学到他们不知道的东西，希望看到从来没看到过的东西……而"比萨图"是满足不了这种预期的。

这些会议就好像需要坐下来静享的盛餐，展示的图应该要传达实在而有价值的见解，引发有意思的对话，支持重要决策的制定。我们所说的并非满足于有限信息的传达，而是要试图传达更多。这时，具体详尽的"怎么办"图和"为什么"图就走进了我们的议事日程：它们包含了更多，展示了更多，正如我们刚才在SAX公司会议室看到的——它们也需要很多的解释和说明。

这并没有什么错。在与"比萨大会"相反的"盛大晚宴"上，我们的客人不仅有更多的时间，他们还期待参与到更细节的讨论中，并愿意投入必要的时间和精力确保自己能大致理解我们所展示的一切。"你说我们应该开辟新的国际市场？有意思。你这么说有什么依据吗？现在就投资去发展一种新的产品？怎么可能？你需要900万美元？先告诉我一个理由。"

正是由于这些原因——我们的客人有了很高的预期，也有了同样高的参与热情——我们应该展示得更全面。详细的布局图、对比性的时间轴、量化的价值链、概念图，它们都是催发创意的平台，而创意的产生才是解决问题的关键。我们展示一幅激发灵感的图并不是因为它省略了很多话，而是因为它会发挥巨大的作用。

第十六章

画着说结论

视觉化思考：便携式解难工具箱

　　坐火车去谢菲尔德的那个早晨，我不仅见识了一张餐巾纸的力量，也明白了我们真正需要的是一个可靠的解难工具箱，而且要便于携带。当遇到难题时，我们可以马上从口袋里把它掏出来，看看是什么造成了这些难题，设想一下解决方法，然后把解决方法展示给别人。我们需要一个具有普遍效力的视觉化思考工具箱——既然我们随时可能用到它，它首先就得好记。

3-4-5-6：视觉化思考的瑞士军刀

　　让我们来做最后一个情境再现的练习。设想你正坐在机场咖啡馆里候机，这时看到几个朋友或同事走过，你把他们都招呼过来，落座以后，他们便问你最近在忙些什么。

"画图解决问题。"你说,"学会更好地进行视觉化思考。"

"真的吗?"

"视觉化思考是什么意思?"

"我画给你看啊。"你一边回答,一边从桌上抽出一张餐巾纸,从包里拿出一支笔。

你一边在餐巾纸上草草勾画出一把瑞士军刀的轮廓一边说:"视觉化思考就像解决问题的瑞士军刀。它有不同的刀具,可以帮助你解决几乎所有种类的难题。这些刀具都有一个简单的模式,你能很容易记住它们各自的功能。"

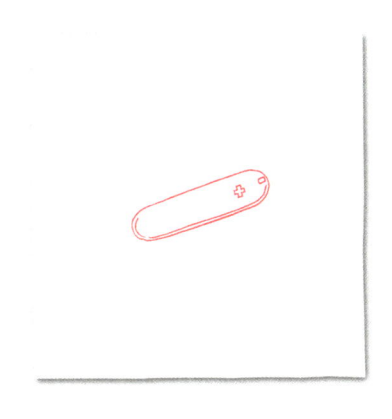

"首先是视觉化思考最基础的三种工具：肉眼、'内心的眼睛'和我们的'手眼合作'。"

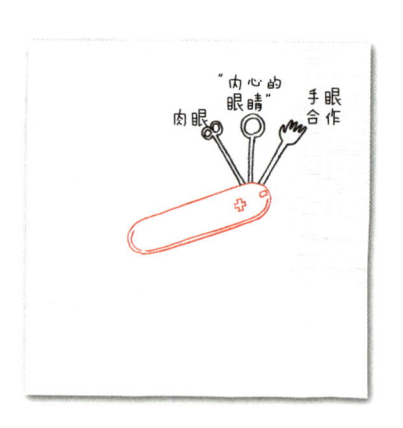

"然后是视觉化思考过程的四个步骤。我们早就知道该怎么做了：看、观察、想象和展示。"

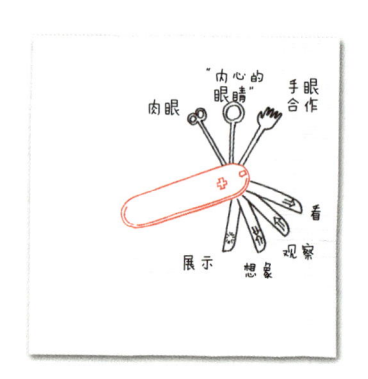

"然后我们有了'SQVID'，这5个问题帮助我们打开'内心的眼睛'：简单还是精细，定性还是定量，愿景还是执行，个别还是比较，变化还是现状？"

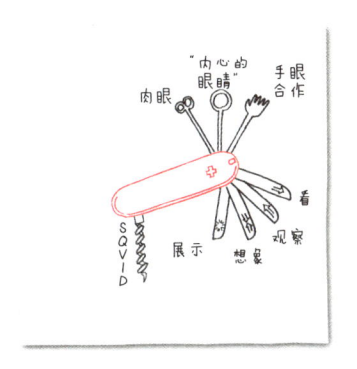

"最后是我们观察的六种方式，还有相应的六种展示方式：谁/什么、有多少，在哪里、在什么时候、怎么样、为什么。"

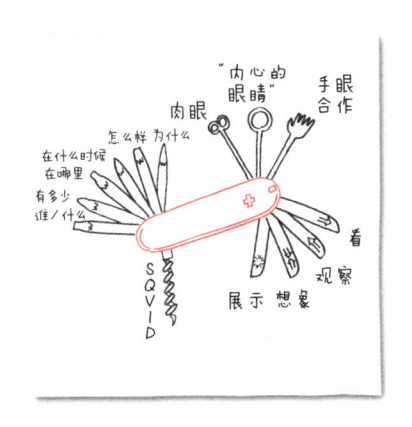

"这就是我用眼睛解决难题的工具箱。我只需要记住这些，在任何时候、任何地点，排解任何难题，它们都帮得上忙。"

"真有趣。"你的同事说，"我还有点儿时间……你能不能再多说些？"

"当然。"你答道，然后就去拿第二张餐巾纸。

"是很有趣。"另一个同事说，"我想多了解一些，不过我马上得走了,可以带走这张餐巾纸吗?"

"当然。"你回答,笑着把它递过去。

在这两分钟里,你记录了自己的思想,并向别人展示出来,而且它还可以继续流传。视觉化思考就是这样展开的。你也可以通过画图来解决问题,推销创意。

致谢

致谢

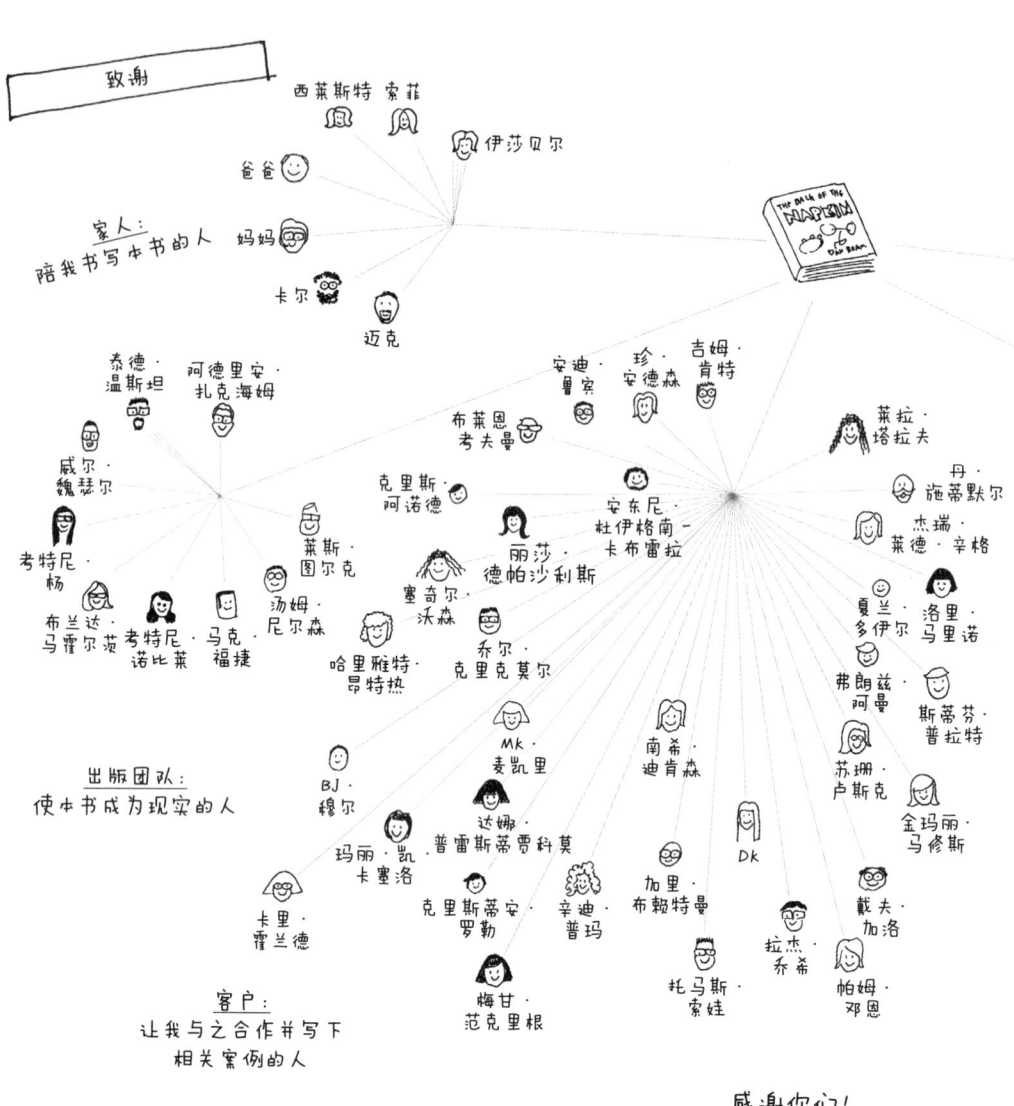

家人： 陪我写本书的人
- 西莱斯特
- 索菲
- 伊莎贝尔
- 爸爸
- 妈妈
- 卡尔
- 迈克

出版团队： 使本书成为现实的人
- 泰德·温斯坦
- 阿德里安·扎克海姆
- 威尔·魏瑟尔
- 考特尼·杨
- 布兰达·马霍尔曼
- 考特尼·诺比莱
- 马克·福捷
- 莱斯·图尔克
- 塞奇·尼尔森
- 汤姆·尼尔森
- 哈里雅特·昂特热
- BJ·穆尔
- 玛丽·凯卡塞洛
- 卡里·霍兰德

客户： 让我与之合作并写下相关案例的人
- 克里斯·阿诺德
- 布莱恩·考夫曼
- 丽莎·德帕沙利斯
- 沃森
- 乔尔·克里克莫尔
- Mk·麦凯里
- 普雷斯蒂贾科莫
- 克里斯蒂安·罗勒
- 辛迪·普玛
- 梅甘·范克里根
- 安迪·鲁宾
- 珍·安德森
- 吉姆·肯特
- 安东尼·杜伊格南-卡布雷拉
- 南希·迪肯森
- 加里·布赖特曼
- 托马斯·索娃
- DK
- 拉杰·乔希
- 莱拉·塔拉夫
- 丹·施蒂默尔
- 杰瑞·莱德辛格
- 夏兰多伊尔
- 洛里·马里诺
- 弗朗兹·阿曼
- 斯蒂芬·普拉特
- 苏珊·卢斯克
- 金玛丽·马修斯
- 戴夫·加洛
- 帕姆·邓恩

感谢你们！

一张餐巾纸，搞定所有难题

致谢

附录 A

视觉化思考的十条（半）准则

《一张餐巾纸，搞定所有难题》中
"遗失的一章"

1. 通过画图解决任何问题。

我们所面对问题的本质并不重要，无论是战略、财务、运营、概念、个人问题，还是情感问题，只要能想象出来，就能画出来。画出问题，我们将看到之前看不见的方面，潜在的解决方案也将浮出水面。把问题画出来总归值得一试：即使在最坏的情况下——找不到解决方案，我们仍会对自身处境有更清晰的认识。

2. 别再说："我不会画画。"

如果你认为自己不会画画，那你不是一个人。如今，唯一自认为会画画的群体是幼儿园的小朋友。等一下……你不是也上过幼儿

园吗？事实上，我们天生都是优秀的视觉化思考者。如果你有足以让你走进房间而不摔倒的视觉能力，那么你就有通过画图来解决问题的视觉化能力。

3. 不要在亚麻布上画画。

在餐巾纸上画图的核心在于，你永远不知道自己什么时候可能想以视觉化的方式探究一个构想。任何餐巾纸的表面都可以用来绘画，因此咖啡厅和酒吧是分享想法的绝佳地方。但是，当你身处使用高档亚麻布的更正式的场所，你需要自带纸张。最佳经验：随身携带小笔记本和笔。（提示：虽然正规场所的服务员往往愿意借笔给你，但一定要归还。）

4. 首先，画一个圆，并给它起个名字。

第一条线最难画，所以切勿多想。直接在纸中间画一个圆，写上你想到的第一个词："我""你""他们""今天""昨天""明天""利润""亏损""我们的产品""我们公司""我们的对手""全球""天气"——随便什么都可以。此刻，你选择什么并不重要，重要的

是开始行动。

5. 从"六要素"（谁/什么、有多少、在什么时候、在哪里、怎么样、为什么）中选择最佳图画类型。

一旦画出第一个圆，要接着画下去，我们需要从"六要素"的框架中选择最能帮助我们解决当前所面对的问题类型的要素：（1）画像适合"谁/什么"问题；（2）图表适合"有多少"问题；（3）布局图适合"在哪里"问题；（4）时间轴适合"在什么时候"问题；（5）流程图适合"怎么样"问题；（6）多重变量图适合"为什么"问题。仅从这六个要素入手，我们就有了解决任何问题的骨干框架。

6. 将万物拟人化。

人会对他人做出回应。无论多么粗糙，面孔和简笔画都会立即引起人的注意、理解和反应。无论是展现关系和数量、强调观点，还是只是制造一种规模感，都可以通过画小人来吸引人。

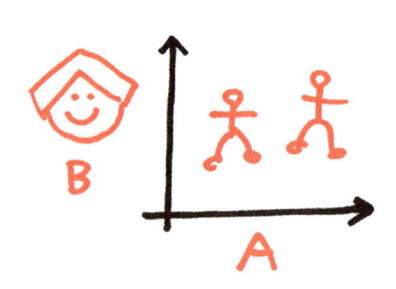

(同样，手绘草图在销售和传播中之所以特别有力，是因为它们明显不完美的拟人化和半成品式的外观吸引受众参与其中。)

7. 利用你掌握的每一个心理触发点（也就是使用"预知"属性）。

人类大脑已经进化到能够即时处理大量的视觉线索，甚至在我们有意识地看到它们之前，因此有了"预知"这个词。我们还来不及思考就能辨别大小、形状、朝向、方向和位置并赋予它们意义，进而在这些特征之间建立联系并加以区别。我们在处理这些基本属性时，不会浪费更高层次的认知循环，因此，我们通过它们传达的信息越多，就越能解放自己（以及受众）的大脑，去寻找更深层次的意义。

8. 大声地涂鸦，更大声地擦掉。

当有人第一次说"一图道千言"时，他便永久地扭曲了我们对

图画的理解。一幅好的图画的目的不在于消灭文字，而是代替文字，如此一来，我们要尽可能使用重要的文字。（与其花时间口头描述坐标、位置、百分比、年龄、质量和数量，不如简单地展示出来，这样我们就有更多的时间来讨论它们的意义。）所以，当你画图时，即使只是画给自己，也要注意描述各部分的意义，以及画在这里的原因。哪怕是意识流式的胡言乱语，它只要对正在成形的画有帮助，也是有意义的。如果有什么看起来不对，直接擦掉，同时出声谈论它。创作和叙述的同步结合十分神奇。

9. 画"里面"的东西，不要画"外面"的（也就是说，天空是蓝色的，除非我认为它不是）。

每个人对事物"真正的样子"都有自己的看法，而我们都错了。画图解决问题的重点不是创造杰作。我们并非要向自己和他人展示"外面"（现实世界中）的东西长什么样；我们试图展示的是"里面"（我们在自己头脑中看到）的东西长什么样。人类大脑

是解决问题的非凡装置：通常情况下，我们已经知道问题的解决方案——往往是因为我们以前在某种情形下见过它——但它被锁在我们触不可及的地方。当我们看到问题在眼前被描绘出来时，解决方案往往会跳出纸面。不要担心你的图画成什么样，关注它所展示的内容。

10. 画出结论

展示

画图这个简单动作是视觉化解决问题最重要的部分：把东西画出来可以帮助我们看、观察、想象并展示想法，我们如果没有拿起笔，就不会发现这些想法。也就是说，画图画到出现新发现的一刻总是值得的。当你自认为已经画完时，再下笔一次，写下标题、结论、见解或评论。从视觉化思考力中挤出最后一丝力量，这几乎总会带来新发现。

10.5. 不要撒谎（不要对自己撒谎，不要对受众撒谎，最重要的是，不要对你画的图撒谎）。

图画是强大的。因为相比于单独处理文字，处理图像会激活大脑更多的区域，所以我们更倾向于相信自己看到的——比起听到的东西，我们创造的图像更令人难忘。虽然画图有助于解决任何问题，但错的图会使问题变得更糟。因此，当你完成画图，回过头再看一眼，哪怕只是为了确定你没有因过度沉迷于绘画的奇妙行为，而误导了自己。

附录 B

视觉化思考的科学

俄罗斯轮盘

用科学家的话来说，这本书是基于经验写成的。也就是说，通过工作中的实践和观察，我产生了各种想法和念头，并且检验了它们。我采取的方法是：首先，对我直觉上认为正确的视觉化思考方法进行测试，然后证实这种方法的确能够解决日常的商业难题。如果这种方法"的确有效"——比如提供了更好的创意和交流，或者促使销售额、生产率或效率有了增长或提高——那么，我会继续改进它，直到本书提到的那一套工具出现在我们面前。如果这个方法没什么用，它就不会出现在这里。

对我来说，没什么可以取代这本介绍用视觉化思考来帮助解决难题的书，它虽然建立在感性的基础上，但却是边学边做边探索的结晶。1990年初，我在俄罗斯管理一家市场营销传播公司，但我连俄语都不会说。这在字面上看起来有矛盾，一个人连当地语言都不会，又怎么能进行交流沟通呢？情况的确如此，不过这种特别的境遇也促使我开始寻找解决商业难题的非语言方式。

那几年我很忙，而当我最终学会了俄语时，我却发现，虽然自己已经解决了语言障碍，但用画图来分享创意竟然更加有效。我从未想过要通过任何科学依据来解释：为什么一幅图立刻能化难为易，而另一幅图却会使问题难上加难？那时我正学习"跟着眼睛的感觉"走。当我在20世纪90年代后期回到美国时，我已经见识了足够多的视觉素材，它们反复出现在效果更好的图画中，使我学会了迅速勾勒解决问题方案的草图（就像英式早餐桌上的餐巾纸那样），人们发现这些草图也是很有用的——但我从没有真正认识到为什么这些图有如此神奇的力量。

我开始调整方法以帮助我的同事和客户，让他们学会自己去画类似的图，在这之后我开始明白，我只是在直觉上认为这些做法有效，而神经学家则对人类视觉如何运作有自己的解释，我必须在这两者之间找到联系。

读了一系列关于视觉科学的材料之后，我开始有所发现，但大学时学的生物课程如此陈旧，我无法把握它们。然后一个客户告诉我有本书叫《脑中的幻影：探究人类心灵的秘密》(Phantoms in the Brain: Probing the Mysteries of the Human Mind)。我找了一本，翻到专门讲解视觉的那一章。突然我感到自己听到了锁芯转动的声音，视觉化思考的神经学钥匙"咔嗒"响了一声。

在这本书里，作者拉玛钱德朗（加利福尼亚大学圣迭戈分校脑科学与认知科学中心主任）阐明了大脑内在的运作机理，并给我们讲了一个迷人的故事。但是吸引我的是他用来说明视觉通道的图示。图中展示了视觉信号从眼睛到视觉皮质所经过的神经通道。当1998年拉玛钱德朗写这本书时，他用了一些最新的发现来描绘这些通道和它们的作用，特别是解释了大脑摄入视觉信号后将它们分解成可供处理的具体成分时，这些通道究竟扮演了什么角色。这个特定的图示说明了其中三种视觉通道，让我吃惊的是：它们的名字与"六要素"原则中的三个要素契合。

很早以前我就意识到，将一个问题分解成"六要素"，并为每个要素画一幅图，很有可能会用形象化的方式阐明几乎所有问题，然而当我面对这些视觉通道的名称时，我几乎不敢相信自己的眼睛。视觉通道本身就很有趣，但让我惊异的是它们那些看上去并不怎么科学的名称："谁"通道、"在哪里"通道、"怎么样"通道。这恰恰和我历来依赖的"观察"的方式一样，但现在它们已经不是视觉世界里的抽象概念，而是直接导向大脑特定区域的物理通道。

"慢着。"我对自己说，"不可能这么简单。这不可能是我们根据'六要素'自然而然观察到的东西——谁/什么、在什么时候、在哪里等等。如果是这样，一切也太容易了。那些内容只是我们为了理解和传达复杂问题的实质而不得不制造出来的宽泛概念，不是吗？"

但实际情况并非如此。因为困惑，我尽可能地找来了所有和视觉如何运作有关的资料，并很快就发现了两件事：第一，"六要素"是观察世界的"理想"方式，因为它们在理论上很符合我们"观察"的方式。对于这样一种视觉化思考模式，已经有足够多的科学依据证实它的真实性。第二，和科学所谈论的一切相似，它并非"完全"是真的。

"我们如何看"之一：视觉通道

回到第四章的开头，我将"看"作为我们通过眼睛收集视觉信息的方法。我们说到了光线如何进入我们的眼睛，被转换为电子信号，再通过视觉神经被传递到大脑的不同区域，然后这些信号以某种方式被处理为我们在脑中所看到的图。这是对我们视觉系统原理的一个精确有用的总结，但这也只是停留在表面上的理解。随着神经学家研究的不断深入，我们得以进一步领略视觉过程的神奇，但直到今天，我们仍未彻底解开视觉机理的奥秘。

我们所知道的是：在眼睛睁开的每一秒，成千上万的视觉信号作为光子进入我们的眼睛，它们会立即被视网膜转换为电子脉冲，然后通过我们的若干视觉神经分支进入大脑。从左右侧进入眼睛的信号进入视神经交叉，其中10%的信号经由这条已进化了3亿年的通道被分流进入位于脑干顶端的视上丘。

"旧的通道"

脑干也叫作"爬虫脑"，它是我们与爬行类动物的共同点，也是我们大脑里最古老的核心部分；它还是我们大脑负责"战斗或逃跑"基本生存技巧的部分。视上丘捕捉到的视觉信号有一小部分继续通行直至枕核，在这里进行快速的初步处理，随后继续前进到顶叶进行最终的处理。这条通道的一系列"驿站"被称为"旧的通道"，或者叫原始的"在哪里"通道，因为这里处理的信号只告诉我们一件事：在哪儿。

我在书中曾经提到，当走进保龄球馆时，我们的注意力会立刻开始研究它，建立起坐标、方位以及我们的位置，还记得吗？这些就是"旧的通道"所做的工作，它并不提供任何信息来告诉我们所看到的是什么，甚至不会使用事物名称来告诉我们任何信息。"在哪里"通道告诉我们的只是我们是否处于直立状态，是否有东西正在接近我们。如果的确有东西接近，我们就必须采取行动，就这么简单。

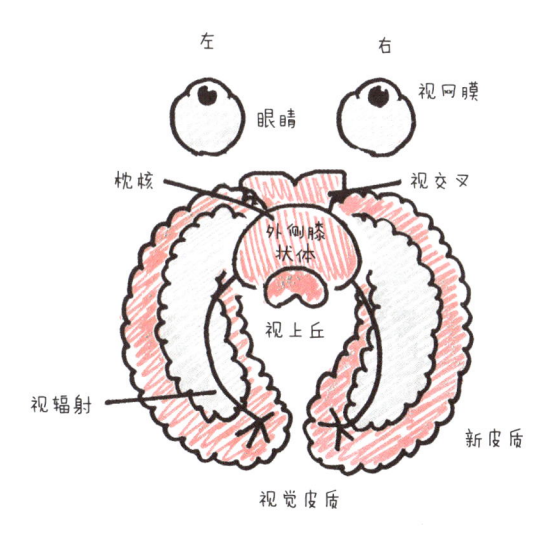

我们的"看"的系统包括眼睛，还有大脑的许多部分。更古老一些的视上丘在脑干最顶端，更晚发展起来的外侧膝状体附着在新皮质上

难怪爬行动物看起来不那么聪明。它们所拥有的唯一的视觉系统只能处理"在哪里"的问题；它们没有能力学会从视觉上认知所看到的东西并为之命名。试试这个：把一个碰碰球扔向一个朋友（人类）的头的方向，一旦他意识到球不会伤害到自己，无疑会站在那里一动不动，直到被球砸到。现在试着跟一只短吻鳄玩这个游戏。尽管短吻鳄这个动物种类在这个星球上待的时间比人类要长3亿年，但它们绝不会意识到碰碰球不会伤害自己。不管你向它们扔多少次球，它们都会畏缩。事实上，不管你向它们扔什么，它们都想吃掉你。

对碰碰球的不同反应在一定程度上还解释了其他90%的视觉信号进入人类眼睛时所发生的事情。

"新的通道"

90% 的视觉信号所经过的通道是一条新的通道,它沿着外侧膝状体,也就是我们的"中央视觉分类基站"展开。它横跨了新皮质左右叶的前端,位于大脑凹凸不平的顶部。新皮质是人类大脑中最新的一部分,数千万年以前在哺乳动物中最早出现,在人类大脑中的快速发展也只有数百万年时间而已。我们大脑的新皮质负责有意识的思考、分析性决策、命名、高层次处理的工作,它几乎包揽了所有工作。只有基本的生存技巧(由脑干解决)和情绪(由位于小脑和新皮质之间的脑边缘处理)不在此列。

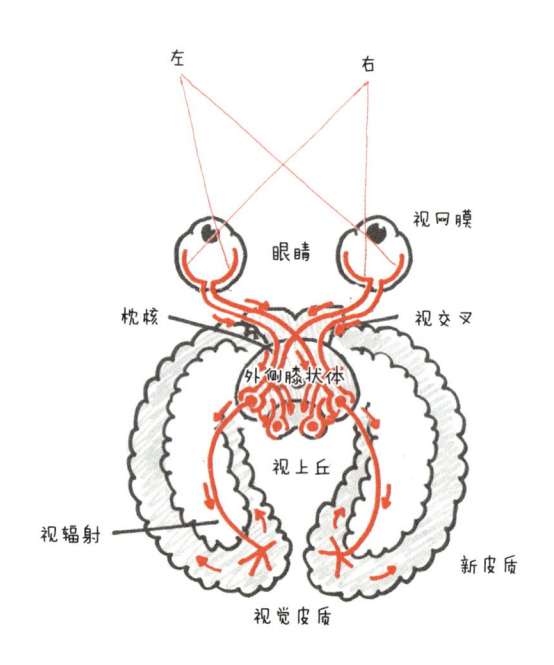

90% 的视觉信息从我们的眼睛通过外侧膝状体流向视觉皮质;10% 的视觉信息则另辟道路,从视上丘那儿通过(这一点可以给我们许多有趣的启示)

经过外侧膝状体的初步分类，视觉信号通过弯曲的视辐射渠道到达了位于大脑后端的初级视觉皮质。脉冲会在那里经过一个更加严格的整理程序，它们被分解进入另外两条通道。通向颞叶的"什么"通道和通向顶叶的"在哪里"通道。在前者那里，对象被认知和识别；在后者那里，关于对象的位置、定向、方位等信息会一一得到处理。

有趣的是，这条更新一点的"在哪里"通道就是我们运动系统的视觉向导，它让我们确定自己的位置，判断对象相对于我们的位置，以便我们能伸手抓住它们。由于这个双重任务——告诉我们对象在哪里，告诉我们与对象的空间关系究竟如何——这条通道也被看作是"怎么样"通道。

通过"什么"通道和"在哪里/怎么样"通道，视觉信号被继续传递到视觉皮质的 30 个区域，在这些区域中它们将经历更复杂、更具体的处理过程。然后……嗯，然后就需要大家自己想象了。到此为止，没有人确切地知道下一步究竟会发生什么。但从视觉化思考的角度来看——这也是困惑我的地方——我们的确知道，当看向一个场景时，我们的视觉系统就会立刻进行事物分解，并使之分别进入"在哪里"与"什么"的信息流，而它们最初也都是被分别处理的。随后，一旦信号进入大脑更高一级的处理中心，我们就能处理"有多少""在什么时候""怎么样"乃至"为什么"的问题。

因此，神经学似乎可以对以下这个问题提供一个解释：为什么用形象化的方式将一个问题分解为"谁/什么""有多少""在哪里"和"在什么时候"的成分，可以有效地帮助我们和别人解决"怎么办"和"为什么"的问题。也许仅仅因为它是我们大脑运作的基本方式之一吧。

"我们如何看"之二：右脑vs左脑

在第六章介绍SQVID时，我指出，通过提出5个问题，我们迫使大脑的两侧都运作起来。现在，大多数人都已熟知，我们大脑的两个半球对于信息的处理方式是不同的。左半脑是分析性的，它将小片小段的数据拼合为线性的、理性的思想。左边的脑中枢负责书写、讲话和大部分数学运算。右半脑则是综合性的，通过想象、模式和空间方位来处理大的、定义不够完整的信息块。右半脑倾向于处理更高级的复杂性和模糊性的问题，似乎还包括了我们的创造力中心。

20世纪70年代，神经心理学家斯伯里的研究和神经外科医生约瑟夫·博根实施的"裂脑"手术最早揭示了左脑和右脑之间的区别。这些知识通过一个女作家和一个女艺术家的作品传播给了大众。加比里·里克博士以博根的研究为起点，写出了一部具有里程碑意义的著作——《自然写作法》（Writing the Natural Way），书中描述了怎样利用右脑的创造性倾向来协助左脑写作。同时，贝蒂·爱德华写出了经典的《用右脑绘画》（Drawing on the Right Side of the Brain），书中采取的方法也和《自然写作法》一书相似，并且还提出，对善于分析的人来说画画更有利于发展他们的创造能力。

这两本书很快就引起了人们的注意，并且"右脑—左脑"的类比也很快被应用到从对艺术的理解到股票市场操作等各个方面的事情上。现在，左右脑的区别也提供了一种对解决问题的人加以分类的有效模式：以理性和定量的视角看世界的商业人士，和以感性和定性的视角看世界的富有创造力的人群。

这里让我备感困惑的是，不管是左脑还是右脑，似乎都会发生视觉化的处理过程。也许这正说明，像我所说的那样进行视觉化思考（主动地"看"，发现"六要素"，运用 SQVID，利用"六六法则"，等等）可以把我们的分析能力和创造能力同时调动起来，而无论是单独的说和写，还是单独的绘画涂鸦都无法达到这种效果。

"我们如何看"之三：我们所不知道的

按理说，这一部分应该是本附录中篇幅最长的。但不管是复习视觉科学的教科书，还是与神经学家聊天，我们最后都会发出同样的感叹：对于视觉系统运作原理的理解，我们还只是刚刚开始。尽管如此，神经学家、物理学家、认知心理学家、计算机视觉研究者、人工智能工程师，还有与视觉相关的其他领域的专家仍在不懈地探索着，由于他们的共同努力，我们对于视觉的理解愈发清晰。

总之，要知道我们是否真的解开了视觉之谜，就得看我们什么时候能造出和人类观看方式相似的机器。在实验室、研究中心、大学、商务公园甚至是车库……这个世界上的一些聪明人正在研究这种机器。它可以和我们一样，可以在看到一个场景后立即观察"谁/什么""有多少""在哪里""在什么时候"，然后在"想象"中对这个世界中各类"怎么样"和"为什么"的问题得出自己的答案。对于这种机器会在不久的将来诞生的观点，我表示怀疑。即便这种机器真的问世了，我也很怀疑它们画的图是否能像餐巾纸上的草图那样具有独特的魅力和功效。

附录 C

有关视觉化思考的其他参考

硬件和软件的推荐

  自我首次写下这篇附录五年以来,视觉化思考的工具已经发生惊人的更迭:它们丝毫未变,却又完全改变了。绘画也是如此:我们拿起笔,用线条、涂鸦和形状,展现我们在脑海中看到的东西。改变的是笔这一作图工具。

  三万年前,我们用烧焦的木棍在洞穴的墙上作画。五百年前,我们用羽毛笔在羊皮纸上作画。五年前,我们用记号笔在纸上作画。今天,我们用手写笔在嵌入固态数码设备的铝硅钢化玻璃薄片上作画。

  在之前的版本中,我并不认为用电脑绘图有多么厉害,主要是因为彼时硬件粗糙、软件笨拙,在电脑上绘图需要花费大量技术工作,任何灵感都会因此消失。再也不会这样了。虽然我仍然(通常)更喜欢并(通常)提倡用纸笔作画,但现有的数字工具足够简便、足够灵敏、足够强大,最终会带来真正的数字收益。

  为了有效地在屏幕上绘图,现在有两种硬件可供使用:平板笔记本电脑和平板电脑。首先介绍平板笔记本电脑。这是一种耐用的笔记本电脑,有可转换屏幕,可以在上面画图。尽管这种平板电脑已经存在了一段时间，但直到最近三年，它才在硬件、软件和可用性方面达到成熟，人们由此得以简单、顺畅地随时在屏幕上绘图。有几十种电脑型号可供选择，高端的电脑都是出色的绘图设备。

平板笔记本电脑

还有几十款支持在屏幕上绘图的软件。考虑到你可能会因这些应用程序的功能之多而感到惊讶，我一直以来最喜欢的绘图软件，是平平无奇的 Microsoft PowerPoint。

使用标准 Office 办公软件的"墨迹"工具（可以在"审阅"菜单栏中找到，演示模式下也能使用），可以直接在图像和文本幻灯片上作图，使用多种颜色和线条宽度轻松创建并保存草图。这种在屏幕上绘图的方法如此简单和强大，我怎么强调都不为过，尤其是在现场或网络直播演示时。

接下来是"纯"平板电脑。随着苹果公司推出 iPad，这种神奇的全屏设备应运而生，现在平板电脑还可以运行安卓系统（谷歌 Nexus 平板电脑）或 Windows 系统（微软 Surface 平板电脑）。平板电脑的美妙之处在于重量轻且易于使用，还有极其丰富的绘图应用程序。iPad 在纯粹的绘画和数字图像共享上的表现十分出色，其他产品也在不断进步。无论如何，买一支手写笔（聪明如史蒂夫·乔布斯，却认为我们想用手指画图，从而错失良机），加上视频适配器，所有型号的平板电脑都可以作为可靠的演示平台。

演示模式下可用的绘图工具

iPad 唯一的不足在于，它还没有一个允许我们在现有演示文稿上画图的易于使

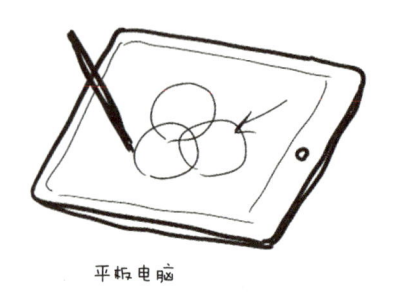

用的应用程序。这是一个很大的缺点。换句话说，在 Windows 系统下，我可以创建完整的演示文稿，然后用墨迹在上面实时画图。在 Apple Keynote 或我能找到的其他程序上，都还没有这个选项。这个限制意味着，我不能使用 iPad 作为演示工具。一旦苹果或应用开发者实现这个功能，很难找到不用 iPad 的理由。在那之前，平板笔记本电脑是我的首选工具。

我们不再独自进行数字化绘图。如今，在线会议软件（WebEx、GoToMeeting 等）十分可靠和快捷，足以有效地支持虚拟会议期间的实时绘图。这意味着我们可以在身处世界各地办公室的同事观看和评论时提出自己的想法。数字化创建、分发和记录图画的能力彻底改变了游戏规则。

如果你必须创建那种只能用软件创建的图（你常常不得不如此，尤其是那些涉及定量的、数据繁多的、多层级的图），我建议使用下列软件（每一条都是按照从初学者到一般商务人士再到熟练使用者的顺序安排的）：

1. 画像：Microsoft PowerPoint、Apple Keynote、Adobe Illustrator

2. 表格：Microsoft Excel、Microsoft PowerPoint、Apple Keynote、Adobe Illustrator

3. 地图：Mindjet、Microsoft PowerPoint、Apple Keynote、

Microsoft Visio、Adobe Illustrator

    4. 时间轴：Microsoft PowerPoint 、Microsoft Project、Graphus

    5. 流程图：Mindjet、Microsoft Visio

    6. 多重变量图：Microsoft PowerPoint、Apple Keynote、Adobe Illustrator

推荐图书

    下面列的单子既是参考书目，也作为资源提供给希望从书中进一步了解视觉化思考的读者。在书中向大家介绍说明我的想法时，我发现这些书的作者的眼光尤为独特，也极具启发性。

关于如何创造性地解决问题：

    Buzan, Tony. *The Mind Map Book: How to Use Radiant Thinking to Maximize Your Brain's Untapped Potential.* New York: Plume, 1996.

    Degani, Asaf. *Taming HAL: Designing Interfaces Beyond 2001.* New York : Palgrave, 2004.

    Gelb, Michael J. *How to Think like Leonardo da Vinci Seven Steps to Genius Every Day.* New York:Delacourte, 1998.

    Grandin, Temple. *Thinking in Pictures: My Life with Autism.* New York: Vintage, 2006.

    Kelley, Tom. *The Art of Innovation.* New York: Doubleday，2000.

    Root-Bernstein, Robert and Michele. Sparks of Genius：*The 13 Thinking Tools of the World's Most Creative People.* New York: Mariner

Books, 1999.

Sawyer, R. Keith. *Explaining Creativity: The Science of Human Innovation.* Oxford: Oxford University Press, 2006.

Stafford ,Tom, and Matt Webb . *Mind Hacks: Tips & Tools for Using Your Brain.* Sebastopol, CA: O'Reilly, 2005.

Thorpe, Scott. *How to Think Like Einstein: Simple Ways to Break the Rules and Discover Your Hidden Genius.* Naperville, IL: Sourcebooks, 2000.

Von Oech, Roger. *A Whack on the Side of the Head.* New York: Warner Books, 1983.

关于神经生物学和视觉科学：

Chalupa, Leo M.,and John S.Werner. *The Visual Neurosciences.* Cambridge，MA: MIT Press, 2004.

Hawkings, Jeff, with Sandra Blakeslee. *On Intelligence.* New York : Times Books, 2004.

Palmer ,Stephen E. *Vision Science: Photons to Phenomenology.* Cambridge，MA:MIT Press, 1999.

Ramachandran, V. S. and Sandra Blakeslee. *Phantoms in the Brain: Probing the Mysteries of the Human Mind.* New York: Harper Perennial, 1999.

适合非艺术家的视觉练习和见解：（艺术家？也欢迎！）

Arnheim, Rudolf. *Visual Thinking.* Berkeley: University of California Press, 1969.

DiSpezio, Michael A. *Visual Thinking Puzzles*. New York: Sterling, 1998.

Edwards, Betty. *The New Drawing on the Right Side of the Brain* New York: Jeremy P. Tarcher, 1979.

Few, Stephen. *Show Me the Numbers: Designing Tables and Graphs to Enlighten*. Oakland, CA: Analytics Press, 2004.

Tufte, Edward R. *The Visual Display of Quantitative Information*. Cheshire, CT: Graphics Press, 1983.

Wainer, Howard. *Graphic Discovery: A Trout in the Milk and Other Visual Adventures*. Princeton, NJ: Princeton University Press, 2004.

Zelazny, Gene. *Say It with Charts: The Executive's Guide to Visual Communication*. New York: McGraw Hill, 2001.

其他：

关于奥里特·加迪什和贝恩公司企业标志的由来的故事源出《奥里特·加迪什，正确地咨询》一文，原载于 2005 年 10 月 20 日《经济学人》杂志。

关于赫布·凯莱赫、罗林·金和美国西南航空公司的故事来源于美国西南航空公司网站。